世界社会主义名人传记

Lafargue:
A
Biography

拉法格传

李兴耕　著

中央编译出版社
Central Compilation & Translation Press

图书在版编目（CIP）数据

拉法格传 / 李兴耕著 . -- 北京 : 中央编译出版社，
2023.4

ISBN 978-7-5117-4259-9

Ⅰ.①拉… Ⅱ.①李… Ⅲ.①拉法格（Lafargue，
Paul（1842–1911）– 传记 Ⅳ.① D14

中国版本图书馆 CIP 数据核字（2022）第 165589 号

拉法格传

统筹策划	张远航
责任编辑	汪　婷
责任印制	刘　慧
出版发行	中央编译出版社
地　　址	北京市海淀区北四环西路 69 号（100080）
电　　话	（010）55627391（总编室）　　（010）55627116（编辑室） （010）55627320（发行部）　　（010）55627377（新技术部）
经　　销	全国新华书店
印　　刷	北京文昌阁彩色印刷有限责任公司
开　　本	880 毫米 × 1230 毫米　1/32
字　　数	231 千字
印　　张	13.25
版　　次	2023 年 4 月第 1 版
印　　次	2023 年 4 月第 1 次印刷
定　　价	92.00 元

新浪微博：@ 中央编译出版社　微信：中央编译出版社（ID：cctphome）
淘宝店铺：中央编译出版社直销店（http：//shop108367160.taobao.com）
（010）55627331

本社常年法律顾问：北京市吴栾赵阎律师事务所律师　闫军　梁勤
凡有印装质量问题，本社负责调换。电话：（010）55626985

序

　　在法国和国际工人运动史上，保尔·拉法格（1842—1911）作为法国工人党的创始人、第一国际的积极活动家和第二国际的创建者之一，作出了十分重要的贡献。不仅如此，他作为杰出的马克思主义理论家和宣传家，在科学社会主义思想发展史上也占有相当突出的地位。列宁在1911年保尔·拉法格和劳拉·拉法格的葬礼上致悼词时指出："早在俄国革命的准备时期，俄国的觉悟工人和全体社会民主党人就懂得十分敬重拉法格，因为他是马克思主义思想的最有才能、最渊博的传播者之一。"[①]

　　拉法格在青年时代是一位资产阶级民主主义者，积极参加了反对路易·波拿巴的第二帝国的暴虐统治、争

————————

① 《列宁全集》中文第2版增订版第20卷第386页。

取建立共和制度的斗争。在 19 世纪 60 年代中期，他开始投身于工人运动，曾经一度受到蒲鲁东主义的影响。但是，自从他在伦敦结识了马克思之后，他逐渐认识到："蒲鲁东只代表过去，马克思却代表未来"[①]。在马克思和恩格斯的直接教诲下，同时也通过他自己的刻苦学习和斗争实践，他接受了科学共产主义世界观，成为马克思主义者。此后，他作为第一国际总委员会委员，坚决支持和贯彻马克思的路线，参与创建了巴黎联合会；在巴黎公社期间，他公开拥护公社的纲领，并且组织波尔多工人声援公社社员的英勇斗争；在流亡西班牙期间，他在工人中进行社会主义宣传，并同巴枯宁派展开了毫不妥协的斗争；在 70 年代末 80 年代初，他为创立法国工人党作出了极大的努力，并同茹尔·盖得一起在马克思和恩格斯的指导下起草了法国工人党的马克思主义纲领，对可能派的改良主义纲领进行了有力的批判；他同奥古斯特·倍倍尔、威廉·李卜克内西等密切合作，在恩格斯的指导下顺利地完成了 1889 年巴黎国际

---

① 转引自《保尔·拉法格和劳拉·拉法格》，见《弗兰茨·梅林著作集》第 4 卷 1963 年柏林德文版第 481 页。

社会主义工人代表大会的筹备工作，创建了第二国际；在担任众议员期间，他充分利用议会讲坛揭露资本主义制度，宣传工人党的主张，捍卫劳动人民的切身利益；19世纪末20世纪初，他在第二国际内部坚持无产阶级的革命立场，坚决反对伯恩施坦主义和米勒兰主义；在统一的法国社会党（工人国际法国支部）建立后，他在两条战线上进行顽强的斗争，既反对改良主义，也反对无政府主义。尽管他也犯了一些错误，但是他的这些历史功绩是不可低估的。

拉法格的学识渊博，兴趣广泛。他始终如一地努力运用马克思主义的观点和方法来观察和分析问题。他不但在哲学、政治经济学和科学社会主义方面有很高的造诣，而且对文学、语言学、伦理学、民族学、人口学、神话学以及宗教问题也作了深入的研究，提出了不少独到的见解。他的大胆探索和敢于创新的精神是十分可贵的。

长期以来，在国际共产主义运动史的研究工作中流行一种观点，似乎在马克思、恩格斯二人和列宁之间隔着第二国际机会主义独占统治的时期。按照这种观点，

第二国际几乎成了机会主义的同义词，包括拉法格在内的第二国际时期的一大批革命活动家和理论家的历史功绩被抹杀了，似乎在恩格斯逝世后，在很长的一段时期内，没有人对马克思主义理论的发展作出过有益的贡献。这种看法是片面的，也是不符合实际的。我们仅仅举出拉法格在 1903 年发表的《美国托拉斯及其经济、社会和政治意义》为例。他在这部著作中对资本主义垄断组织的产生和发展的历史及其后果作了富有独创性的研究，对帝国主义的某些特征进行了详细的分析，指出托拉斯的出现标志着资本主义进入了一个特殊的阶段——资本主义的最后阶段。尽管拉法格还未能对帝国主义的性质及其历史地位作出全面的科学的论述，但是这部著作无疑对科学社会主义理论作出了重要贡献。

拉法格一生走过的道路是很不平坦的，充满了各种艰难险阻。由于从事革命活动，他多次被反动派投入监狱。他的许多著作是在圣珀拉惹监狱中写成的。反动派的迫害，使他不得不长期流亡国外，先后达 14 年之久，到过英国、西班牙和葡萄牙等国。在颠沛流离中，他的三个孩子都不幸夭折了。他多年过着十分困苦的生活，幸亏得到恩格斯的经常接济才勉强糊口。但是，他始终充满革命乐观主义精神。他在去世前留下的遗书中写道："我怀着无限欢乐的心情离开人世，深信我为之奋斗了 45 年的事业在不久的将来就会取得胜利。共产主义万岁！国际社会主义万岁！"[①] 这段话表达了拉法格对共产主义事业的坚定不移的信念。为了实现共产主义的崇高理想，他英勇地奋斗了 40 多年。他的这种忠于革命理想的精神，永远值得我们学习。

在写作拉法格的传记时，不能不提到他的终身伴侣和战友——马克思的女儿劳拉。这是一位高尚、勇敢的女性。她聪明机智、富有才华，懂得多种语言。自从她把自己的命运同拉法格结合在一起后，就同他并肩战斗，同呼吸，共患难，数十年如一日，为无产阶级解放事业贡献自己的全部力量。她不仅是一位革命家，还是一位杰出的翻译家，曾把马克思和恩格斯的许多著作译成法文，促进了马克思主义在法国和其他国家的传播。

---

① 《社会主义者报》1911 年 12 月 3—10 日。

　　本书主要评述拉法格在法国和国际工人运动中的作用以及他对科学社会主义的贡献。至于他在其他领域的活动和贡献，只作了一般的介绍。在写作本书时，我借鉴了国内外学术界的研究成果，同时本着实事求是的精神，对一些问题提出了自己的看法。书中引用的拉法格著作和书信，大部分都核对了原文。书末附有《拉法格年谱》，供读者参考。由于水平有限，对一些问题的研究还很肤浅。不当之处，请读者批评指正。

李兴耕

1985 年 6 月 10 日

目　录

目录

第一章

青少年时代

1. "他的血管里混合着三个被压迫种族的血液"

1842 年 1 月 15 日，保尔·拉法格出生于古巴圣地亚哥城的一个法国移民家庭。古巴岛位于加勒比海的西北部，是西印度群岛中最大的岛屿。这里气候温和，土地肥沃，物产丰富，风景秀丽。当 1492 年哥伦布率领探险队第二次航行到古巴岛时，曾误认为这里就是马可·波罗在他的日记中记载的那个盛产黄金、珍珠、宝石和香料的地方——西庞谷。他在古巴东北海岸下锚，以为到了中国的一个半岛。[①] 16 世纪初，古巴沦为西班牙的殖民地，岛上的土著居民印第安人遭到残酷的杀戮。圣地亚哥是古巴岛东南岸的一个古老而又美丽的港口城市，1522—1589 年曾为西班牙殖民地首府。保尔·拉法格的父亲弗朗斯瓦·拉法格是圣地亚哥的一个箍桶匠，后来经营一个不大的种植园，以后又从事葡萄酒买卖。他的母亲安娜·维吉妮亚·阿尔马雅克出身于一个小种植园主家庭。保尔·拉

---

① 参见李春辉《拉丁美洲史稿》商务印书馆 1983 年版下册第 495 页。

法格后来在同沙尔·龙格[1]谈到自己的童年生活时说:"我的童年时代是在各种木料和刨花之间度过的:我的父亲是古巴岛上的一个箍桶匠。他经过漫长的艰苦岁月积蓄了一笔微薄的家产,才能够把我送到波尔多的中学读书。"[2]

他的祖父让·拉法格原籍法国波尔多,18世纪80年代从法国迁到圣多明各岛[3]定居。1796—1802年,圣多明各岛上的黑人为反抗殖民主义者的残暴统治举行起义,要求独立。拉法格的祖父在这次起义中下落不明,可能是遭遇了不幸。[4]拉法格的祖母卡特琳娜·皮浪是圣多明各岛上的一个黑白混血儿,在黑人起义期间逃到古巴避难。但是不久,古巴人民展开了反对西班牙殖民统治的斗争,她像所有其他法国移民一样被逐出古巴,带着孩子(他后来就是保尔·拉法格的父亲)前往北美路易斯安那州的新奥尔良,在那里靠沿街叫卖水果和零星小商品维持生计,直

---

① 沙尔·龙格(1839—1903):法国工人运动活动家,蒲鲁东主义者,第一国际总委员会委员,马克思长女燕妮的丈夫。

② 转引自法国《思想》杂志1970年10月号第49页。

③ 即海地岛,西印度群岛中仅次于古巴岛的第二大岛,在古巴岛和波多黎各岛之间。

④ 参见雅克·吉罗为《拉法格选集》1970年巴黎法文版写的序言,以及让·梅特隆主编《法国工人运动人名词典》1975年巴黎法文版第13卷第167页。

到 16 年后才回到古巴。

保尔·拉法格的外祖父名叫阿伯拉罕·阿尔马雅克，出身于圣多明各岛上的一个犹太人和法国人的混血家庭，曾在法国受过正规教育，后来成为一个商人。他的外祖母玛格丽特·弗里比埃是牙买加岛[①]上的印第安人。由此可见，拉法格的血统是极为复杂的。所以，弗兰茨·梅林[②]在一篇纪念拉法格的文章中说，"他的血管里混合着三个被压迫种族的血液"，黑人、犹太人和印第安人种的血液。[③]他外貌上的特征也证明了这一点。他皮肤黝黑而略带橄榄色，在端正的面庞上有一双引人注意的大眼白。马克思后来开玩笑地称他为"克里奥洛人"[④]。

拉法格是父母唯一的儿子，在家里特别受到钟爱。他在圣地亚哥当时最好的一所学校里受了初等教育。著名的古巴民主主义诗人弗朗西斯科·姆尼奥·德尔·蒙特是他的老师之一。1851 年，当他九岁的时候，随父母

[①] 牙买加岛是加勒比海北部西印度群岛中的一个岛屿，邻近古巴和海地。

[②] 弗兰茨·梅林（1846—1919）：德国工人运动著名活动家，历史学家和政论家，德国社会民主党的左翼领导人和理论家之一。

[③] 《弗兰茨·梅林著作集》1963 年柏林德文版第 4 卷第 480 页。

[④] 《马克思恩格斯全集》第 31 卷第 510 页。

回到故乡波尔多居住。波尔多是法国西南部的一个重要港口，纪龙德省的省会，位于加龙河下游，距大西洋的比斯开湾97公里，工商业发达，尤其以酿酒业闻名于世。拉法格的父亲在波尔多继续从事葡萄酒买卖，并拥有一些地产。

拉法格先后在波尔多和图卢兹上学，于1861年在图卢兹通过了中学毕业会考，之后进入巴黎大学医学院学习，以便将来成为一名医生。

2. "拉丁区之狮"

拉法格的大学生时期，正是反对路易·波拿巴的第二帝国的革命运动在法国各地蓬勃开展的时期。路易·波拿巴利用法国各个阶级之间的矛盾篡夺了政权，演出了复辟帝制的闹剧。正如马克思所指出的："事实上，帝国是在资产阶级已经丧失统治国家的能力而工人阶级又尚未获得这种能力时唯一可能的统治形式。"① 路易·波拿巴对内实行专制统治，把军事官僚机器发展到空前的规模；对外发动战争，贪婪地掠夺殖民地。正是在路易·波拿巴统治期

---

① 《马克思恩格斯文集》第3卷第153页。

间，法国曾多次侵略中国，逼迫清政府签订不平等条约。路易·波拿巴实行的经济政策使法国的大资本家和金融巨头们大发横财，国家的经济命脉操纵在一小撮交易所投机家和银行家手里。因此，第二帝国实质上是法国大资产阶级的公开专政。在帝国的统治下，"工商业扩展到极大的规模；金融诈骗风行全世界；民众的贫困同无耻的骄奢淫逸形成鲜明对比"[①]。劳动人民的生活每况愈下，工人的工作日长达 11～13 个小时，食品及其他生活必需品的价格上涨，实际工资下降；失业者人数猛增，许多小企业主负债累累，陷入破产境地；甚至一部分中等资产阶级也受到波拿巴经济政策的损害，对帝国的统治表示不满。马克思指出："帝国在经济上毁了他们，因为它大肆挥霍社会财富，怂恿大规模的金融诈骗，支持人为地加速资本的集中，从而使他们遭受剥夺。帝国在政治上压迫了他们，它的荒淫无度道义上震惊了他们。"[②] 于是，中等资产阶级中的一些人也转入第二帝国的反对派阵营，参加了资产阶级共和派。第二帝国逐渐陷入深刻的危机之中。

---

① 《马克思恩格斯文集》第 3 卷第 153—154 页。
② 《马克思恩格斯文集》第 3 卷第 160 页。

从 19 世纪 60 年代起，法国工人运动重新活跃起来。1862 年，法国工人派遣了一个庞大的代表团赴伦敦参观第三届国际博览会。在参观期间，他们同英国和其他国家的工人代表交流了斗争经验，提高了阶级觉悟，这给了法国工人运动很大的推动。1864 年，在议会补选前夕，巴黎工人发表了一个竞选纲领，即《六十人宣言》。在宣言上签名的有托伦、利穆津、库唐、卡梅利纳等六十人。由于他们大多受到蒲鲁东的影响，因此这个宣言带有浓厚的蒲鲁东主义色彩。它提出的要求是比较温和的，其中最主要的要求是在立法机构中应有独立的工人候选人。它宣布说："我们没有自己的代表，因此我们要提出工人候选人这一问题……难道立法团的大多数不是由大土地所有主、大工厂主、大商人、将军、记者等等组成的吗？"① 它把"劳动自由、信贷、团结"说成是工人阶级的理想。尽管这样，这个宣言的发表有着重大的意义。它表明，经过一个相当长时间的中断之后，工人阶级重新登上了政治斗争的舞台。

在工人运动重新活跃的形势下，路易·波拿巴不得不

① 若·勒夫朗《法国的左派（1789—1972）》1973 年巴黎法文版第 292 页。

作出一些无足轻重的让步，例如，1864 年 5 月废除了禁止工人结社和罢工的《霞不列法》，许可在警察监视下举行集会，扩大了议会的某些权力。法国工人利用政府的这些让步更积极地开展活动。

巴黎的拉丁区是法国进步的学生运动的中心。拉法格进入大学后就积极投入了反对路易·波拿巴反动统治的斗争。在 19 世纪 60 年代中期，他属于被称作"拉丁区之狮"的共和主义大学生团体①。法国革命诗人奥·罗雅尔曾在一首诗中热情颂扬了这个学生团体的英勇斗争：

> "在一个世纪的漫长的痛苦折磨中，
>
> 它撕裂了五个国王；
>
> 但这微少的猎物不能满足它复仇的愿望，
>
> 它渴望再举行一次新的盛宴。

---

①　梅特隆主编《法国工人运动人名词典》"拉法格"条中说，拉法格是"未来社"的成员。我同有些学者写的有关拉法格的文章中，也认为他曾参加了"未来社"。"未来社"是一种秘密会社共济会组织。法国史学家雅克·吉罗在《对青年拉法格的生活和作用的某些方面的澄清》（《思想》杂志 1970 年第 153 期第 47—67 页）一文中认为，还没有充分证据说明拉法格的确参加了这个共济会团体。吉罗查阅了巴黎国立图书馆收藏的"未来社"档案中 1865—1874 年的"未来社"会员名单，其中没有拉法格的名字。他认为有三种可能：或者是拉法格在 1865 年以前参加了这个团体，或者是参加了另一个共济会支部，或者是根本没有参加共济会组织。

瞧，期待已久的时刻即将来临，

它威严地张开巨嘴，

露出锋利的牙齿，

饥饿地扑向波拿巴，

它——大学生之狮！"①

随着反对第二帝国的斗争的深入以及无产阶级力量的壮大，以拉法格为代表的一部分进步大学生开始脱离资产阶级共和派并同工人组织建立联系。拉法格后来在《新的一代》（1866年7月1日）一文中回顾了同资产阶级共和派决裂的过程。他写道："帝国及其残酷的专制制度……在青年们心中引起了对形形色色的政府以及产生并支持帝制的社会的深刻仇恨。我们懂得，如果不改变社会，将一事无成……时间使我们睁开了眼睛。现在我们认识到，他们②是卖身投靠帝国的人，是它的安全阀。于是，我们断然同他们决裂了。我们离开了他们向我们敞开大门的沙龙……我们在拉丁区安顿下来，并且只和工人们交往。"③

---

① 转引自《弗兰茨·梅林著作集》第4卷第480页。

② 指资产阶级共和派。

③ 雅克·吉罗编《拉法格选集》1970年巴黎法文版第79—80页。

　　1865 年以后，拉法格成为激进民主主义报刊《左岸》的撰稿人，该报是沙尔·龙格在 1864 年 11 月创办的，反映了一部分脱离了资产阶级共和派的进步大学生的思想倾向。由于这家报纸的进步立场，波拿巴政府勒令它停刊，并判处龙格八个月徒刑。但是不久以后，《左岸》在布鲁塞尔重新出版，后来又迁到伦敦。拉法格在这个报纸上发表了一系列文章，抨击第二帝国的反动政策，支持工人的罢工斗争，揭露资产阶级共和派的伪善面目[1]。

　　在这一时期，蒲鲁东主义对法国工人运动有着广泛的影响。蒲鲁东从小生产者的私有观念出发，对资本主义社会进行批判。他主张通过小生产者之间的互助，建立"交换银行"，发放无息贷款，维护小生产者的独立地位，帮助工人也成为独立的小私有者，从而用改良的办法消除资本主义社会的各种弊病。蒲鲁东在国家问题上采取无政府主义立场，对工人阶级的政治行动持否定态度，反对工人

―――――――――――

　　[1]　拉法格在《左岸》上发表的文章有：《唯心主义方法和实证主义方法》(1866 年 4 月 22 日)、《罢工及其后果》(1866 年 5 月 15 日)、《平民的胜利》(1866 年 6 月 3 日)、《至圣的雅科宾教会的教皇通谕》(1866 年 6 月 10日)、《国际工人协会发展概况》(1866 年 6 月 17 日)、《新的一代》(1866 年7 月 1 日)、《战争拯救了帝国》(1866 年 7 月 1 日)、《书评》(1866 年 7 月 8日)、《社会斗争》(1866 年 7 月 15—22 日)，等等。

罢工和组织工会，反对工人阶级在斗争中组成政党。拉法格同当时法国的许多进步大学生一样，也受到蒲鲁东主义的很深影响。例如，他在1866年发表的《至圣的雅科宾教会的教皇通谕》一文中写道："我们痛恨一切政府，痛恨蓝色的政府正如痛恨立宪君主和痛恨一切其他的统治形式一样强烈。我们需要无政府状态。我们不需要夺取政权而要消灭它。"① 他在另一篇文章中还把蒲鲁东称为"我们敬爱的导师"②。但是，拉法格并没有成为彻底的蒲鲁东主义者。与此同时，他还受到布朗基主义的影响。

从表面上看，布朗基主义同蒲鲁东主义是互相矛盾的。如果说蒲鲁东主义否定政治斗争的必要，那么布朗基主义则主张通过少数革命家的密谋夺取政权，这种密谋在他们看来在任何时候都可以实行，而不管群众是否作好准备，是否存在革命形势。他们不了解无产阶级的历史使命，不懂得必须建立群众性的革命政党。布朗基主义者同蒲鲁东主义者一样，不依靠群众，不依靠革命的无产阶级，而只把希望寄托在少数人身上。在这一点上恰恰反映了布朗基主义和蒲鲁东主义的共同特性，反映了它们共同

---

① 拉法格《宗教和资本》三联书店1963年版第119页。
② 雅克·吉罗编《拉法格选集》第77页。

的小资产阶级实质。拉法格接受了布朗基主义关于必须开展坚决的革命斗争反对资本主义的主张。从 1861 年起，布朗基一直被关押在圣珀拉惹监狱中，拉法格对他非常敬仰。1865 年 8 月 27 日，布朗基越狱成功，拉法格和许多进步大学生一样，对此感到欢欣鼓舞。拉法格在一封信中谈到布朗基对自己思想发展的重大影响："三十年的囹圄生活未能使这位英勇的斗士屈服。他的心充满了对革命的最纯洁的爱。由于我有机会仔细观察他，我感到自己的革命热情也高涨起来，我决心把自己的一生献给革命事业，竭尽全力为之效劳。"[①]

当时巴黎大学医学院的学制是四年，比较注重临床教学，学生们常到医院去进行实习，通过实践掌握医学知识和技能。此外，学校也很重视实验室的工作。在这一时期，在法国的青年学生中间相当流行实证主义，拉法格也受到它的影响。以奥古斯特·孔德为代表的实证主义者标榜超越于唯心主义和唯物主义之上，认为科学只是对主观经验的描写和记录，只有主观经验才是"确实的"或者说"实证的"，而事实的本质是超乎感觉经验或现象之外的，

---

① 雅克·吉罗编《拉法格选集》第 12 页。

是不可认识的。当时，拉法格是哲学唯心主义的坚决反对者，但他对实证主义采取赞同的态度，并没有认识到，实证主义本身是唯心主义的变种。他在 1866 年发表的《唯心主义方法和实证主义方法》一文中说，唯心主义方法不可避免地导致谬误，而用实证主义方法可以达到"对自然法则的理解"[1]。他认为，唯有实证主义才能使人们获得真理。这种观点显然是不正确的。

在欧洲各国工人运动高涨的形势下，建立无产阶级国际联合组织的条件日趋成熟。1864 年 9 月 28 日，在伦敦圣马丁堂举行了盛大的集会。来自法国、德国、意大利和波兰等国的工人代表同英国工人欢聚一堂。大会根据法国代表的倡议，通过了建立国际无产阶级的战斗组织——国际工人协会的决议，并选举了包括马克思在内的临时委员会[2]作为国际的中央领导机构。1864 年 12 月底，国际巴黎支部在格拉维埃街 44 号一间简陋的房子里开始活动。当时在支部内占统治地位的是以托伦为首的右翼蒲鲁东主义者。这个支部的成员有机械工缪拉、青铜工卡梅利纳、

---

① 雅克·吉罗编《拉法格选集》第 77 页。

② 这个委员会从 1864 年 10 月 18 日起称为中央委员会，1866 年后改称总委员会。

雕刻工布尔唐、装订工瓦尔兰、模压工朗德伦等。1865 年秋，该支部约有 500 名成员。大约在 1865 年初，拉法格参加了该支部的活动并成为它的积极成员。同年 2 月，拉法格受巴黎支部的委托到伦敦，向国际总委员会报告法国工人运动的状况。他持着托伦的介绍信来到坐落在梅特兰公园路莫丹那别墅 1 号的马克思的家。尽管那时马克思常常生病，还正在潜心写作《资本论》第一卷，但他还是很亲切热情地接待了拉法格。马克思的书斋在二楼，靠墙放着装满书籍的书柜，上面堆着一包一包的报纸和稿件，直挨到天花板。在两张桌子上，也放满了各种各样的文件、书籍和报纸。在房间正中光线最好的地方，是一张朴素的小小的写字台和一把木制的安乐椅，旁边还有一张沙发。壁炉上也放着书，还有雪茄烟、火柴盒等。马克思的夫人、女儿们、沃尔弗和恩格斯的照片也放在壁炉上。同马克思的第一次会见给拉法格留下了深刻的印象，成了他逐渐从蒲鲁东主义转向马克思主义的起点。后来他在回忆马克思的文章中写道："我那时 24 岁。我一生将永远不会忘记这第一次的会见所给我的印象。"①

---

① 《摩尔和将军》人民出版社 1982 年版第 88 页。

　　1865 年 10 月 29 日—11 月 1 日，拉法格出席了在比利时列日举行的国际大学生代表大会。拉法格是同他的战友雅克拉尔一起徒步从巴黎前往列日的。他们怀着青年人的革命激情，沿途开展广泛的宣传鼓动和调查研究工作。出席这次大会的有来自世界各国的 4000 名大学生代表，仅仅法国的代表就有 750 人，其中大部分是布朗基主义者。拉法格在会上作了两次发言，猛烈抨击了拿破仑第三的反动统治，并提出了推翻帝制、用红旗代替法国的三色国旗的革命主张。他的发言受到来自意大利、比利时、俄国和其他国家的大学生代表的热烈欢迎。他后来回忆说："在列日，我们三个人（阿尔门哥、德尔布瓦和我）来自波尔多，我们是反波拿巴运动的积极参加者，曾怀着自豪的心情跟随比古尔丹在学生游行队伍中高举的用黑纱做成的旗帜前进，这黑纱表示为在拿破仑统治下的法国志哀。"[①] 大会结束后，拉法格在 1865 年 11 月 3 日于布鲁塞尔举行的群众集会上发表了带有无神论和蒲鲁东主义色彩的演说。他说："上帝——这是祸害，财产——这是盗窃……只有向上帝宣战，社会进步才有可能。"[②]

---

① 雅克·吉罗编《拉法格选集》第 12 页。
② 转引自苏联《历史问题》杂志 1981 年第 6 期第 117 页。

第一章 青少年时代

当时正在布鲁塞尔瓦托医生家养病的布朗基对国际大学生代表大会十分重视,希望会见大会的代表。拉法格和其他 20 名代表在格朗热的陪同下,由特里东介绍,同这位传奇式的革命家会晤了。拉法格后来在一篇回忆布朗基的文章中谈到了这次会见的情况:"我焦急地等待布朗基的到来,过去我只是根据流传的对他的造谣诽谤所形成的模糊印象来想象他的样子。当我看到从容进来的人身材不高,但体格健壮,穿着非常朴素,然而十分整洁,雪白的胡子和头发,黝黑的面庞,硕大的清秀的鼻子(他有时诙谐地说,所有的革命家都有一个大鼻子),我感到十分惊讶。"[1] 布朗基即席发表了一篇热情洋溢的讲话,鼓励大家团结起来,分工合作,进行战斗。此后,拉法格和布朗基之间建立了友好的密切的联系。

由于参加了国际大学生代表大会,拉法格回国后于 1865 年 12 月 12 日被巴黎大学开除了学籍,同时被开除的还有雅克拉尔、雷尼亚尔等其他四位医科学生和两位法科学生。他们被指控"粗暴地侮辱法国的神圣国旗,鼓吹进行恐怖活动,践踏宗教,肆意攻击社会秩序以之为基础

---

[1] 梁赞诺夫编《拉法格选集》1925 年莫斯科—列宁格勒俄文版第 1 卷第 370 页。

的原则，总之，号召叛乱和内战"。当局对拉法格个人提出的指控是："10月29日，他到达列日后，在代表大会的第一次会议上发言，要求用红旗代替法国的三色国旗；在第二次会议上，他攻击社会秩序的原则，在发言结束时说：'上帝——这是祸害，财产——这是盗窃'"[①]。12月26日，帝国公共教育委员会宣布禁止被开除者在两年内进入法国所有大学学习。拉法格是被开除的学生中最年轻的一个。拉法格后来在同沙尔·龙格谈及此事时说，这件事使他的父母深感不安，"他们实际上比我自己更加希望我成为一名医生。为了尽快完成我的医科学业，我前往伦敦"[②]。拉法格离开巴黎，在比利时作了短暂的停留，之后前往伦敦，进入圣巴托罗缪医院附属医学院学习。

3. 在马克思的教诲下

早在1865年秋天，在伦敦的法国流亡者就组成了国际法国人支部，其成员除欧仁·杜邦、海尔曼·荣克等无产阶级分子外，还有勒·吕贝、费·皮阿、比·韦济尼埃

---

① 转引自苏联《历史问题》杂志1981年第6期第117页。

② 雅克·吉罗编《拉法格选集》第13页。

等小资产阶级分子。拉法格到伦敦后，也加入了这个支部。1866年2月27日，在国际总委员会会议上，法国通讯书记杜邦提名拉法格为总委员会委员；3月6日，总委员会一致同意杜邦的建议，选举拉法格为总委员会委员；3月27日，拉法格被任命为总委员会西班牙通讯书记。7月，比利时通讯书记沙尔·龙格被捕后，拉法格代替他担任这一职务。

拉法格此时在一系列问题上还没有完全抛弃蒲鲁东主义的观点。马克思在1866年3月20日写给女儿劳拉的一封信中诙谐地说："拉法格这个讨厌的小伙子以他的蒲鲁东主义来折磨我，而且，我要是不用一根结实的棍子揍他的克里奥洛人的脑袋，想必他是不会安静下来的。"[①] 当时，拉法格在民族问题上采取了蒲鲁东主义的立场。在1866年6月举行的国际总委员会会议上就1866年普奥战争问题展开辩论时，拉法格支持蒲鲁东主义者提出的错误观点，说一切民族特性和民族本身都是"陈腐的偏见"。马克思对拉法格否定民族特性的这种错误观点进行了严肃的批评。马克思在写给恩格斯的一封信中谈到总委员会讨论

---

① 《马克思恩格斯全集》第31卷第510—511页。

民族特性问题的情况："我在开始发言时说，我们的朋友拉法格和其他废除了民族特性的人，竟向我们讲'法语'，就是说，讲会场上十分之九的人不懂的语言，我的话使英国人大笑不止。接着我又暗示说，拉法格大概是完全不自觉地把否定民族特性理解为由模范的法国民族来吞并各个民族了。"①马克思对拉法格的批评，是对他的爱护和帮助，促使他较快地摆脱蒲鲁东主义的影响。

在伦敦将近三年的时间里，拉法格经常到马克思家里做客，有机会直接聆听马克思的教诲。他们经常在一起长谈，有时展开热烈的争论。傍晚时分，拉法格常常陪着马克思在汉普斯泰特荒埠散步。在一起沿着草地行走的时候，马克思把《资本论》第一卷的内容详细地解释给他听，使他获得了丰富的经济学知识。拉法格回到家里，就立即把刚才听到的东西记录下来。最初，他对马克思那深邃广阔的思路，感到难以跟上。但是，在马克思的耐心帮助和拉法格自己的努力下，随着时间的推移，他逐渐掌握了马克思学说的基本内容。拉法格在《忆马克思》一文中写道："马克思以他特有的渊博的见解向我讲解了他的

---

① 《马克思恩格斯全集》第 31 卷第 231 页。

人类社会发展的辉煌理论。就像在我眼前揭开了一道帷幕一样，我生平第一次清楚地看到了世界历史的逻辑，在社会发展和思想发展表面上如此矛盾的现象中，找到了它们的物质原因。"[①] 拉法格还在马克思工作时做书记，把他口述的内容记录下来。这使拉法格有机会观察马克思怎样思索和怎样写作。拉法格曾作过许多札记，可惜后来都丢失了，因为在巴黎公社以后，拉法格存放在巴黎和波尔多的文件都被警察抢去烧毁了。尽管如此，马克思的讲解给他的深刻印象，多年以后还一直留在他的脑海里。

与此同时，拉法格认真阅读了马克思的《哲学的贫困》《资本论》，以及马克思恩格斯的《共产党宣言》。他逐渐放弃了蒲鲁东主义和实证主义，转到科学共产主义的立场上来，成为一个马克思主义者。

1866 年 6 月 17 日，《左岸》周报刊载了《国际工人协会成立宣言》，同时还发表了拉法格写的《国际工人协会发展概述》一文。拉法格在这篇文章中详细地描述了国际在欧美各国（包括英国、瑞士、德国、法国、比利时、意大利和美国）活动的情况。他写道："国际的主要贡献在

[①] 《摩尔和将军》人民出版社 1982 年版第 97 页。

于它重新唤起并加强了英国工人在 1848 年失败以后丧失了的对自己政治力量的觉悟。"① 他指出，总委员会支持英国工人在美国内战期间对北方各州的立场，引导他们投入争取选举制改革的运动，维护被监禁的芬尼社社员。7 月 8 日，拉法格在《左岸》上发表了一篇书评，从唯物主义立场对托尼·穆瓦兰所写的《医学生理教程》一书作了评论。7 月 15—22 日，他在《左岸》上发表的《社会斗争》一文中，第一次提到了马克思的名字，对马克思的学说和生平活动作了热情介绍。他引用了《哲学的贫困》和其他著作中的大段引文，并且根据 1848 年革命的经验分析了资产阶级和无产阶级之间的斗争。他得出了如下的结论："因此，阶级斗争是历史运动的条件之一"②。这篇文章是在法国宣传马克思学说的开端。由于《左岸》被政府勒令停刊，此文未能登完。

拉法格为筹备国际工人协会 1866 年日内瓦代表大会做了大量的工作。1866 年 4 月 22 日，拉法格请瓦托医生转交给布朗基一封信，向他说明了国际工人协会成立的经过和宗旨，并邀请他参加即将举行的日内瓦代表大会。他

---

① 《左岸》周报 1866 年 6 月 17 日。
② 《左岸》周报 1866 年 7 月 15 日。

写道：这次大会将是"欢庆革命的节日"，"各国的革命者都将前往出席，他们将携起手来，同心同德，随时准备在革命到来之日挺身而出"。他请求布朗基"尽最大的可能，让这第一次代表大会无论在参加的革命者的人数方面，或在它确认的原则方面，都获得圆满的成功"。他还希望布朗基对在意大利的追随者施加影响。瓦托医生在把这封信交给布朗基时说，他认为从这封信的"第一个辅音到最后一个元音"，都可以看出拉法格是根据马克思的授意写的。①

拉法格还接受委托将马克思为日内瓦代表大会的代表们写的《临时中央委员会就若干问题给代表的指示》译成法文。马克思的长女燕妮在从伦敦写给当时正在多维尔的马克思夫人燕妮的一封信中谈到此事："星期五，拉法格在我们这里从早上十点一直待到晚上十点。他必须把给工人们的指示信译成法文。他出色地完成了这一工作。"②

拉法格还参加了伦敦劳动人民争取选举制改革的示威

---

① 《国际共运史研究资料》人民出版社 1984 年版第 12 辑第 194—195 页。

② 《马克思恩格斯与马克思的亲属通信集（1835—1871）》1983 年莫斯科俄文版第 291 页。

游行，组织英国工人支持法国冶金工人的罢工斗争（1867年2—3月）。

1867年4月3日，担任国际工人协会主席职务的奥哲尔在一次公众集会上公开表示赞同俾斯麦的对内政策，并对俾斯麦在北德意志联盟实行普选权表示感谢。马克思得知这一消息后非常气愤。由于他要前往汉堡商谈《资本论》第一卷的出版事宜，他委托拉法格提醒总委员会注意奥哲尔的上述言论并与之划清界限。拉法格很好地完成了这一任务。4月16日，拉法格代表马克思在总委员会会议上发言，认为奥哲尔向俾斯麦致谢，有损国际总委员会的声誉。他要求对奥哲尔投不信任票。4月23日，总委员会一致通过了由列斯纳提议和拉法格附议的决议，其中声明，总委员会与奥哲尔的上述言论没有任何关系。

拉法格在伦敦的法国人支部中积极维护马克思的路线，同以费·皮阿为代表的小资产阶级分子的冒险主义路线展开斗争。1868年6月29日，皮阿在伦敦克利夫兰大厅举行的一次集会上发表演说，号召用恐怖手段反对拿破仑第三。当时一些报刊把皮阿说成是国际的领导人。国际总委员会考虑到皮阿的言论可能被反动派用来作为迫害国际在法国和比利时的成员的借口和败坏国际在工人中的声誉，在1868年7月7日的会议上根据马克思的建议通过了一项决议，宣布国际总委员会对皮阿的演说不负任何责任。这个决议在报刊上发表后，伦敦的法国人支部发生分裂。1868年8月初，拉法格同杜邦、荣克、赛拉叶等退出了这个支部，坚决同皮阿的冒险主义路线划清界限。此后伦敦的法国人支部成为公开敌视总委员会的团体。

4. 劳拉——生死与共的爱侣和志同道合的战友

拉法格在伦敦期间，在与马克思一家密切的交往中，对马克思的二女儿劳拉产生了真挚的爱情。劳拉比拉法格小四岁，1845年9月26日生于布鲁塞尔市郊区的一所简陋的小房子里。她的童年的最初几个年头是在痛苦的流亡中度过的，直到1849年9月随父母到达伦敦。她长得很像母亲燕妮。拉法格曾这样描绘劳拉的形象："两颊绯红，美丽的卷发金光闪耀，就像经常有夕阳照耀着似的。"[1] 她和姊姊燕妮以优异的成绩从伦敦女子中学毕业后，在科尔姆和马卓尼两位老师的指导下进修意大利文和法文。马克思夫人在1861年写的一封信中说，劳拉和燕妮"在学校

---

[1] 《摩尔和将军》人民出版社1982年版第107页。

里时常获得一等奖。她们的英文能运用自如，法文学得非常好，意大利文可以看懂但丁的作品。西班牙文也懂得一些。只有德文怎么也学不好。"① 劳拉喜欢唱歌，钢琴弹得很好。她性格开朗，活泼机智。马克思夫人赞扬她说："真奇怪，劳拉任何事都做得那样好——不论是在海滩上，在厨房里，在不列颠博物馆阅览室内或者是在舞台上。"② 她爱好诗歌，曾把海涅、歌德的一些作品译成英语，而且自己也写了一些英文诗。因此，她在家里获得了"女诗人"的绰号。此外，她的绰号还有"女骑士""厨娘""白鹦鹉（卡卡杜）""鸟眼睛""裁缝"等。她在家里常常充当马克思的秘书，帮他抄写文稿，收发和草拟信件，以及查找资料，为此她特地给自己弄到一张不列颠博物馆图书馆的出入证。1866 年 8 月 6 日，保尔·拉法格同劳拉举行了订婚仪式。马克思夫人燕妮在给厄内斯蒂娜·李卜克内西的一封信中曾详细地谈到这一件事："他们③ 过去是蒲鲁东的追随者，他们作为蒲鲁东主义者到我们家来了，其中年龄最

---

① 《摩尔和将军》人民出版社 1982 年版第 80—81 页。

② 转引自奥·巴·沃罗比耶娃、伊·米·西涅里尼科娃《马克思的女儿》三联书店 1965 年版第 27—28 页。

③ 指龙格和拉法格。

小的保尔·拉法格——24 岁的医科大学生来得越来越勤。我当时太幼稚了，以为他是来找卡尔的（他很快就成了卡尔的追随者），以便在哲学和政治方面求得更大的进步。可是，当他突然向劳拉求婚的时候，我就好像被一声霹雳惊呆了。"她接着写道："沉着、冷静和审慎的劳拉过了很久才拿定主意的，尤其是她那真正英国派头的矜持，与这位年轻人的热情奔放的性格和装腔作势适成鲜明对比。然而，正如在爱情中常见的那样——相反相成，这种情况在我们这里也终于发生了。"[1] 马克思也将拉法格同劳拉订婚的消息告诉了恩格斯。他在信中幽默地说，起初拉法格"对我有些依恋，但是很快就把自己的依恋从老头子移到女儿身上"[2]。

但是，在热恋中的拉法格有时表现得过于热情，以至于马克思不得不加以干涉，要求拉法格适当控制自己的狂热感情。他在给拉法格的信中语重心长地指出，一对恋人在长时期内将经历许多严峻的考验和苦恼。他写道："在我看来，真正的爱情是表现在恋人对他的偶像采取含蓄、谦

---

[1] 转引自波·维诺格拉茨卡娅《燕妮·马克思》三联书店 1981 年版第 271—273 页。

[2] 《马克思恩格斯全集》第 31 卷第 249—250 页。

恭甚至羞涩的态度，而绝不是表现在随意流露热情和过早的亲昵。"[1] 他希望拉法格在考虑结婚以前成为一个成熟的人，因为无论对拉法格或对劳拉来说都需要长期考验。拉法格必须先在伦敦或巴黎通过医学博士考试，经济上能够自立，然后才能考虑结婚的问题。[2]

1867 年 7 月 21 日，马克思的三位女儿和拉法格前往波尔多，同拉法格的父母一起去海滨浴场疗养。9 月中旬回到伦敦后，马克思对他说："现在，你已经是我女儿的未婚夫了，我应当把你介绍给恩格斯。"于是，拉法格在马克思的亲自陪同下前往曼彻斯特，第一次会见了恩格斯。那时恩格斯同他的夫人莉希以及一个六七岁的内侄女住在曼彻斯特城郊的一所朴素的小房子里。此后，恩格斯和拉法格之间建立了最诚挚的友谊。拉法格终生把恩格斯看作自己的导师和挚友。

1868 年 4 月 2 日，拉法格和劳拉在伦敦举行了简朴的婚礼。恩格斯特地从曼彻斯特赶来向他们祝贺，并且愉快地担任他们的证婚人。婚礼是按世俗方式而不是按宗教仪式举行的，这打破了旧的传统习俗，在当时是一个非常

---

[1] 《马克思恩格斯全集》第 31 卷第 520 页。
[2] 《马克思恩格斯全集》第 31 卷第 255 页。

勇敢的举动。当天晚上，新婚夫妇乘轮船离开英国前往法国度蜜月，在迪埃普、纽黑文作了短暂的逗留后到达巴黎，直到 4 月 25 日左右才回到伦敦。从此，拉法格成为马克思家庭中的一名成员。正如梅林所说："对马克思来说，拉法格不但是一个给他的女儿创造生活幸福的佳婿，而且是一个有才华的得力助手，是自己精神遗产的忠实保护者。"[①]为无产阶级解放事业奋斗的共同理想把拉法格和劳拉的命运紧紧联结在一起，他们既是生死与共的爱侣，也是志同道合的战友。

1868 年 7 月 22 日，拉法格在伦敦圣巴托罗缪医院附属医学院顺利通过了最后一门课的考试，获得医学博士的学位。马克思在给恩格斯的一封信中风趣地写道："拉法格从昨天起成了'皇家外科医生协会会员'，取得了宰杀人畜的特许权。"[②]他在圣巴托罗缪医院担任住院外科医生助手，并且成为马克思的医疗顾问。拉法格的挚友穆瓦兰曾经劝告他放弃政治活动，以便成为一名真正的医生。但是，拉法格没有听从自己朋友的劝告，而是继续投身于社会主义运动。

---

① 弗·梅林《马克思传》人民出版社 1972 年版第 494 页。
② 《马克思恩格斯全集》第 32 卷第 117 页。

马克思的长女燕妮有一本纪念册，其中有拉法格在1868年2月7日写的一篇《自白》[①]。这是当时英国流行的一种问答式的游戏，拉法格的回答是这样的：

您最珍重的品德

　　一般人：……观察敏锐，忍耐

　　男人：……善于沉默，等待

　　女人：……撒娇

　　您的特点：……冒失

　　您对幸福的理解：……好吃的甜食

　　您对不幸的理解：………挨冻

　　您厌恶的缺点：……所谓德行

　　您认为可以谅解的缺点：……懒惰

　　您喜爱的诗人：……缪塞

　　您喜爱的散文家：……拉伯雷、巴斯噶、巴尔扎克

　　您喜爱的英雄：……马拉

　　您喜爱的女英雄：……举不出来

　　您最不喜欢的人物：……拿破仑一世

　　您喜爱的名字：……劳拉、玛格丽特

　　您喜爱的菜：……煎肉排

---

　　① 《马克思恩格斯与马克思的亲属通信集（1835—1871）》第624—625页。

　　您喜爱的眼睛的颜色：……带金黄的色调

　　您喜爱的头发的颜色：……栗色

　　您喜爱的花：……重瓣罂粟花、紫罗兰

　　您喜爱的格言：……"诸事顺利"

　　您喜爱的座右铭：……"慎言"，"只有傻瓜才一条道走到黑"。

　　拉法格的这篇《自白》是以开玩笑的口吻写的。但是，他把马拉作为自己最喜爱的英雄，绝不是偶然的。实际上，拉法格从青少年时代起就以 18 世纪法国大革命时期这位"人民之友"为榜样，立志献身人民的解放事业。在以后长期的革命实践活动中，他也常常用马拉的顽强不屈的斗争精神来勉励自己。拉法格也并不掩饰自己的缺点——冒失。他感情外露，易于激动，有时不够冷静，显得急躁。马克思恩格斯曾多次批评他的这一缺点。

　　在燕妮的这本纪念册里，还有劳拉的《自白》[①]：

　　您最珍重的品德

　　　　一般人：……真诚

---

　　① 转引自波·维诺格拉茨卡娅《燕妮·马克思》第 252—253 页。

男人：……正义感

女人：……心地善良

您的特点：……犹豫不决

您对幸福的理解：……意识到人家爱你

您对不幸的理解：……藐视自己

您认为可以谅解的缺点：……幻想

您厌恶的缺点：……假仁假义

您喜爱做的事：……读书

您喜爱的诗人：……莎士比亚

您喜爱的散文家：……塞万提斯

您喜爱的英雄：……雪莱

您喜爱的花：……玫瑰

您喜爱的颜色：……天蓝色

您喜爱的名字：……巴莱、派尔希、爱德华和查理

您喜爱的格言：……"要有自知之明"

您喜爱的座右铭：……"真理高于一切，它必然胜利"。

　　值得注意的是，劳拉最珍重的品德是真诚、正义感和心地善良；厌恶的缺点是假仁假义；喜爱做的事是读书；喜爱的座右铭是"真理高于一切，它必然胜利"。这些答案充分显示了她的坚持真理和疾恶如仇的高尚情操，它像一条红线贯串劳拉的整个一生。

拉法格在伦敦的三年（1866—1868），是他的世界观发生决定性转折的时期。正是在这几年里，他从蒲鲁东主义逐渐转向马克思主义，成长为国际共产主义运动的一名坚强战士。从此，拉法格以百折不挠、一往无前的精神投入了争取无产阶级解放的伟大斗争之中。

第二章

第一国际的积极活动家

第二章 第一国际的积极活动家

1. 协助瓦尔兰创建巴黎联合会

　　1868 年 10 月 16 日，拉法格夫妇离开伦敦回到法国。这一方面是由于拉法格的父亲一再敦促他回去，另一方面也是由于他想尽快投入法国工人阶级的革命斗争。他们起先居住在巴黎圣佩尔大街 23 号，从 12 月起搬到歇希－米迪大街 47 号的一个小小的寓所里。由于英国的毕业文凭在法国无效，拉法格不得不在斯特拉斯堡大学医学系重新进行五门功课的考试（后来有三门功课获准免试），以便取得在法国开业行医的资格。他曾经打算在通过考试后于巴黎柏西区开设一家诊所。但是，这个计划未能实现。1869 年 1 月初，劳拉生下了第一个儿子沙尔·埃蒂耶纳（小名施纳普斯），此后身体一直不好。马克思夫人燕妮和女儿杜西等相继到巴黎探望拉法格夫妇。1869 年 7 月初，马克思化名威廉斯也到巴黎拉法格家里住了几天。拉法格的父亲对于拉法格热衷于政治活动而不积极采取措施通过考试感到不满，希望马克思劝说拉法格不要中断自己的医科学业。马克思在给拉法格的父亲的回信中，说明拉法格

并未放弃自己的学业，只是由于劳拉的健康状况不佳，需要到第厄普去疗养。拉法格答应马克思，从第厄普回来后，"将竭尽全力争取在最短的时间内通过自己的医生考试"①。但是不久以后，拉法格决定完全放弃医生的职业，以便专心致志地从事革命活动。

拉法格夫妇离开伦敦前，马克思曾交给他们一份完整的国际法国各支部附有地址的名单，并同他们分析了法国工人运动的状况和发展前景。马克思建议拉法格回到法国后不要急于进行公开的鼓动工作，而是首先要对法国各方面的情况（例如，阶级力量的对比、政治经济状况、资产阶级政党的策略等）进行认真的调查研究。马克思还建议拉法格从思想上和组织上为加强国际工人协会法国各支部而加紧工作，促使法国工人运动中的两个主要派别——蒲鲁东派和布朗基派联合起来。拉法格遵循马克思的这些指示，在回到法国后，起初很少在群众集会上发表政治演说。他把主要注意力放在切实的组织工作上，以便广泛地聚集和团结法国的革命力量。他同欧仁·瓦尔兰、列奥·弗兰克尔、西·波克罕、沙尔·龙格等建立了密切的

①《马克思恩格斯全集》第 32 卷第 611 页。

联系。奥·布朗基和他的战友特里东、埃德、费雷、雅克拉尔等也常到拉法格家中做客。1869 年初，拉法格积极参加了布朗基派的政治周报《文艺复兴》的筹备工作。在预定的撰稿人中有雅克拉尔、特里东和兰克等。拉法格为该报撰写了两篇文章，一篇文章着重批判蒲鲁东主义，另一篇文章扼要介绍《共产党宣言》的基本原理。拉法格成为马克思和布朗基之间的中间人。他曾受布朗基的委托邀请马克思担任《文艺复兴》周报的编辑。他在 1869 年 5 月底致马克思的信中写道："下月初之前将准备好印有编辑名字的公告，我请求您同意把您的名字列入名单，因为首先，这对我们来说将是极大的荣幸；其次，这会使小矮个 [1] 感到满意，他对您特别敬重。"[2] 马克思立即回信，对出版《文艺复兴》的计划表示赞赏，并说："您当然可以酌情使用我的名字。"[3] 只是马克思工作很忙，不能为这个刊物撰稿。后来，由于筹集不到必须交纳的三万法郎保证金，《文艺复兴》周报未能出版。

拉法格曾向布朗基推荐马克思的著作《哲学的贫困》。

---

① 指布朗基。

② 《马克思恩格斯与马克思的家属通信集（1835—1871）》第 407 页。

③ 《马克思恩格斯全集》第 32 卷第 596 页。

布朗基仔细读了这一本书，非常赞赏马克思对蒲鲁东的批判。拉法格就此写信告诉马克思："布朗基有一本[1]，他把它借给自己所有的朋友阅读。特里东也读过这本书，他对摩尔收拾蒲鲁东很高兴。布朗基对你们极为敬重。"[2]

在此期间，拉法格经常为昂利·罗什弗尔主编的左派共和党人机关报《马赛曲报》和布朗基派的《自由思想》周报撰稿。[3]他在《自由思想》周报上发表了《圣经的矛盾》《家庭纠纷》等文章，以及对乔治·桑的剧本和阿尔图尔·兰克的反对波拿巴主义的《阴谋史》一书的评论。他还写了一组有关妇女问题的文章，其中批判了蒲鲁东在《论革命中和教会中的正义》一书中歧视妇女的观点。

拉法格经常写信把法国的政治局势和工人运动进展情况告诉马克思。拉法格的来信成了马克思关于法国形势的主要消息来源。马克思曾在国际总委员会的会议上宣读拉法格信中的一些内容，并且转告恩格斯以及德国和美国的一些同志。

---

① 指《哲学的贫困》。
② 《马克思恩格斯全集》第 32 卷第 247 页。
③ 拉法格为《自由思想》撰稿时署名"罗朗－保尔·拉法格"，后来又改为"保尔·罗朗"。

拉法格在巴黎为马克思寻找写作《资本论》所需的各种书籍，并且寄给马克思各种报刊。例如，拉法格曾把韦莫雷耳所写的《1848 年的活动家》一书寄给马克思，马克思在这本书上写了许多批注。

在 19 世纪 60 年代下半期，马克思主义在法国还没有得到广泛传播。因此，拉法格和劳拉致力于把马克思和恩格斯的著作译成法文出版。1867 年 8 月，当拉法格还在伦敦的时候，他同劳拉一起将马克思《资本论》第一卷序言的一部分译成法文，并于 1867 年 10 月发表在巴黎《法兰西信使报》上。1869 年初，拉法格又同劳拉一起将《共产党宣言》译成法文，但由于书报检查，当时未能出版。

在 1868 年以前，在国际法国各支部中，以托伦为首的右翼蒲鲁东主义者居于统治地位。但从 1868 年起，以瓦尔兰为首的左翼蒲鲁东主义者在各支部中的影响开始加强。他们在许多问题上摈弃了蒲鲁东主义的观点，逐渐接近科学社会主义。瓦尔兰等承认集体所有制原则，积极参加组织工人罢工并号召他们展开政治斗争，由此他们也被称作集体主义蒲鲁东主义者。

波拿巴政府对国际工人协会法国各支部竭力加以迫害。1868 年 3 月和 5 月，政府先后两次对国际巴黎委员

会进行审讯，蛮横地勒令解散国际巴黎支部，并判处巴黎委员会的成员徒刑和罚款。但是，政府的迫害激起法国工人的愤怒，促使他们更加紧密地团结在国际支部的周围。在 1869—1870 年期间，在法国各地像雨后春笋般建立起许多新的国际支部，仅在巴黎地区就有 20 个左右。拉法格参加了沃吉拉尔支部的活动。他在 1869 年 10 月 23 日致马克思的信中认为在法国已具备建立社会党的基础。他写道："目前最重要的是社会党正在建立起来，并且开始起主要作用……这个党的力量是完全现实的，虽然它没有报纸，但在公共集会上，在一些人物的演说中都表现出来。"[①] 他认为有可能更广泛地吸收左派共和党人和布朗基派参加这个党。

1870 年 1 月 10 日，《马赛曲报》记者维克多·努瓦尔遭到比埃尔·拿破仑·波拿巴亲王的杀害。12 日，巴黎 20 万工人和小资产者为努瓦尔举行葬礼，并进行声势浩大的示威。他们高呼"共和国万岁！""打倒波拿巴家族！"等口号。1870 年 1 月和 3 月，法国大工业中心克列索的冶金工人先后两次举行罢工，参加者达一万多人。这些示威

---

① 《马克思恩格斯与马克思的亲属通信集（1835—1871）》第 436—437 页。

和罢工带有明显的政治斗争的性质。这表明，第二帝国的统治已经摇摇欲坠。拉法格同国际的其他会员一起通过各种方式声援工人们的斗争。

法国的政治局势迫切要求各国际支部联合起来并同总委员会建立正常联系。1870年3月7日，巴黎各支部的代表举行会议，通过了建立国际巴黎联合会的决议，并选举了一个由八人组成的委员会来制定章程草案。4月18日，在《马赛曲报》编辑部举行的由瓦尔兰支持的大会上，国际巴黎联合会正式宣告成立。出席大会的有1200多名国际会员和工人团体的代表。会上通过了联合会章程，其中规定，联合会必须每月向总委员会报告自己的活动情况。拉法格参加了这次会议。他于4月18日兴奋地写信告诉马克思："这次会议开得何等好呀！与会成员都感到有统一行动的必要，工人阶级已明确地意识到自己阶级的独立性，明确地意识到他们同资产阶级的势不两立。假如您这位阶级斗争的骑士能参加这次集会，您一定会感到非常高兴！"① 劳拉也在同一天写给马克思的信中说："国际在这里正在创造奇迹。工人明显地对协会怀着无限的信任；每

---

① 《马克思恩格斯与马克思的亲属通信集（1835—1871）》第465页。

天都有新的支部成立……工人中的每一个新的运动，每一次新的罢工都在不同程度上被认为是由国际发起的。显然，每一次罢工对国际有影响，把愈来愈多的团体和工人吸引到国际的行列中来。'国际会员'的称号在这里开始受到很大的尊敬。"[1]4 月中旬，在法国已建立了四个地区性的国际联合会：巴黎联合会、里昂联合会、马赛联合会和罗昂联合会。各国际支部的成员达 25 万人。

拉法格并不是巴黎联合会委员会的成员。他认为，他自己不作为新成立的委员会成员而作为伦敦总委员会驻巴黎联合会的代表较为适宜。他为此写信给马克思，请求马克思在总委员会会议上提出授予他代表权的问题。马克思在回信中表示将请杜邦在总委员会会议上提出拉法格为候选人。1870 年 5 月 17 日，总委员会任命拉法格为总委员会驻巴黎的"特约通讯员"。

这时，巴枯宁派加紧在国际内部进行阴谋活动。他们曾企图在 1869 年巴塞尔代表大会上进行突然袭击，夺取国际的领导权，但是没有得逞。于是，巴枯宁力图在国际法国各支部中扩大自己的影响。在巴枯宁被逐出设在日内

---

① 《马克思恩格斯与马克思的亲属通信集（1835—1871）》第 463 页。

瓦的国际罗曼语区联合会机关报《平等报》之后，巴枯宁分子保尔·罗班被派往巴黎。他参与国际巴黎各支部的活动，竭力挑拨巴黎联合会同总委员会的关系。针对这一情况，马克思特地写信给拉法格，向他通报了巴枯宁的阴谋活动。马克思说："请你们注意，巴枯宁的代理人罗班参加了你们的委员会 [①]。罗班在日内瓦曾竭力破坏总委员会的威信（他曾在《平等报》上公开攻击总委员会）并为巴枯宁在国际协会中实行独裁统治准备条件。他是专门派往巴黎进行同样性质的活动的。"[②] 拉法格立即将马克思的这一警告转告巴黎联合会的领导人，并且设法使罗班无法进行阴谋活动。

为了同巴枯宁主义进行斗争，在法国出版《国际工人协会临时章程》的正确的法译本具有重大的意义。章程的最初的法译本是由蒲鲁东主义者托伦和弗里布尔等人在1864 年出版的，其中有许多不确切和歪曲的地方。例如，在章程引言第一段"工人阶级的解放斗争不是要争取阶级特权和垄断权，而是要争取平等的权利和义务，并消灭任何阶级统治"中，删去了"消灭任何阶级统治"的词句；

---

① 指国际巴黎联合会委员会。

② 《马克思恩格斯文集》第 10 卷第 331 页。

第三段"工人阶级的经济解放是一切政治运动都应该作为手段服从于它的伟大目标"中，删去了"作为手段"的词句。1870年4月，马克思写信给拉法格，要求他在《自由思想》上发表国际章程的正确译文。由于《自由思想》是作为纯文学出版物登记的，因此不可能在该报上发表章程。但是，拉法格利用巴黎联合会成立后准备出版章程的新版本的机会，对译文作了校订。他在4月20日以后不久写信告诉马克思："我未能按您的要求把校样寄给您，是因为必须立即付印，所以实际上不可能把它寄给您。不过我仍然认为，您会对我的修改感到满意的。"①

拿破仑第三为了巩固自己摇摇欲坠的地位，精心策划了一个骗局，规定1870年5月8日举行全民投票，要求人们回答是否赞成1860年以来实施的所谓自由的改革和是否赞成1870年4月的新宪法。工人阶级对此应采取怎样的立场？如果投反对票，这似乎是拒绝改革；而如果投赞成票，则又是对帝国的认可。国际巴黎联合会在4月18日成立大会上讨论了这个问题并一致决定抵制全民投票。拉法格在参加这次大会后立即写信告诉马克思："所有的发

---

① 转引自巴赫等编《第一国际》第1卷三联书店1980年版第294页。

言人都主张拒绝参加投票，并认为目前形势适宜于发表一个宣言。"① 会上选出了一个委员会起草宣言。拉法格当选为起草委员会成员，此外还有托伦、阿夫里阿耳等。当天晚上他们拟定了宣言的基本内容。

1870 年 4 月 24 日，以国际巴黎联合会和工人协会联合总会的名义发表的宣言刊载在《马赛曲报》上。宣言揭露了拿破仑第三的全民投票骗局，并号召工人们拒绝回答全民投票中所提出的问题。宣言建议工人们采取各种方式表明他们对帝国持否定态度，并根据情况或者根本不去投票，或者投空白票，或者在票上写上"民主社会共和国""废除常备军"等口号。拉法格以国际沃吉拉尔支部成员的名义在宣言上签了名。

拿破仑政府对国际工人协会在法国日渐增强的影响惊恐万分，于是对它加紧进行迫害。在全民投票的前几天，政府逮捕了巴黎联合会的一些会员（若昂纳尔、缪拉、马隆等），他们被指控进行阴谋活动，准备暗杀拿破仑第三。拉法格也几乎被捕，他被迫逃亡到瑞士避难，直到 1870 年 7 月普法战争爆发的前夕才回法国。

---

① 《马克思恩格斯与马克思的亲属通信集（1835—1871）》第 465—466 页。

从 1870 年 6 月 22 日到 7 月 5 日，政府一手炮制了所谓巴黎第三次国际审判案的闹剧，瓦尔兰、马隆、若昂纳尔、阿夫里阿耳等 38 人受到起诉，其中很多人被判刑和罚款。这次审判表明，国际自建立以来在法国工人中获得了崇高声誉，国际各支部的力量在迅猛发展。但是，这次审判也给了法国工人阶级沉重的打击。由于国际巴黎联合会被解散，无产阶级失去了自己的领导核心。然而，这毕竟只是暂时的挫折，随着国内形势的发展，法国工人阶级必将重新奋起投入战斗。

1870 年 1 月 1 日，拉法格夫妇又增添了一个女儿，取名燕妮（小名施纳皮娜）。这个小女孩比她哥哥埃蒂耶纳整整小一岁，一生下来就很孱弱，两个月后不幸夭折了。1870 年 7 月，拉法格一家搬到勒瓦卢瓦－佩勒的奥唐斯王后广场 7 号居住。1871 年初，劳拉又生下了第三个孩子马尔克。马克思夫人燕妮对拉法格夫妇这样接二连三生孩子感到十分忧虑，她在给恩格斯的一封信中说："我希望这种快速度能停下来。否则很快就不得不唱起：

1，2，3，4，5，6……

10 个小黑人！"①

----

① 《马克思恩格斯全集》第 32 卷第 694—695 页。

恩格斯也对拉法格很不满意，他在写给马克思的信中说："懂得医术的拉法格竟如此愚蠢，出乎我的意料。你一定要坚决进行干预，否则真可能发生不幸。"[1] 这些批评虽然尖锐，但是十分中肯，后来拉法格的所有孩子都病故了，这的确是很不幸的。

在巴黎的三年（1868—1870），是拉法格一生中的重要时期。在这几年里，他投身于法国工人阶级的革命斗争，力图把马克思主义的理论同工人运动的实践结合起来，得到了实际的锻炼与考验，逐渐成为杰出的无产阶级革命活动家和马克思主义宣传家。

2. 声援巴黎公社的斗争

随着第二帝国内部危机的日益加深，拿破仑第三企图通过发动对外战争来巩固自己岌岌可危的皇座，同时保持法国在欧洲大陆的霸权地位，阻挠德国的统一。普鲁士王国首相俾斯麦也早已图谋击败法国，伺机兼并阿尔萨斯和洛林两省。1870 年 7 月 19 日，以西班牙王位问题为导火线，法国向普鲁士宣战。当时拉法格刚从瑞士回到法国。

---

[1] 《马克思恩格斯全集》第 32 卷第 353 页。

他在 1870 年 7 月写给马克思的信中分析了法国居民对待战争的态度。他说，在巴黎只有波拿巴派和投机分子才拥护战争，因此警察不得不亲自出马煽动战争狂热，但是"在巴黎谁也不会受到迷惑"。拉法格在谈到外省的情况时说："看来，外省的舆论是敌视战争的，因为没有哪一家好战的机关报援引任何一家支持战争的外省报纸。"① 马克思在 1870 年 7 月 19 日的国际总委员会会议上转述了拉法格这封信的内容。

战争爆发时，拉法格一家正住在巴黎郊区勒瓦卢瓦 – 佩勒，离筑垒地区很近。马克思和他的夫人燕妮十分担心他们的安全，曾从伦敦写信给他们，劝告他们早日离开巴黎，搬到波尔多去。但是，拉法格夫妇继续留在巴黎，坚持在那里工作。9 月 1 日，法军在色当战役遭到惨败，拿破仑第三当了普鲁士军队的俘虏，巴黎直接处于敌人炮火轰击的威胁下，这时拉法格夫妇才领着两岁的儿子埃蒂耶纳于 9 月 2 日从巴黎到达波尔多。拉法格的父亲居住在那里，当时正身患重病，他坚决要求保尔·拉法格离开巴黎回到故乡波尔多去。1870 年 11 月 18 日，拉法格的父亲病故。

---

① 《马克思恩格斯与马克思的亲属通信集（1835—1871）》第 407 页。

19 世纪中叶，波尔多是法国最大的工商业城市和港口之一。同烟草、酿酒、制糖、造船等行业有关的中小资产阶级在居民中占大多数，工人阶级人数不多，在 1872 年只占城市总人口的 16.5%。1866 年，在波尔多第一次出现了国际工人协会的组织。波尔多支部的代表出席了 1867 年在洛桑举行的国际工人协会代表大会。但是，这个支部的人数不多，影响很小，1868 年以后就停止了活动。

1870 年 9 月 4 日，巴黎的工人、大学生和手工业者在得知色当惨败以及拿破仑第三被俘的消息后举行了游行示威，冲进议会大厅，宣布废除帝制，成立共和国。但是，革命的成果落到了资产阶级手中。一伙资产阶级政客把持了国防政府，推行卖国投降的政策。当天下午，共和国成立的消息传到了波尔多，引起了强烈的反响。拉法格后来回忆说："9 月 4 日，我是在那一天推倒拿破仑第三的骑马雕像并宣布共和国成立的人们中的一员。"[①] 在波尔多也立即成立了国防委员会，出现了形形色色的俱乐部，人们在各种集会上热烈争论如何加强共和国和继续进行战争

---

① 《平等报》1882 年 9 月 24 日。

的措施。1870年9月7日，拉法格在《纪龙德共和党人报》特刊上发表了《组织起来！》一文。他指出，共和国宣布成立了，它在人民群众一片欢呼声中呱呱落地，不久便面临着两种敌人：普鲁士人和奥尔良党人。在这困难的时刻，工人阶级应该组织起来，建立一个强有力的党。他特别强调国际工人协会的作用："多年来，欧美的工人阶级积极地争取建立一个政党。在一切工业中心建立了国际工人协会的支部，他们相互联系，并在伦敦建立了一个总的中心。当今拯救人类的希望就在这个广泛而有力的组织身上。它遭到了欧洲所有政府的仇视。奥地利、普鲁士、立宪制的比利时，以及专制制度的法国，都企图将它扼杀。然而，它站起来了！它在法国政治舞台上开始起作用了！"[1]拉法格表示深信新生的共和国终将战胜目前的灾难。

有的法国历史学家认为，在法兰西第三共和国宣布成立后，资产阶级共和党人阿尔图尔·兰克曾建议拉法格担任省长，但遭到拉法格本人的拒绝。[2]另一些法国历史

---

① 《拉法格文选》人民出版社1985年版上卷第3页。

② 参见瓦尔莱编《保尔·拉法格——马克思主义理论家》1933年巴黎法文版第9页；鲍提若里编《恩格斯与保尔·拉法格、劳拉·拉法格通信集》第1卷1956年巴黎法文版第XVI页；波尔迪列夫《拉法格》1984年莫斯科俄文版第24页。

学家则对这种说法表示怀疑，理由是阿尔图尔·兰克在 1891 年否认他提出过这样的建议，因为他无权这样做。[1] 根据现有资料，还缺乏充分证据说明当时兰克的确向拉法格提出过担任省长的建议。

拉法格克服种种困难，不顾他父亲的阻拦，努力争取把波尔多的无产阶级力量组织起来。为此他在波尔多创办了一家报纸。拉法格在致马克思的长女燕妮的信中写道："在经过许多尝试、步骤和行动后，我们得以建立一个小小的团体，它很小很脆弱，但终于有两条腿并开始行动。在旧的国际的残余力量的帮助下，我们准备创办一家专门的工人报纸，每份只售一个苏[2]……它的名称是《国防报》。"[3] 劳拉在给燕妮的信中也说："保尔一旦想为国际干点有益的事，就受到他父亲的斥责……他现在即将参加办的小报也许不会有更好的结局，但不管怎么样，成功的

---

[1]　雅克·吉罗在《对青年拉法格的生活和作用的某些方面的澄清》（《思想》杂志 1970 年第 153 期）一文中引用了兰克在 1891 年 11 月 17 日写的文章中的一段话："在 1 月（指 1871 年 1 月。——引者注）间，我在波尔多同保尔·拉法格有过几次谈话。我在一家杂志上读到建议拉法格担任省长的职务。这是错误的说法，因为我无权这样做。但是很可能，我也许曾建议他去见甘必大。"

[2]　一个苏等于五生丁。

[3]　《马克思恩格斯与马克思的亲属通信集（1835—1871）》第 505—506 页。

可能性要大一些。你得承认，在这样的时刻，保尔是不肯袖手旁观的。"①《国防报》的第 1 号报纸于 1870 年 10 月 8 日出版，编辑部成员中有德尔布瓦。拉法格使用各种笔名为报纸撰稿，有时报上的几乎所有文章都是由他一个人写的，他为此花去许多时间。他在写作时曾利用了恩格斯为《派尔－麦尔新闻》所写的《战争短评》，从历史唯物主义立场分析了 1870—1871 年普法战争中的各种事件。拉法格在《国防报》上揭露了国防政府的卖国行为，积极宣传通过革命方式把战争进行下去，并提出了以下一系列措施：没收波拿巴主义议员的全部财产；废除一切间接税；由国家赡养为共和国而战斗的人的亲属；保证所有编入国民自卫军的工人的工资。② 马克思对于拉法格在波尔多办报十分重视，他在收到拉法格寄来的报纸后，亲自把它转寄给英国的比斯利教授等人，以便扩大影响。但是，这家报纸只存在了很短的一段时间，不久就停刊了。

　　1870 年 9 月 9 日，国际总委员会发表了关于普法战争的第二篇宣言，向法国无产阶级指出了帝国崩溃后的形

---

① 《马克思恩格斯与马克思的亲属通信集（1835—1871）》第 506—507 页。

② 瓦尔莱编《保尔·拉法格——马克思主义理论家》第 9 页。

势和任务：当敌人几乎已经在敲巴黎城门的时候，一切推翻新政府的企图都将是绝望的蠢举。法国工人应该执行自己的公民职责，同时要镇静而且坚决地利用共和国的自由所提供的机会，去加强他们自己阶级的组织。拉法格在收到马克思寄来的这篇宣言后，立即将它译成法文，发表在《纪龙德论坛报》上。在当时巴黎的资产阶级报刊都拒绝刊登这篇宣言的情况下，拉法格在波尔多发表这一文件对于打破资产阶级的新闻封锁有着十分重要的意义。《纪龙德论坛报》是一家带有鲜明的共和主义和社会主义倾向的报纸，从1870年9月16日至11月19日在波尔多出版。1871年2月2日改名《波尔多论坛报》重新问世，直到5月20日被查封。拉法格为这家报纸写了许多文章，积极宣传第一国际的思想。资产阶级竭力阻挠这家报纸的出版，印刷所老板拒绝承印，而且缺少撰稿人。拉法格曾将英国比斯利教授根据马克思的请求所写的《国际工人协会》一文译成法文，刊载在《波尔多论坛报》上，并为这篇文章写了一个按语，其中指出，国际的存在"是从资本家阶级和工人阶级的对立中必然产生出来的，它的不可战胜的力量也就在于此。只有消灭资产阶级社会，才能压倒

它或阻止它的发展"①。

　　大约在 1870 年 10 月 20 日左右，在拉法格的直接推动下，国际工人协会波尔多支部恢复了活动。拉法格担任这个支部的通讯书记。1870 年 10 月 28 日，他特地写信给马克思和国际总委员会报告波尔多支部成立的消息。他在这个报告中写道："总委员会：一星期以前在波尔多成立的国际支部委托我作为通讯书记向总委员会报告自己的建立。我们很快将在波尔多业已存在的工人团体中开展积极的宣传。但是，我们希望同西南部、里昂和马赛等地的支部建立联系。请把这些支部的名称和地址告诉我，我们将立即同它们进行通信。"②马克思在 11 月 1 日的总委员会会议上宣读了拉法格这封信的内容。

　　为了教育波尔多支部的成员，拉法格给他们读了他自己翻译的比斯利的文章《国际工人协会》。这个支部里的一个蒲鲁东主义者打算建立一个图书馆，陈列蒲鲁东的全部著作。为了肃清蒲鲁东主义的影响，拉法格决定把马克思批判蒲鲁东的《哲学的贫困》一书也放到那里去。

　　1870 年 12 月 17 日，国际波尔多支部向波尔多市参

----

① 《马克思恩格斯与马克思的亲属通信集（1835—1871）》第 637 页。
② 《马克思恩格斯与马克思的亲属通信集（1835—1871）》第 510 页。

议会发出一个通告，公开阐明了自己的宗旨，其中说："欧洲无产阶级的优秀分子得出科学结论，一切局部的改良都无法认真切实地改善工人阶级的状况，工人阶级作为一切精神和物质财富的唯一生产者，只有把一切生产工具（我们指的是土地、货币资本、工厂等）从占有者阶级手中剥夺过来，并且归还给生产者阶级，才能够完全占有自己劳动的成果。"[1]随着工人阶级革命情绪的高涨，波尔多支部的成员迅速增加，发挥愈来愈重大的作用。

1871年1月6日，巴黎二十区中央委员会发表了著名的《红色公告》，无情地揭露了国防政府的叛国行为。它严正宣告，这个政府的政策、战略和行政都是第二帝国的继续，应受到谴责！国防政府应让位给人民！让位给公社！这个公告的发表为后来巴黎公社的建立准备了重要的思想条件和舆论基础。在这个公告上签名的有巴黎20个区的代表140人，其中也有拉法格的名字。[2]但是，目前还不能肯定在公告上签名的就是保尔·拉法格，因为根据现有的材料，拉法格当时不在巴黎，而是在波尔多。法国

---

[1] 雅克·吉罗《公社和波尔多（1870—1871）》第212页。

[2] 参见苏联科学院世界历史研究所编《一八七一年巴黎公社史》重庆出版社1982年版上册第108页。

梅特隆主编的《法国工人运动人名词典》认为，他并不是
签署1871年1月6日红色公告的那个拉法格。[①]

　　从1871年1月到3月，国防政府和国民议会相继从
图尔迁到波尔多，随之而来的是数以万计的难民。1月底，
当巴黎投降和政府同普鲁士签订条件非常苛刻的停战协定
的消息传到波尔多时，群情激愤，广大群众对于国防政府
的卖国政策非常不满。国际波尔多支部的成员和其他共和
主义力量一起要求把战争进行下去，宣布祖国在危急中。
但政府拒绝了这些要求。2月5日，波尔多的国民自卫军
举行了示威游行，国际波尔多支部的成员参加了这次示威
的组织工作。

　　在1871年2月举行的国民议会选举中，保皇派提出
了以梯也尔为首的候选人名单，共和派则提出了以甘必大
为首的三个候选人名单与之对抗。在波尔多市的选举中，
共和派获得了重大胜利。甘必大得到19000票，而梯也
尔只有9000票。但是，保皇派在纪龙德省取得很大优势，
梯也尔得到60000票，而甘必大只有32000票。拉法格在
2月9日写给马克思的信中详细分析了选举的结果。他指

---

　　① 梅特隆主编《法国工人运动人名词典》1975年巴黎法文版第13卷
第167页。

出："选举相当清楚地表明，新的议会将是最反动的……如果在全国各省都是这样的情况，那么，我认为，我们将会有一个'地主议会'，因为在全民投票中，农民将对局势起决定作用。奥尔良派之所以获胜，是因为他们把自己称作和平的候选人，同时把别人称作战争的候选人。这就表明，这个'无双'议院将充满怎样的精神。"他还说，"只要革命派很聪明，不损害自己的声誉，不把共和派吓跑，他们就能够组织起来，认真地为即将到来的革命作好准备，这场革命用不着等待太久。"[1]

1871年2月13日，国民议会在波尔多开幕了。正如拉法格所指出的那样，这是一个名副其实的"地主议会"。在750个议席中，保皇派占了450个议席。2月26日，梯也尔和茹尔·法夫尔代表法国政府同俾斯麦在凡尔赛签订了法德初步和约，法国把阿尔萨斯和洛林东部割让给德国，并缴付50亿法郎的赔款，在赔款付清以前，德国军队继续占领法国的部分领土。这个丧权辱国的初步和约引起了法国人民的极大愤慨。1871年2月23日，拉法格代表国际工人协会波尔多支部发表了致国民议会的公开

---

[1] 雅克·吉罗编《拉法格选集》第90—91页。

信，谴责政府同德国签订的和约是对法国人民利益的可耻背叛。信中写道："议员公民们！你们是工业和地产的资本主义所有制的代表，你们的使命是通过农村多数的表决再一次决定国家的命运，你们使祖国陷于屈辱和毁灭的深渊，难道你们不害怕要为此承担严重的责任吗？"①3 月 1 日，《波尔多论坛报》刊载了这封公开信。

由于波尔多支部坚持革命的立场，同反动势力进行不懈的斗争，因此受到资产阶级的攻击。1871 年 3 月 13 日，保守派的《纪龙德信使报》发表文章，对国际工人协会进行污蔑。拉法格立即以国际波尔多支部的名义写信给该报予以驳斥。他指出，反动派的领导人可以发生变动，但他们的手法一如既往；反动派把国际当作一个幽灵来吓唬别人。拉法格写道："你们说，在我们的代表大会上，我们曾宣布废除个人财产。如果我们竟会作出这样的决定，那我们实在太幼稚无知了。我们只不过确认了一个已经存在的事实，因为在工业、商业和农业大企业中服务的数百万工人拥有怎样的个人财产呢？我们做的是完全不同的事，我们要求把掌握劳动工具的人极不公平地从生产者手中窃走

---

① 雅克·吉罗《公社和波尔多（1870—1871）》第 216—217 页。

的东西归还他们。"① 拉法格在这封信的结尾指出，尽管反动派对国际百般攻击，政府对人民进行残酷镇压，但是，工人阶级的正义要求必将得到实现。

1871 年 3 月 18 日巴黎无产阶级举行了起义，宣布成立巴黎公社，在人类历史上第一次作出了建立无产阶级专政的伟大尝试。里昂、克列索、圣亚田、马赛、利摩日和图卢兹等地无产阶级也相继发动起义，支援革命的巴黎公社。但是，这些起义遭到统治阶级的残酷镇压，先后失败了。波尔多的无产阶级也投入了席卷全国的革命运动，声援巴黎无产阶级的英勇斗争。以拉法格为首的波尔多支部在组织和领导波尔多无产阶级的斗争中起了重大的作用。波尔多支部明确宣布完全支持巴黎公社的原则，它在《波尔多论坛报》上发表的一项声明中表示在当前的斗争时刻要同巴黎并肩前进，并说："巴黎捍卫我们的权利，我们宣布公社的纲领就是我们的纲领。"拉法格作为《波尔多论坛报》的编辑，竭力把报纸办成革命的战斗机关报。他在报上详细报道巴黎公社的消息，转载《巴黎公社公报》上的各种材料，发表波尔多支部的文告、宣言和声明等。

---

① 雅克·吉罗《公社和波尔多（1870—1871）》第 220—221 页。

　　1871 年 4 月 6 日，拉法格从波尔多前往巴黎，会见了巴黎公社的许多活动家和国际工人协会的老战友。公社战士们的自我牺牲精神和英勇气概使他十分钦佩。他在 4 月 8 日从巴黎写给马克思的信中说："我到巴黎已经两天了。我见到了公社活动家们，他们像全体巴黎居民一样满怀热情。他们仍然希望攻取凡尔赛，并正在采取行动。"他谈到会见瓦扬的情况，瓦扬对他说，人并不缺少，但领导人不够。拉法格在信中还写道："恩格斯能不能到这里来为革命贡献自己的才能呢？"①拉法格在巴黎逗留了两个星期，出席了公社的一些会议，接受了在外省发动起义支援公社的任务，于 4 月 19 日回到波尔多。4 月 23 日，他怀着兴奋的心情写信告诉燕妮·马克思："巴黎正在觉醒！这情景简直使我们惊呆了。我们在这里正尽力设法组织起来，以便在波尔多做些事情……国际正由幽灵变为现实。"②4 月 24 日—5 月 3 日，他在《波尔多论坛报》上连续发表了有关巴黎之行的四篇文章，详细介绍了巴黎公

---

　　①　伊·阿·巴赫主编《第一国际和巴黎公社》三联书店 1978 年版下册第 566 页。

　　②　伊·阿·巴赫主编《第一国际和巴黎公社》三联书店 1978 年版下册第 582—583 页。

社的情况。他驳斥了资产阶级对巴黎公社的污蔑，分析了军事形势，对斗争的前景充满了乐观精神和必胜信念。后来，马克思在写作《法兰西内战》时引用了拉法格文章中的材料。拉法格在《波尔多论坛报》上还刊载了 4 月 19 日颁布的巴黎公社的纲领——《告法国人民书》。

劳拉本来也想同拉法格一起前往巴黎参加战斗。她在致燕妮的信中谈到拉法格的巴黎之行时说："或许他看到街垒战也想去参加战斗。要是我跟他在一起，他这么做，我不会感到奇怪，也不会感到难过，因为我自己也会参加战斗。我非常想去巴黎。"[①] 但是，由于找不到一个可以托付孩子的人，而且最小的孩子有病，劳拉无法脱身，只得留在波尔多。

为了在巴黎和外省之间建立联系，发动外省的无产阶级支持巴黎的斗争，公社曾派遣一批特派员到全国各地进行活动。3—4 月间，公社的特派员梅吉和马尔尚先后到达波尔多，他们在各种集会上宣传公社的原则，号召大家起来斗争，支援巴黎公社。4 月中旬，波尔多工人举行示威游行，并同警察当局发生冲突。但是，由于斗争带有自

---

①　奥尔嘉·梅耶编《马克思的女儿们——未发表的信札》人民出版社 1985 年版第 87 页。

发的性质，缺乏有力的领导，这些示威游行没有发展到武装起义。

1871年4月16日，波尔多支部出版了自己的机关报《联邦报》，每周出版两次，拉法格是该报的主要撰稿人之一。报纸没有自己的印刷所，不得不送到外地去印刷。该报只出了几期，5月21日以后被迫停刊。

1871年4月底，波尔多举行了市镇选举。国际波尔多支部和市镇解放委员会在第一轮选举中联合提出一个候选人名单，在36名候选人中有21人是波尔多支部成员，他们都表示完全接受巴黎公社的纲领。拉法格也是第一轮选举的候选人之一，但在第二轮选举的候选人名单中没有他的名字。选举的结果，波尔多支部的四个成员当选为市参议员。这一胜利表明波尔多支部的力量日益壮大，在群众中产生了愈来愈大的影响。拉法格在5月12日写给马克思的信中高兴地说："现在国际在波尔多已取得巨大的成就；在市镇选举中，我们第一次在政治舞台上出现，激起了协会会员的劲头；我们所取得的成功对此起了促进作用。"他还说，"最重要的是波尔多第一次出现了工人政党，这个党向协会全体会员表明了波尔多国际新组织的作用。"① 随着波尔多支部成员的增加，1871 年 5 月初，支部进行了改组。这里原先只有一个中心支部，所有国际会员都属于这一支部。因为城市很大，许多会员到支部来有困难，所以决定按地区成立区支部。一共组成了四个支部。根据拉法格的建议，每个支部的成员不超过 100—120 人，再分成十人一组，每组设组长一人。拉法格写道："这样一来，我们在波尔多建成真正的工人阶级组织，而现在工人阶级比以前所设想的力量更大，革命性更强。过三个月，如果我们不受阻碍，我希望我们将能在这里做一番大事业。"②

拉法格同马克思保持密切的通信联系，向他报告巴黎公社的各种消息和波尔多支部活动的情况，同时也从马克思那里得到各种材料和许多重要的指示。他以迫切的心情期待马克思《法兰西内战》一书的出版，并且打算根据校样把它译成法文，使这本书在法国和伦敦同时问世。他还准备把国际总委员会的所有宣言和通告、各支部的所有重要的文件汇编成册，加以简要说明，予以出版。但是，这个计划未能实现。

---

① 奥尔嘉·梅耶编《马克思的女儿们——未发表的信札》第 609 页。
② 奥尔嘉·梅耶编《马克思的女儿们——未发表的信札》第 610 页。

马克思十分关心拉法格在波尔多的宣传和组织活动，并且高度评价波尔多以及法国其他各省的无产阶级捍卫巴黎公社的革命运动，同时也指出了这些斗争的局限性。1871 年 5 月 15 日，马克思在致弗兰克尔和瓦尔兰的一封信中写道："外省已经开始闹风潮。可惜那里的行动只是地方性的和'和平'的。"① 波尔多无产阶级的行动也是如此。波尔多支部的力量在这一时期虽然有很大发展，但毕竟人数有限，而且改组工作进行得迟了一些，不能采取有力的措施，把群众的自发斗争引上正确的轨道。

1871 年 5 月下旬，巴黎公社在凡尔赛反革命军队的血腥屠杀下以失败告终。接踵而来的是反动派对革命者的残酷报复，大批公社社员遭到枪杀，巴黎处于一片白色恐怖之中。随着公社的失败，波尔多无产阶级的革命斗争也转入低潮。由于拉法格作为波尔多支部的领导人在发动和组织波尔多无产阶级支援巴黎公社的斗争中起过积极的作用，还由于他是马克思的女婿，因此成了梯也尔政府主要打击的对象之一。早在 1871 年 4 月 23 日，波尔多警察分局局长就下令对拉法格"进行监视，如果有行动就立即加

---

① 《马克思恩格斯文集》第 10 卷第 355 页。

以逮捕"[1]。拉法格和马克思之间的通信也受到警方的严格检查。

1871年5月4日，马克思的两个女儿燕妮和爱琳娜从伦敦来到波尔多，准备去比利牛斯山区度夏。5月24日，燕妮从波尔多写信给马克思："保尔昨天搞到了一张西班牙护照，这样他便可以尽早离开。他是国际的一个非常积极的组织者，所以在这儿一点也不安全。他不久前把玻璃工人组织起一个新支部，其中有些人非常聪明和忠心耿耿。"[2]6月初，由于一些形迹可疑的人鬼鬼祟祟地在拉法格的住处周围到处转悠，拉法格不得不离开波尔多。6月2日左右，他来到比利牛斯山区的圣果当，然后又到达巴涅尔 – 德 – 吕雄。劳拉领着两个孩子随后也来到这里。劳拉在6月3日从吕雄写给马克思的信中说："反动分子在这里行凶作恶更甚于其他任何地方，既然兽性大发的凡尔赛分子在整个法国布满了密探和宪兵，因此凡是不能同警察相安无事的人实际上已几乎不能住在大城市里。"[3]当时传

---

① 雅克·吉罗编《拉法格选集》第33页。
② 《马克思恩格斯与马克思的亲属通信集（1835—1871）》第549页。
③ 伊·阿·巴赫主编《第一国际和巴黎公社》下册第626页。

说巴黎公社的著名活动家雅克拉尔①、里果以及其他一些人都已遭到枪杀，拉法格对这些不幸的消息感到万分悲痛。他竭力使自己相信，并且抱着希望，至少还有一些战友已经隐蔽了起来，幸免于难，将来能为牺牲者报仇。为了向英勇作战的巴黎公社社员们学习，拉法格和劳拉还在野地上和树林里练习开手枪，以便为未来的战斗作好准备。

拉法格在吕雄起先住在黎塞留旅馆，后来搬到一个山区小别墅。马克思考虑到拉法格的危险处境，建议他越过边境搬到西班牙去。6月底，警察当局扣留了拉法格寄给马克思的一封信。凡尔赛政府的一位官员在有关此事的一份报告上作了这样的批语："既然保尔·拉法格是这么危险，既然已经证明他是派到波尔多煽动闹事的，为什么不把他逮捕起来呢？"②波尔多的共和国检察官在1871年7月14日的一个报告中对拉法格作了如下评语："我以为，这是国际协会③的大头目卡尔·马克思的女婿。但是，好像他只致力于为这个协会招募会员。不能提出任何证据来

---

① 雅克拉尔当时已越狱逃走。
② 雅克·吉罗《公社和波尔多（1870—1871）》第194页。
③ 指国际工人协会。

证明他参加了曾经发生的骚动。"① 尽管如此，梯也尔政府
还是不放过他。

1871 年 7 月 26 日，拉法格的不满七个月的孩子马尔
克因病得不到及时治疗，不幸夭折了。他们的大儿子埃蒂
耶纳也患了重病，由于缺乏必需的药品和医疗设备，身为
医生的拉法格对此也一筹莫展。

8 月初，上加龙省的省长凯腊特里亲自率领宪兵到吕
雄逮捕拉法格，罪名是他在公社时期曾到过巴黎，并且作
为国际的密使在比利牛斯山区进行活动；此外，还因为他
是马克思的女婿。在头一天晚上，有一位陌生人来见拉法
格，对他说："我是警官，但我是共和派；我奉命要逮捕
你。已经查明，你是负责波尔多同巴黎公社的联络的。你
现在还有一个小时的时间可以越过国境。"② 于是，拉法格
立即翻越山路到达西班牙的一个小镇博索斯特。8 月 6 日，
劳拉同燕妮和爱琳娜带着患病的埃蒂耶纳从吕雄到博索斯
特探望拉法格。劳拉和小孩留在那里。燕妮和爱琳娜仍回
到法国境内。她们在边界小镇福斯被逮捕了，之后被带进
一个小房间。燕妮的口袋里有一封已经牺牲的巴黎公社领

---

① 雅克·吉罗《公社和波尔多（1870—1871）》第 194 页。
② 参见《马克思恩格斯全集》第 19 卷第 371 页。

导人古斯达夫·弗路朗斯的信。如果这封信被搜出，她们就可能被判重刑，流放到新喀里多尼亚岛去。在单独留在室内的瞬间，燕妮打开了一本旧的、覆盖着灰尘的登记簿，把这封信夹在中间，再把它合上。法国宪兵对她们进行粗暴的搜查，但一无所获，便扣留了她们的英国护照。她们被送上四轮马车，在24名宪兵的押送下，从福斯通过比利牛斯山区到了她们当时居住的吕雄。省长凯腊特里、上诉法院总检察官德尔佩克、治安法官带着宪兵和警察等对她们进行了审讯。但是，燕妮和爱琳娜拒绝说出有关拉法格和其他亲友的任何消息。警察们搜查了拉法格的住所。爱琳娜在写给威廉·李卜克内西的信中描述了当时的情景："凯腊特里和警察的行为是极为荒唐可笑的，例如，他们在床垫中寻找炸弹，怀疑我们为可怜的孩子热牛奶用的小夜灯里尽是'易燃品'！"[1]为了诱使拉法格回国，凯腊特里竟采取无耻的欺骗手段。他对燕妮和爱琳娜说，他以名誉担保，拉法格没有事了，要她们立即写信到博索斯特，劝他回到法国来。但是，燕妮和爱琳娜识破了凯腊特里的诡计，决定采取相反的办法，托一位朋友给拉法格

---

① 《马克思恩格斯全集》第33卷第675页。

送去一些钱，让他走得更远一些，到西班牙的内地去。共
和国检察官德扎加尔带了一些宪兵前往博索斯特寻找拉法
格，但是当他们到达拉法格下榻的那家旅馆的大门口时，
拉法格"却在他的那些好朋友即农民的帮助下从后门走出
去，爬上山头，顺着那些只有向导、山羊和英国旅行者才
熟悉的羊肠小道逃走了"[1]。西班牙的警察帮助法国宪兵，
他们在凌晨三点钟冲进卧室，用马枪直对着劳拉带着孩子
睡的那张床。生病的孩子突然惊醒，便大声哭叫。但是，
警察们仍旧搜查房间里的每一个小洞和每一条裂缝，看看
其中有没有藏着拉法格。此后，劳拉在博索斯特一直受到
警方的监视。燕妮和爱琳娜直到 8 月 9 日才获释。8 月 11
日，她们从吕雄打电报给马克思说："受到警察追究，现已
获释，很快回伦敦。"[2] 后来，燕妮在美国《伍德赫尔和克
拉夫林周刊》上撰文揭露法国政府对她们的迫害，马克思
在致该报出版者的信中指出："我以为这段令人啼笑皆非的
插曲，对梯也尔共和国具有特征意义。"[3]

　　8 月 11 日，由于梯也尔政府的要求，拉法格在韦斯

---

① 《马克思恩格斯全集》第 7 卷第 712 页。

② 《马克思恩格斯与马克思的亲属通信集（1835—1871）》第 560 页。

③ 《马克思恩格斯全集》第 17 卷第 466 页。

卡被捕，但十天以后就被释放。梯也尔政府曾要求将他引渡，但遭到西班牙政府的拒绝。拉法格获释后，到达西班牙北部的工业中心圣塞瓦斯田，12 月又迁往马德里，并在那里安顿下来，积极投入同巴枯宁主义的斗争之中。

由于巴黎公社时期实际斗争的错综复杂，还由于历史条件的局限，拉法格在当时对巴黎公社的性质和历史地位的认识是不明确的。他认为，巴黎公社远不是社会主义革命，只不过是 1848 年六月起义的重演。他在《法国的社会主义》一文中写道："公社是小资产阶级共和派和布朗基主义革命家的政府。有几个加入国际的工人参加了革命政府，但他们非常缺乏经验，人数寥寥无几，无法使国际的思想取得统治地位。社会主义思想没有把形形色色的分子联合起来，而斗争的失败和艰难困苦则使他们四分五裂。公社被梯也尔打垮了，遭到一切资产阶级报纸的攻击和诬蔑，而以马克思和恩格斯为首的国际总委员会则起来为之辩护。马克思代表总委员会起草的《关于内战的宣言》[1] 赋予公社以社会主义性质，而公社在自己存在的短暂时期内并不具有这样的性质。"[2] 这段话表明，拉法格对公社的阶

---

① 指《法兰西内战》。

② 梁赞诺夫编《拉法格选集》第 1 卷第 77—78 页。

级实质的分析不同于马克思和恩格斯的观点。拉法格没有看到，巴黎公社"实质上是工人阶级的政府"①，它是无产阶级专政新型国家的雏形。公社里的两个派别——布朗基派和蒲鲁东派虽然都不是马克思主义者，但他们的行动却由于斗争的必然性而违反了自己的理论观点。列宁指出："不管布朗基和蒲鲁东的荒谬理论和错误怎样，群众究竟把**整个**运动提到了**更高的阶段**。"② 无产阶级是革命的领导者和主力军。巴黎公社无疑是第一国际的精神产儿。

　　尽管拉法格在对巴黎公社的评价上存在不同看法，但他在实际行动中则是同马克思和恩格斯完全站在一起的。拉法格在巴黎公社时期的活动是他战斗的一生中最光辉的篇章之一。

3. 反对巴枯宁派的阴谋活动

　　19 世纪中叶，西班牙的资本主义工业虽然得到了一定程度的发展，但是，同欧洲其他国家相比，西班牙的经济仍然比较落后，基本上是一个农业国家，封建主义的残余

---

① 《马克思恩格斯选集》第 2 卷第 378 页。
② 《列宁选集》第 1 卷第 690 页。

势力在国内仍有很大影响。在工业生产中，手工业占很大比重，在 1700 万人口中只有 30 万工人，占人口的 1.8%，其中产业工人只有 18 万。1868 年 9 月，西班牙发生了军事政变，伊萨伯拉二世的反动君主制被推翻了。1869 年召集的制宪议会通过了资产阶级立宪君主制的宪法，其中规定了在国内实行普选制。这在一定程度上为工人运动的发展创造了条件。

当时巴枯宁主义对西班牙工人运动有严重的影响。巴枯宁及其追随者竭力宣扬个性绝对自由，反对一切权威，要求消灭任何国家，建立完全的无政府状态。他们认为，继承权是一切社会不平等的根源和国家存在的主要条件，因此要求把废除继承权作为社会革命的起点。他们反对组织独立的无产阶级政党和建立无产阶级专政。正如马克思所指出的那样：巴枯宁的纲领"是东一点西一点地草率拼凑起来的大杂烩——**阶级平等**（！），以**废除继承权**作为社会运动的**起点**（圣西门主义的谬论），以**无神论**作为会员必须遵守的**信条**，等等，而以**放弃政治运动**作为主要信条（**蒲鲁东主义的**）。"[1]巴枯宁派在西班牙还建立了社会主

---

① 《马克思恩格斯文集》第 10 卷第 368 页。

义民主同盟的秘密小组，力图打入国际工人协会并夺取其领导权。1868 年，巴枯宁派的秘密同盟的领导人之一意大利人法奈利在马德里创建了国际工人协会的支部，接着于 1869 年初又在巴塞罗那建立了国际的支部。这些组织实际上成了巴枯宁在西班牙的主要支柱。它们通过自己的报纸在群众中积极散布无政府主义观点。关于这一点，恩格斯曾经写道："国际在西班牙最初是作为巴枯宁的秘密团体——同盟的一个简单附属品建立起来的；它必须充当同盟的一个特殊的招募人员基地，同时也必须成为同盟影响整个无产阶级运动的杠杆。"[①]1869 年底，巴塞罗那的国际成员达七千人左右。

1870 年 6 月 29 日，在巴塞罗那召开了国际工人协会西班牙各支部第一次代表大会。大会通过的决议带有明显的巴枯宁主义色彩。在这次大会上正式组成了国际西班牙联合会并选举了联合会委员会，由弗朗西斯科·莫拉任书记，成员有：安·莫拉、洛伦佐、莫拉哥和博耳雷尔。联合会委员会设在马德里。在由莫拉、洛伦佐、莫拉哥等人签署的一项声明中宣布，西班牙联合会"在宗教问题上是

---

① 《马克思恩格斯全集》第 18 卷第 203 页。

无神论的，在政治上主张无政府状态，在经济问题上是集体主义的"①。

巴黎公社给了西班牙工人运动有力的推动。1871 年 6 月在马德里创刊的《解放报》宣布完全支持"公社的事业和原则"。该报的编辑霍赛·梅萨、帕布洛·伊格列西亚斯等逐渐抛弃无政府主义的观点，开始转向科学社会主义。

拉法格夫妇在 1871 年 8 月底到达西班牙的圣塞瓦斯田后，就同西班牙联合会委员会书记弗朗西斯科·莫拉以及洛伦佐等建立了联系。1871 年 10 月 2 日，拉法格在给恩格斯的信中以兴奋的心情谈到了他在西班牙新结识的这些工人："在我看来，这些人都是杰出之士，可以说，我从未见过这么聪明、这么有学问的工人济济一堂。他们的学识之渊博恰同西班牙资产阶级的愚昧无知形成鲜明对比。"②他在信中还谈到，有些不明真相的工人参加了巴枯宁的社会主义民主同盟，他们受到蒙蔽，甚至认为，是巴枯宁用集体主义的名称把共产主义引入了国际。

---

① 《西班牙的工人运动和反法西斯运动问题》（文集）1960 年莫斯科俄文版第 15 页。

② 《恩格斯与保尔·拉法格、劳拉·拉法格通信集》人民出版社 1979 年版第 1 卷第 8 页。

马克思和恩格斯十分重视拉法格在西班牙的活动，他们建议拉法格"要尽一切可能在各地同那些在这种形势下对我们有用的人建立联系"，以便粉碎巴枯宁派的阴谋。[①]国际总委员会根据马克思和恩格斯的提议，决定授予拉法格处理西班牙各支部的问题的全权，包括建立新的支部的权力。

1871年9月10日，在瓦伦西亚召开了西班牙各支部秘密代表会议。在这次会议上，"像通常一样同时也是国际的代表的那些同盟的代表，在伊比利安半岛上最后成立了自己的秘密团体组织"[②]。瓦伦西亚代表会议选举了新的西班牙联合会委员会，成员有：弗朗西斯科·莫拉、安·莫拉、瓦伦廷·萨恩斯、莫·卡耳耶哈，以及五位通讯书记：帕·伊格列西亚斯、何塞·梅萨、安塞尔莫·洛伦佐、伊·鲍利和维克多·帕赫斯。西班牙的巴枯宁派首领莫拉哥未被选进联合会委员会。

梅萨等使代表会议通过一项决议，让联合会委员会全体委员参加巴枯宁派的秘密同盟，但这一决议违背了巴枯

---

① 《恩格斯与保尔·拉法格、劳拉·拉法格通信集》人民出版社1979年版第1卷第12页。

② 《马克思恩格斯全集》第18卷第405页。

宁的计划，因为这样一来，国际在秘密同盟中取得了多数，实际上确立了国际对同盟的优势。因此，莫拉哥指责梅萨出卖了巴枯宁的秘密同盟。西班牙联合会内部斗争日益尖锐起来。

1871 年 11 月 12 日，巴枯宁派在瑞士的桑维耳耶城召开了所谓"反权威主义代表大会"，宣布成立汝拉联合会，并通过了《致国际工人协会各联合会的通告》，即"桑维耳耶通告"。当时正在瑞士的茹尔·盖得由于受无政府主义的影响也参加了这个通告的起草工作。这个通告鼓吹政治冷淡主义和各支部完全自治，否定纪律和集中的必要性，要求铲除"一切权威"，并且对国际总委员会的活动进行无理攻击，要求立即召开代表大会重新审查国际的共同章程和谴责总委员会，把总委员会变成一个简单的通信局和统计中心。巴枯宁尤其重视西班牙联合会，力图煽动西班牙各支部起来反对总委员会和 1871 年 9 月第一国际伦敦代表会议的决议。为此，他不仅寄去"桑维耳耶通告"，而且派遣专门的代表前往西班牙具体策划反对总委员会的活动。但是，西班牙联合会委员会并没有接受"桑维耳耶通告"，并且决定"不采取任何可能加剧分裂的步

骤"①。围绕对桑维耳耶通告的态度问题，在西班牙各支部
中展开了激烈的争论。由于巴枯宁和秘密同盟其他领导人
的压力，西班牙联合会委员会决定在《解放报》上发表这
个通告。但是，该报在1871年12月2日刊登这个通告
时没有加任何评论，同时预告，"在下一号报纸上将刊登
三十个日内瓦支部的决议，这个决议赞同国际工人协会总
委员会的行动"②。这实际上表明了西班牙联合会委员会对
桑维耳耶通告持否定态度。

西班牙警察对于拉法格的活动深感不安，责令他立刻
离开圣塞瓦斯田。1871年12月底，拉法格躲过警察的监
视从圣塞瓦斯田到达马德里。劳拉带着生病的孩子留在圣
塞瓦斯田，直到1872年2月。拉法格在马德里看到巴枯
宁派在《社会革命报》上刊登的《致国际工人协会所有联
合会的通告》后，立即写信告诉恩格斯。与此同时，他同
西班牙联合会委员会的成员建立了联系，争取他们中的大
多数人站到马克思、恩格斯和总委员会一边来。他还参加

---

① 冈萨勒斯《国际工人协会西班牙支部史（1868—1873）》1964年莫斯科俄文版第134页。

② 冈萨勒斯《国际工人协会西班牙支部史（1868—1873）》1964年莫斯科俄文版第136—137页。

了《解放报》的编辑工作，在报上撰文驳斥桑维耳耶通告对总委员会的诽谤。在拉法格的影响下，西班牙联合会委员会拒绝了巴枯宁派提出的召开国际非常代表大会的要求。恩格斯在1872年1月写给威廉·李卜克内西的信中说："据拉法格（他曾经在马德里或者现在还在那里）来信说，在西班牙一切都很顺利；巴枯宁分子的疯狂行动在那里搞得太过分了；而那些西班牙人都是工人，他们首先希望的是统一和组织起来。"① "西班牙的情况很好，这是就联合会委员会而言的。在巴塞罗那，还有人在大搞阴谋，联合会处于巴枯宁分子的强大影响之下。不过，由于在西班牙问题要提到**代表大会**（4月）上去讨论，而那里多数是工人，不是律师、医生等等，所以我认为一切都会顺利进行。"② 这一方面表明，拉法格在西班牙反对巴枯宁派的斗争取得了重大胜利；但是另一方面也表明，拉法格在向马克思和恩格斯报告西班牙的情况时，对斗争的成果作了过分乐观的估计。当时拉法格还不了解西班牙的巴枯宁秘密同盟的真实情况，没有充分认识到斗争的复杂性和艰巨性。

拉法格最初怀疑在西班牙联合会内部可能存在一个反

---

① 《马克思恩格斯全集》第33卷第371页。
② 《马克思恩格斯全集》第33卷第382页。

对总委员会的阴谋，是在 1872 年 1 月 7 日参加国际马德里联合会的会议期间。在这次会上，巴枯宁派力图使大会通过支持桑维耳耶通告的决议，但没有得逞。拉法格注意到，在西班牙除了梅萨等编辑的《解放报》刊登了反对桑维耳耶通告的罗曼语区联合会的答复 ① 外，其余的西班牙支部的刊物都只刊登了桑维耳耶通告。这种做法显然是有意向西班牙工人隐瞒国际的真实情况。为了揭露巴枯宁派的阴谋，根据拉法格的建议，马德里各行业文部委员会向西班牙联合会委员会发出了一封信，要求公布来自国际总委员会的各种文件，以便判断"总委员会有没有对西班牙联合会施加任何压力"②。

自从拉法格离开圣塞瓦斯田后，西班牙警察一直对他进行追踪。他在出席马德里联合会的会议后不久，受到马德里省省长的传唤。省长要求他离开西班牙，否则就要把他驱逐出境。为了避开警察的监视，拉法格到外省的阿尔卡拉 – 德 – 埃纳雷斯去作了短期的旅行，之后化名巴布

---

① 即《罗曼语区联合会委员会对桑维耳耶代表大会十六名参加者的通告的答复》，它揭露了巴枯宁派对总委员会的诽谤。

② 冈萨勒斯《国际工人协会西班牙支部史（1868—1873）》第143—144 页。

洛·法尔加回到马德里，但尽量避免在公开场合露面。

1872 年 1 月 17 日，西班牙的萨加斯塔政府颁布了一道法令，宣布国际为非法组织，勒令解散国际在西班牙的各个支部，如恢复活动则科以严厉的罚金。在这种困难的情况下，拉法格仍不倦地在西班牙工人中传播科学社会主义。

早在 1871 年 12 月，拉法格在圣塞瓦斯田时同流亡在那里的法国出版商莫里斯·拉沙特尔洽谈了《资本论》法文版的出版事宜。拉沙特尔同意出版《资本论》法文版，第一版要花六七千法郎，开始时大约需要四千法郎，作者应付半数的款额。拉法格接受了这一条件，替马克思预付了两千法郎。1871 年 12 月 12 日，拉法格把谈判的结果写信告诉了恩格斯，同一天劳拉也写信给马克思。拉法格在信中把拉沙特尔称为"稀有的鸟"，因为在当时的情况下，出版《资本论》是要冒很大风险的。后来，马克思在 1872 年 2 月同拉沙特尔签订了《资本论》法文版出版合同，其中规定，《资本论》法文版将分册出版，于 1872—1875 年出齐，由约瑟夫·鲁瓦进行翻译。

拉法格在《解放报》上发表了一系列文章，宣传科学社会主义的基本理论。他在《圣西门的寓言》一文中，论证了无产阶级夺取政权、对资产阶级实行剥夺的必要性。他在题为《劳动组织》的一组文章中，说明了用生产资料公有制代替私有制是历史发展的必然趋势。他认为，无产阶级在西班牙取得政权后，应当发展大工业，用现代化机器代替落后的手工操作，迅速提高生产，从而大大缩短工人的劳动时间。他在题为《首要必需品》的一组文章中，对蒲鲁东主义进行了批判，并且指出，只有掌握在无产阶级手中的大工业，才能满足人们对首要必需品（粮食、住宅等）的需求。在总标题为《资产阶级万应灵药》的一组文章中，拉法格在谈到合作社的作用时，一方面肯定它的积极意义，另一方面指出，合作社本身并不能消灭剥削，要达到这一目的，无产阶级必须夺取政权，实行生产资料公有化。此外，拉法格还写了《资产阶级王国共和派的纲领和国际的纲领》《西班牙的集体主义》《国际主义者的教义问答》等文章，既批判了资产阶级共和派散布的维护资本主义制度的观点，也批判了无政府主义。拉法格的宣传活动扩大了国际工人协会在西班牙的影响。正是在他的影响下，《解放报》的编辑梅萨、伊格列西亚斯等逐渐摆脱了巴枯宁主义的思想束缚，坚定地站到科学社会主义立场上来。在拉法格的帮助下，梅萨曾将《资本论》《共产党

宣言》《哲学的贫困》的部分章节译成西班牙文，刊登在
《解放报》上。这对于清除蒲鲁东主义等小资产阶级思想
体系在西班牙的影响起了积极作用。

恩格斯高度评价拉法格在西班牙的宣传活动。他在给
劳拉的一封信中写道："我为保尔在《解放报》上发表的一
些文章向你祝贺，我们大家都很喜欢这些文章，这在西班
牙盛行空谈的荒漠中，给人以清新之感。最近一年半来，
你饱尝颠沛流离之苦，不用说，对此我是十分关切，有时
甚至十分担心的，而现在，保尔正是在关键时刻来到马德
里，对我们和整个协会具有不可估量的意义，这对你来说
应当是一种慰藉。"① 恩格斯认为，拉法格在《解放报》上
的那些文章，"第一次把真正的科学奉献给西班牙人"②。恩
格斯还以国际工人协会西班牙通讯书记的名义，感谢劳拉
对拉法格这些文章所作的贡献。

1872 年 4 月 4 日到 11 日，西班牙联合会在萨拉
哥沙召开第二次代表大会。参加大会的有来自 30 多个
地方联合会的 44 位代表。拉法格作为新成立的阿尔卡
拉·德·埃纳雷斯支部的代表，以帕布洛·法尔加的化名

---

① 《马克思恩格斯全集》第 33 卷第 427 页。
② 《马克思恩格斯全集》第 33 卷第 427 页。

出席了这次大会。巴枯宁分子对此非常恼火，竭力阻挠他参加大会的工作。莫拉哥对拉法格的代表资格提出异议，并在他的化名问题上大做文章，指责他在西班牙负有特殊使命。为了澄清事实真相，拉法格向大会讲述了他在巴黎公社失败后所遭受的迫害。他说："正是法国警察同西班牙警察一起迫使我逃到西班牙并用化名居住在马德里，从而向我提供了完成我的特殊使命的手段。"[①]拉法格有力地驳斥了莫拉哥对他的诽谤，受到了与会代表的支持和尊敬。

在讨论组织问题时，莫拉哥要求修改西班牙联合会章程，限制联合会委员会的职权，取消联合会委员会接受新的支部的权力，要求反对一切"权威"，各支部实行完全自治。拉法格和弗朗西斯科·莫拉等坚决反对莫拉哥的主张。拉法格建议按行业成立全国性联合会，并实行各行业联合会的国际联合。他的意见得到大多数代表的支持。在经过长时间讨论后，大会一致通过决议，宣布瓦伦西亚代表会议通过的联合会章程继续有效，从而否决了莫拉哥提出的修改章程的建议。恩格斯在1872年总委员会会议上谈到这一点时说："萨拉哥沙代表大会的表决一方面确认了

---

① 转引自冈萨勒斯《国际工人协会西班牙支部史（1868—1873）》第151页。

授予西班牙联合会委员会的权力，同时也间接确认了巴塞尔代表大会授予协会总委员会的与此相同的权力，而汝拉通告不久前却攻击这些权力是独裁的和专制的权力。"①

在讨论集体所有制问题时，西班牙联合会委员会向大会提交了拉法格起草的一个报告，其中对生产资料集体所有制的原则作了详细的论证，批判了维护私有制的各种小资产阶级论调。大会在经过详细讨论后确认，建立土地和劳动工具集体所有制是工人阶级斗争的最终目的。

在萨拉哥沙代表大会期间，巴枯宁派的同盟成员举行了几次秘密会议。在这些会议上，既是联合会委员会委员又是同盟成员的梅萨、洛伦佐等曾建议解散秘密同盟，但遭到了拒绝。这时，梅萨等还没有下决心公开揭露同盟，害怕会引起分裂，而是继续留在同盟里，监视它的活动。大会决定将联合会委员会的驻地从马德里迁往瓦伦西亚，结果使新的联合会委员会完全处于巴枯宁派的控制之下。

拉法格在萨拉哥沙代表大会期间第一次确切地了解到秘密同盟的存在。拉法格后来写道："在萨拉哥沙代表大会期间，同盟的会员举行了秘密会议。我同一个同盟分子住

---

① 《马克思恩格斯全集》第18卷第720页。

在一个房间里，这个人早晨六点钟就起来，去参加这些集会。"①1872 年 4 月 12 日，拉法格把他所了解的情况写信告诉了恩格斯："前一段时间，有人向我透露了巴枯宁派的秘密……社会主义民主同盟过去一直在西班牙存在，在目前还会继续存在，但是它的影响天天在缩小。同盟在这儿是一个秘密团体。"②他还列举了西班牙的秘密同盟的一些领导人的名字。

4 月 27 日，拉法格向恩格斯报告了莫拉、帕赫斯、伊格列西亚斯和梅萨准备开会起草一个宣布解散同盟的通告的打算，并且转述了巴枯宁致莫拉哥的一封信的内容。巴枯宁在这封信中提出了在国际之外建立一个秘密机构来领导革命运动的计划。拉法格强调指出，要把国际"改造成为革命的行动党"③。

1872 年 4 月 28 日 和 5 月 5 日，拉 法 格 在 布 鲁 塞尔《自由报》上发表了关于萨拉哥沙代表大会的两篇通讯，第一次公开揭露了巴枯宁派秘密同盟的存在。他指

---

① 转引自冈萨勒斯《国家工人协会西班牙支部史（1868—1873）》第156 页。

② 《恩格斯与保尔·拉法格、劳拉·拉法格通信集》第 1 卷第 55 页。

③ 《恩格斯与保尔·拉法格、劳拉·拉法格通信集》第 1 卷第 63 页。

出，同盟在西班牙是作为秘密团体存在的，它在国际的一些会员中吸收自己的成员，其使命是监视国际，维护巴枯宁主义原则的纯洁性。同盟是为了瓦解国际而在其内部建立的一个贵族集团。巴枯宁分子参加萨拉哥沙代表大会是为了改变国际的组织，使之成为反对权威的团体。拉法格的文章发表后，恩格斯十分重视，他在写给威廉·李卜克内西、泰·库诺的信中都谈到了拉法格的这两篇文章。恩格斯写道："拉法格在西班牙做了很多工作，而且做得很好，《自由报》上那篇关于萨拉哥沙代表大会的通讯就是他写的。"① 恩格斯还建议在《人民国家报》上转载拉法格的通讯。

拉法格的文章使巴枯宁派又恨又怕。他们的主要机关报《汝拉联合会简报》以及莫拉哥在马德里出版的《被判罪者》周刊对拉法格大肆漫骂和进行人身攻击。《汝拉联合会简报》甚至认为"揭露那个在法国受到通缉而西班牙政府求之不得把他引渡的拉法格公民是合适的"②。

---

① 《马克思恩格斯全集》第33卷第456页。
② 转引自《恩格斯与保尔·拉法格、劳拉·拉法格通信集》第1卷第68页。

面对巴枯宁派的挑衅，拉法格表现得十分沉着坚定。1872 年 6 月 1 日，他在日内瓦的国际罗曼语区联合会机关报《平等报》上发表了《致〈汝拉联合会简报〉编辑公民们》的公开信，严正驳斥了巴枯宁派对他的诬蔑，并对秘密同盟作了进一步的揭露。他指出："这个同盟的中心设在瑞士。盟员证、口号以及由洛迦诺神秘的教皇[①] 亲手写的密令都是从这个中心发出的。"[②] 他宣布："我要向你们，向你们在瑞士的上司们以及你们在西班牙的追随者们挑战，你们无法推翻我所说的任何一点。我保证，在全体大会上，我还要进一步揭露你们小集团的秘密。"[③]

拉法格在《自由报》上发表的关于萨拉哥沙代表大会的两篇通讯以及对秘密同盟的揭露，给了《解放报》编辑们很大影响，促使他们下决心采取行动，同巴枯宁派彻底决裂。1872 年 6 月 2 日，安·莫拉、弗朗西斯科·莫拉、梅萨、伊格列西亚斯、卡耳耶哈和萨恩斯等以同盟马德里小组的名义向西班牙其他的同盟小组发出了一个通告，宣布该小组解散，并号召其他小组仿效他们的榜样。这个通

---

① 指米·巴枯宁，他当时居住在洛迦诺。
② 《拉法格文选》上卷第 21—22 页。
③ 《拉法格文选》上卷第 22 页。

告指出，同盟"从根本上脱离了协会的其他机构，而成为
具有明显倾向性的一个单独的，甚至可以说是凌驾于协会
之上的组织，从而在我们内部引起猜疑、不和与分裂。"①
拉法格立即把这个通告的副本以及西班牙秘密同盟的章程
寄给了恩格斯。

　　6月3日，在马德里各行业支部的会议上，以莫拉哥
为首的同盟分子指责《解放报》的编辑是叛徒，并强行把
在通告上签字的梅萨、卡耳耶哈和萨恩斯开除出国际。这
种做法完全违反了西班牙联合会的章程，在该支部的全体
130个成员中，只有15人出席了会议。于是，被开除者
向联合会委员会提出申诉。6月9日，在马德里联合会的
会议上，拉法格和《解放报》的其他几位编辑举出确凿的
证据揭露了秘密同盟的活动。《解放报》的编辑还说明了
同盟的组织机构及其行动方式，公布了秘密同盟在西班牙
的各支部的名单以及主要成员的姓名。根据这个名单，同
盟在西班牙共有八个支部：马德里、巴塞罗那、帕尔马、
马拉加、塞纳利亚、瓦伦西亚、科尔多瓦和加的斯。拉法
格在会上建议成立一个委员会，对社会主义民主同盟进行

――――――――――――

　　① 转引自《恩格斯与保尔·拉法格、劳拉·拉法格通信集》第1卷第
79页。

调查；这个委员会的全体成员应向大会宣誓，声明他们不属于秘密同盟，调查结果应发表在国际的所有报刊上并通告各国的支部。但是，拉法格的提案遭到在联合会中占多数的巴枯宁派的否决。于是，拉法格同《解放报》的编辑们声明退出被巴枯宁派控制的马德里联合会。

6月27日，拉法格在马德里出版了详细揭露巴枯宁派破坏活动的小册子《致西班牙联合会国际会员们》，其中叙述了西班牙各国际支部产生的历史，说明了同盟和总委员会之间的分歧的实质，指出了秘密同盟所起的破坏作用。在小册子的第二部分揭露了巴枯宁派在其他国家进行的分裂活动。这本小册子的出版是对巴枯宁派的沉重打击。7月8日，拉法格同莫拉、梅萨等一起创建了新马德里联合会，但西班牙联合会委员会拒绝接受它加入国际。于是，新马德里联合会向国际总委员会申诉。总委员会在1872年8月15日承认它是国际的一个联合会。恩格斯作为西班牙书记代表执行委员会写信给新马德里联合会，其中说：

"在西班牙首先敢于同这个叫作**社会主义民主同盟**的秘密团体划清界限、揭露并挫败其阴谋诡计的，实际上正是新马德里联合会的创建者，为此，执行委员会根据

上述理由，代表总委员会，决定承认新马德里联合会，并同它建立经常的和直接的联系。"①

由于国际工人协会预定在海牙召开第五次代表大会，巴枯宁派的西班牙联合会委员会于 1872 年 7 月 7 日发出了一个内部通告，其中规定了出席海牙代表大会代表的选举程序，以保证由清一色的巴枯宁分子组成出席海牙代表大会的西班牙代表团。拉法格在获悉这个通告的内容后，立即写信告诉恩格斯，并建议总委员会采取有力的行动。他在信中写道："总委员会应先写信给联合会委员会，告诉它总委员会已了解它的全部花招，并索取西班牙的同盟盟员的名单，要求他们就同盟进行一次公开的调查，以便将这些材料送交总委员会。"② 恩格斯根据拉法格的建议，于 7 月 24 日以西班牙书记名义代表总委员会执行委员会给西班牙联合会委员会发出一封信，坚决要求他们交出西班牙同盟全体盟员的名单，对同盟的性质和活动进行调查，提交 7 月 7 日的内部通告，等等。但是，西班牙联合会委员会拒不执行这些要求。鉴于这一情况，马克思恩格斯决定对巴枯宁派采取坚决行动。8 月 6 日，恩格斯在总委

① 《马克思恩格斯全集》第 18 卷第 139 页。

② 《恩格斯与保尔·拉法格、劳拉·拉法格通信集》第 1 卷第 96—97 页。

员会会议上提出了他以执行委员会名义起草的告国际工人协会全体会员书的草案，其中要求将同盟的全体盟员开除出国际。

这时，拉法格夫妇蒙受到巨大的不幸。他们身边留下的最后一个孩子——三岁半的活泼可爱的小埃蒂耶纳（小名施纳普斯）染上了痢疾。虽然他们竭尽全力进行抢救，但是都没有奏效。1872年7月，埃蒂耶纳去世了。7月1日，拉法格在致恩格斯的信中悲痛地写道："我们可怜的小施纳普斯经受了十一个月的肉体上和精神上的痛苦，即将衰竭而死。"[①]但是，接二连三的不幸并没有摧折拉法格夫妇的战斗意志，他们在悲痛之余，继续投身于火热的革命斗争，为捍卫国际的原则而作出不屈不挠的努力。

拉法格在流亡西班牙的将近一年的时间里，促进了马克思主义在西班牙的传播，为西班牙的社会主义政党的建立奠定了初步基础，从而对西班牙工人运动作出了重要贡献。著名的西班牙工人运动史学家莫拉托认为，拉法格是西班牙社会党的"真正创始人"，因为他"作出了最初的推动"。[②]

---

① 《恩格斯与保尔·拉法格、劳拉·拉法格通信集》第1卷第90页。
② 转引自波尔迪列夫《拉法格》第40—41页。

　　为了参加将于 1872 年 9 月在海牙举行的国际工人协
会第五次代表大会，拉法格夫妇在 8 月 1 日离开西班牙前
往荷兰。他们中途在葡萄牙的里斯本逗留了一些时候，并
同那里的社会主义者建立了联系。拉法格曾在里斯本《社
会思想报》上发表了《工人的团结》(1872 年 8 月 10 日)
一文，宣传科学社会主义理论，受到葡萄牙工人们的欢
迎。国际工人协会葡萄牙联合会决定授予拉法格在海牙代
表大会上代表他们的全权证书。

　　海牙代表大会于 9 月 2 日早晨开幕。正如马克思所指
出的那样，这是一次 "将关系到国际的存亡"[①] 的大会。拉
法格作为葡萄牙联合会、西班牙的新马德里联合会以及阿
尔卡拉·德·埃纳雷斯支部的代表出席了大会。

　　在讨论代表资格审查委员会的报告时，巴枯宁分子对
拉法格的代表委托书提出异议，借口是新马德里联合会没
有得到西班牙联合会委员会的承认。拉法格在发言中无情
揭露巴枯宁分子在西班牙的破坏活动以及在选举代表时采
取的不正当手段。大会批准了总委员会关于承认新马德里
联合会的决定并确认拉法格的代表资格有兹，从而给了巴

---

　　① 《马克思恩格斯全集》第 33 卷第 503 页。

枯宁分子有力的打击。

在讨论国际工人协会的组织原则和总委员会的权力问题时，拉法格和左尔格等坚决反对巴枯宁派的首领之一吉约姆提出的取消总委员会以及各地方组织实行"完全自治"的无政府主义观点。他们指出，为了无产阶级的利益，必须加强国际的执行机构——总委员会的权力。拉法格强调："如果不存在总委员会，那么，我们必须立即把它建立起来。"[①]

在讨论国际章程第七条（a）时，吉约姆力图以巴枯宁的关于"社会清算"、立即消灭国家并以自治团体的联邦取代国家的无政府主义观点来对抗无产阶级专政的思想，否认无产阶级夺取政权的必要性，反对把1871年伦敦代表会议关于工人阶级的政治行动的第九项决议的内容列入国际章程。拉法格同马克思、恩格斯、贝克尔、埃卡留斯、库格曼、赛拉叶、左尔格等一起反对吉约姆的上述谬论。大会最后以多数票通过决议，把马克思主义关于工人阶级必须组成独立的政党以及夺取政权的原理宣布为国际工人运动的指导原则。

---

① 《第一国际海牙代表大会（1872年9月2—7日）：会议记录和文件》1970年莫斯科俄文版第43页。

海牙代表大会选举了一个专门委员会调查巴枯宁派的社会主义民主同盟的问题。拉法格在 1872 年 9 月 6 日向这个委员会叙述了同盟在西班牙的活动情况。他证明，同盟在西班牙从未解散过。他认为揭露同盟的活动是自己的义务，因为国际的章程规定，禁止在国际内部存在任何其他组织。① 大会在经过长时间的辩论后以多数票通过决议，将巴枯宁和吉约姆开除出国际并公布有关同盟的文件。

鉴于欧洲的政治形势对总委员会的活动极为不利，为了使总委员会不致遭到当时聚集在伦敦的法国布朗基主义流亡者以及英国工联主义者的控制，拉法格同马克思、恩格斯等一起投票赞成将总委员会的驻地迁往纽约。此后，以瓦扬、阿尔诺、库尔奈为首的布朗基主义者宣布退出国际。

海牙代表大会标志着第一国际内部反对巴枯宁主义的斗争取得了决定性胜利，马克思主义的基本原理得到了确认，从而为将来在各国建立独立的工人阶级政党奠定了基础。

---

① 《第一国际海牙代表大会（1872 年 9 月 2—7 日）：会议记录和文件》1970 年莫斯科俄文版第 298 页。

　　大会之后，拉法格同大多数代表一起参加了 1872 年 9 月 8 日在阿姆斯特丹举行的盛大集会，庆祝海牙代表大会胜利闭幕。拉法格在会上报告了国际在西班牙的状况，受到了与会者的热烈欢迎。此后，拉法格协助马克思和恩格斯写作揭露巴枯宁及其秘密同盟的小册子，这是根据海牙代表大会的决议并以各种确凿的文件为依据写成的。1873 年 8 月，这本小册子以《社会主义民主同盟和国际工人协会》为题在伦敦和汉堡出版，它用大量的实际材料揭穿了巴枯宁分子在国际内部的破坏活动，总结了国际在理论上和组织上反对巴枯宁派的斗争。恩格斯在给左尔格的信中写道："这本东西将像炸弹一样在自治论者中间爆炸，如果说它注定要炸死某个人，那就是巴枯宁。这本东西是拉法格和我编写的，只有结语是马克思和我写的。"①

　　海牙代表大会之后，拉法格夫妇移居伦敦，住在西北区汉普斯泰特南山公园路 27 号。他们在这里度过了将近十年动荡不安的流亡生活。拉法格在 1873—1874 年曾同巴黎公社参加者、当时流亡英国的法国雕刻工勒穆修和英

---

　　① 《马克思恩格斯全集》第 33 卷第 602 页。

国雕刻家穆尔合伙开设一家石印雕版工场，以维持生计。但是，由于营业情况不良，这家工场不久就关闭了。这一期间拉法格的境况十分困难，多亏恩格斯经常接济，才勉强糊口。劳拉不得不去教书，以贴补家用。拉法格甚至打算到美洲去当工人。他在给恩格斯的信中写道："别无其他门路可以试探，只好去美洲了。要是美洲还没有这种刻版公司，也许有可能找得到人愿意开设一家；要是已有现成的，我可以进去当工人，徐图进取。"① 但是，拉法格已经把自己的命运同欧洲工人运动紧紧联结在一起了，他最终并没有去美国。

---

① 《恩格斯与保尔·拉法格、劳拉·拉法格通信集》第 1 卷第 124 页。

第三章

法国工人党的创始人之一

1. 为建立独立的工人政党而奋斗

拉法格虽然侨居英国，但是他始终关心法国的政治局势和工人运动的发展。巴黎公社失败后，法国无产阶级遭到残酷镇压，将近 3 万名公社社员被枪杀，7 万多人在战斗中牺牲，6 万多人被军事法庭判处监禁或流放到新喀里多尼亚岛去服苦役。在各大城市实行了戒严状态，到处是一片恐怖景象。梯也尔政府还向各国政府发出照会，要求引渡所有逃亡国外的公社社员。1872 年 3 月 14 日，法国国民议会根据司法部部长杜弗尔的提议通过了一项法律：凡参加国际工人协会的都要判处徒刑。各地的国际会员相继遭到逮捕。法国工人运动暂时处于低潮时期。梯也尔一伙得意扬扬地叫嚷：法国社会主义被彻底"埋葬"了。但是，随着时间的推移，反动派永远消灭社会主义的痴心妄想很快就破灭了。1873 年，法国爆发了巴黎公社之后的第一次全国性经济危机。为了对资本家的残酷剥削表示抗议，诺尔省和加来海峡省的矿工在 1873 年举行了大规模的罢工。据统计，1874 年发生了 21 次罢工，参加者达

2730 人；1876 年增加到 50 次罢工，参加者 7173 人。[1] 工人们在斗争中认识到组织起来的必要，开始建立第一批工会和工人组织。1875 年，法国计有 135 个工团（当时法国对工会的称呼）。一些零散的工团还组成了全国性的联合会。此外，还成立了各种合作社和互助组织。当时，以新闻记者巴伯雷为代表的合作社主义者在工人中有较大的影响。他们鼓吹阶级合作，反对采取任何革命的斗争手段，特别是反对罢工，力图诱使工人走上同资产阶级妥协的道路。1876 年 10 月 2—10 日，在巴黎召开了第一次全国工人代表大会。出席大会的有 348 名代表，其中巴黎工人团体的代表 253 名，其余的 85 名代表来自各工业中心。巴伯雷的拥护者在会上占据了多数。大会通过了赞成合作社、保护妇女劳动和工人协会的决议，并一致赞同推举工人候选人进入议会，以便在那里捍卫工人的利益。虽然这次大会是在资产阶级改良主义者和合作社主义者的领导下举行的，但是大会的召开这一事实本身具有重大意义，标志着法国工人运动重新活跃起来。当时身在伦敦的拉法格密切注视法国工人运动的发展。他认为，巴黎工人代表大

---

① 勒瓦瑟《法兰西第三共和国时期的工业和工人问题》1907 年巴黎法文版第 649 页。

会的召开"虽然具有反动的性质，但毕竟是现代社会主义运动的出发点"[1]。

1872—1875 年，《资本论》法文版以分册形式在法国出版，这对法国工人运动起了极大的推动作用。拉法格后来写道："法译本《资本论》是在公社失败两年后以分册形式问世的。政府开始时曾打算禁止它的出版，但经过考虑以后，没有去干涉出版者。政府以为，这是德国的玄学，法国人从中不会学到什么东西，出版者将会亏本。但是，这部著作悄悄地传播着，而且使所有的人感到惊奇的是，终于有一天人们听到了法国社会主义者用马克思的名字来宣誓，把自己称作马克思主义者。"[2]1876 年底，法国社会主义者加布里埃尔·德维尔写信给马克思，请求他同意出版《资本论》第一卷的简述本，以便在法国工人中更广泛地传播马克思的学说。当时在巴黎拉丁区有一个由年轻知识分子组成的社会主义小组，他们经常在"苏弗洛"咖啡馆聚会。这个小组的成员有德维尔、马鲁克、马萨尔、戈蒂埃和拉比斯基埃尔等，其中有的过去是第一国际的会员，例如德维尔就曾经是图卢兹支部的书记并出席了

① 梁赞诺夫编《拉法格选集》第 1 卷第 64 页。
② 《拉法格文选》上卷第 153—154 页。

1872 年海牙代表大会。当时侨居巴黎的德国社会民主党人卡尔·希尔施对这个小组的成员有很大影响，在他的帮助下，他们学习《资本论》和马克思、恩格斯的其他著作。1876 年从国外回来的茹尔·盖得也成了这个小组的积极成员。

盖得（真名马蒂厄·巴西尔，1845—1922）出身于一个穷苦的教师家庭，早期是一个民主主义共和派，曾担任蒙彼利埃《人权报》主编。巴黎公社失败后，因替公社辩护而被判处五年徒刑和四千法郎罚款。他逃到瑞士，在那里受到巴枯宁主义的影响并加入了巴枯宁派的汝拉联合会。1871 年 11 月，出席了汝拉联合会桑维耳耶代表大会，参与起草了反对马克思和国际总委员会的通告信。1873 年迁居米兰，通过阅读法国 18 世纪启蒙运动思想家的哲学著作、空想共产主义者德萨米的作品以及俄国革命民主主义者车尔尼雪夫斯基的作品（尤其是小说《怎么办？》），开始抛弃巴枯宁主义。1876 年回到法国后，在苏弗洛小组和希尔施的影响下，逐渐接受了科学社会主义理论。他以德国社会民主党为榜样，力图解决两个重大的历史任务：首先，把科学社会主义理论灌输到工人群众中去；其次，建立一个独立的工人阶级政党。为此，他同德维尔、马萨尔等一起在 1877 年 11 月 18 日创办了《平等报》。盖得在该报的发刊词中写道："《平等报》不仅仅在政治上是共和主义的，在宗教上是无神论的，它首先是社会主义的。"他宣布："我们和几乎包指了两大陆无产阶级的所有严肃思想家的集体主义学派一致认为，人类的自然的进化和科学的进化必然导致土地和生产工具的集体占有。我们正是从这一原理出发来研究所有社会现象的。"[1] 由于盖得和他的战友们主张实行生产资料集体所有制，因此通常被称作集体主义派（又译集产主义派）。尽管盖得和《平等报》的编辑们对马克思主义的理解还非常肤浅，而且他们的思想还带有某些空想社会主义的残余，但是《平等报》的宣传在法国引起很大的反响，甚至一家德国反动报纸《柏林通讯》在 1878 年 1 月的一篇文章中也不得不承认："从我们来自法国的混乱消息中，有一个事实越来越清楚了，这就是社会民主主义已经成为一种势力……虽然在德国社会主义报刊上大肆宣扬自己的法国社会主义运动的头目们把这个事实夸大了一些，但是不可能再否认这个运动，对它保持沉默了。"[2]

---

[1] 《平等报》创刊号（1877 年 11 月 18 日）。

[2] 转引自梁赞诺夫编《拉法格选集》第 1 卷第 67 页。

1878年1月28日—2月8日，在里昂召开了第二次全国工人代表大会。来自24个城市的136位代表出席了大会。尽管资产阶级改良主义者和合作社主义者仍占据多数，但是盖得的拥护者巴利韦和迪皮尔两位代表第二次提出了一个集体主义的提案，它的内容是："鉴于劳动者只有在享有自己劳动的全部产品的情况下，才能获得经济上的解放；为了达到这个目的，劳动者必须成为生产的要素即原料和劳动工具的占有者；因此，大会要求所有的工人协会共同研究实现土地和劳动工具集体所有制原则的具体方法。"① 尽管这一提案遭到大会多数派的否决，但是提出这样的提案这一事实本身具有重要意义。1878年，盖得、德维尔和马萨尔等因为不顾政府的禁令在巴黎召开国际工人代表大会而被捕。盖得在法庭上代表所有被告宣读了一份集体辩护词，对集体主义理论作了详细的阐述，在工人中引发了很大的影响。不久，《平等报》被迫停刊。②

———————————

① 参见亚历山大·泽瓦埃斯《一八七一年后的法国社会主义》三联书店1983年版第18页。

② 《平等报》在最后一号上说："我们不久就将重新出现，即使不是更坚决地，却是更强有力地从事我们以前从事过的事业，而人们也许知道，这就是建立或重建法国社会主义革命政党。因此，我们对我们读者说：'不久再见！'"

　　拉法格非常关心盖得和他的战友们在法国的活动并给予热情的支持。1879 年 6 月，通过西班牙社会主义者梅萨的介绍，他同盖得建立了联系。他在一封信中解释了暂时没有回法国的原因："我自己为了谋生不得不从事体力劳动。我之所以没有离开伦敦到巴黎来，就是因为我已经找到了少数顾客使我勉强能够糊口。"[1] 他向盖得建议在创办一个日报之前先出版一个基础扎实的周刊并组成一个紧密团结和认真负责的编辑部，以便在法国工人中传播科学社会主义，为建立独立的工人政党作好思想准备。他还向盖得介绍了自己办报的经验："我曾经当过十七天总编辑，知道这是一种很辛苦的职业。因为不仅要看所有的文章，甚至连广告都要看过，而这种工作都要在夜里两三点钟的时候进行。"[2] 他高度评价盖得所写的宣传社会主义的四本小册子（《集体主义和革命》《集体主义在第十分庭面前》《共和国和罢工》《工资法和它的后果》），认为这些著作"对于工人运动的贡献，比在一个日报上开展三个月的

---

　　[1]　茹尔·盖得和保尔·拉法格等《法国工人党的诞生》1981 年巴黎法文版第 47 页。

　　[2]　茹尔·盖得和保尔·拉法格等《法国工人党的诞生》1981 年巴黎法文版第 48 页。

宣传效果更大"①。拉法格表示很高兴同盖得建立联系并愿意为报纸撰稿。

1879年10月23—31日，在马赛召开了第三次全国工人代表大会。参加大会的有来自45个城市的130多位代表。虽然盖得和拉法格都未出席大会，但社会主义者在会上占据了多数。大会的组织者隆巴尔和符尼埃尔同盖得有密切的联系。大会一开始就一致宣布会议的名称为"法国社会主义工人代表大会"。会上，社会主义者（集体主义者）同小资产阶级无政府主义者和蒲鲁东主义者展开激烈的斗争，取得了胜利。大会宣布成立"法国社会主义工人党联合会"（简称法国工人党）并通过了党的章程，其中规定，党分为中部（巴黎）、北部（利尔）、东部（里昂）、西部（波尔多）、南部（马赛）和阿尔及利亚（阿尔及尔）六个联合会。大会还以压倒多数的票数通过了73名代表提出的关于所有制问题的决议，其中指出："代表大会鉴于社会问题只有在每个人的需要得到充分满足和才能得到充分发展的时候才能解决，宣布造成物质和精神上不平等的个体占有制既不能满足这样的需要，也不能保证这

---

① 茹尔·盖得和保尔·拉法格等《法国工人党的诞生》1981年巴黎法文版第49页。

样的发展，因此可以得出结论，要实现土地、地下资源、机器、交通道路、建筑物和积累的资本的集体占有，以利于全体人类。"[①]决议明确宣布，无产阶级的奋斗目标是采用一切可能的手段实现生产资料公有制。拉法格给予这个决议很高的评价，认为"这是第一次把财产国有化写在法国无产阶级的旗帜上"[②]。

马赛代表大会是法国工人运动史上的重要里程碑，正如马克思所说的那样："法国真正的工人党的第一个组织是从马赛代表大会开始建立的。"[③]

大会以后，拉法格写信给盖得，建议尽快恢复《平等报》的出版，并指出，《平等报》的任务就在于"以各种方式证明个人所有制已成为不可能……因为经济现象的演变达到了今天这样的程度，剩下来的只有唯一的出路：公有制"。他特别强调："如果我们通过《平等报》能把共产主义思想灌输到群众中去，不管采取什么方式和关于什么事情，只要把群众发动起来，就是完成了一项崇高的革命

---

① 转引自亚历山大·泽瓦埃斯《一八七一年后的法国社会主义》第27页。

② 《拉法格文选》上卷第281页。

③ 《马克思恩格斯文集》第10卷第491页。

任务。"①

1880 年 1 月 21 日，第二次出版的《平等报》问世
了，报纸的副题为："革命集体主义机关报"。盖得特地寄
了 40 份报纸给拉法格。拉法格收到后立即写信给盖得，
对《平等报》的重新出版表示祝贺。他把这个报纸看作党
的战斗武器，认为只要它生存一年之久，人们就将看到工
人党扎扎实实地站住脚了。与此同时，他对"集体主义"
这个用语提出异议，认为这个用语对于传播共产主义理论
毫无好处。他主张用"共产主义"这个词来代替"集体主
义"一词，因为"共产主义有它的历史经历并且在这个世
纪初，有欧文和傅立叶作为自己的代表人物；1847 年，马
克思和恩格斯写成了《共产党宣言》，这是 19 世纪最卓越
的文献"②。他还建议用第一国际的口号"工人阶级的解放
应当是工人阶级自己的事情"来取代《平等报》刊头的名
言"自由、团结和正义"。拉法格的这些意见是十分重要
的，对于拨正《平等报》的方向有着很大的意义。

从 1880 年起，拉法格担任《平等报》的编辑，为报
纸写了许多理论文章，宣传马克思主义，对蒲鲁东主义、

---

① 茹尔·盖得和保尔·拉法格等《法国工人党的诞生》第 58—59 页。

② 茹尔·盖得和保尔·拉法格等《法国工人党的诞生》第 64 页。

合作社主义以及形形色色的改良主义和无政府主义进行了批判。马克思满意地写道："恰恰是《平等报》（主要是由于盖得转到我们这边和我的女婿拉法格的努力）第一次成了真正的'法国的'工人报纸。"①

从 19 世纪 70 年代下半期起，在法国的社会主义报刊和激进派报刊上开展了要求大赦被判刑的巴黎公社社员的运动，呼吁释放从 1872 年起一直被囚禁在克莱尔沃监狱的革命老人布朗基。为了抗议政府对布朗基的迫害，波尔多工人在 1879 年大选中推举布朗基为候选人。1879 年 4 月 20 日，布朗基在波尔多第一选区当选为议员。但是，议会中的资产阶级多数派竟然在 6 月 7 日通过一项决议，取消布朗基的议员资格，这引起了公众的极大愤慨。6 月 9 日，拉法格在《法国革命》杂志上发表了《回忆奥古斯特·布朗基》一文，对布朗基表示敬意。他回顾了自己认识布朗基的经过，驳斥了资产阶级对布朗基的诽谤，赞扬了布朗基不屈不挠的斗争精神。他把布朗基称作"1848 年以前的革命家中唯一的阶级斗争旗手"，并且预言："总有一天布朗基将作为胜利者走出自己的囚室"，"他将进入

① 《马克思恩格斯文集》第 10 卷第 452 页。

议会，在那里提出世世代代的被剥削者的要求，使统治阶级的大腹便便者胆战心惊。他是被剥削者的英雄！他是被剥削者的殉难者！"① 在舆论的压力下，政府只得在 6 月 10 日释放布朗基。6 月 11 日，布朗基离开了克莱尔沃监狱，受到人民群众的热烈欢迎。拉法格在伦敦获悉这一消息后，立即给布朗基写了一封亲切热情的慰问信。拉法格写道："1848 年以前，当人们还沉湎于早期共产主义者的乌托邦梦想的时候，您就光荣地宣告了阶级斗争。今天，斗争达到了白热化的程度，您再次出来充当我们的旗手。在资产阶级分子挑选您作为我们这个世纪的替罪羊时，他们知道得很清楚他们正在干什么。"拉法格高度赞扬布朗基坚定不移的思想品质和崇高的革命气概，并邀请他到伦敦休息一些日子，还表示将亲自负责接待。他写道："公民，您的生命对我们太宝贵了，我们不能不首先关心它。您最好休息一段时间，以便逐渐适应自由的空气。可能有些人想使您立即卷入到政治斗争中去，请您不要理会他们。"接着又说，"作一些旅行可能对您很有益处。这个季节伦敦还值得一住，这儿的夏天很舒服，太阳总被云彩遮

---

① 《国际共运史研究资料》第 12 辑第 214 页。

住。如果您能和我们一起生活几个星期,我的夫人和我将
不胜愉快,我们将作一些安排使您在这个雨雾的首都生活
得方便一些。"他在信的末尾写道,"始终以极大的关切注
视着您的全部政治经历的马克思希望有幸同您认识。"① 这
表明,拉法格是在同马克思商量后写这封信的。拉法格对
布朗基的评价在某种程度上也反映了马克思的意见。

2. 参加制定哈佛尔纲领

为了给新成立的工人党奠定科学的理论基础,必须制
定一个正确的纲领。拉法格为此作了大量的工作。由于蒲
鲁东主义在法国工人中仍有很大影响,拉法格和盖得在
《平等报》上重新发表了马克思《哲学的贫困》一书的部
分章节,并且以编辑部按语的形式刊登了马克思写的《关
于〈哲学的贫困〉》一文,深刻揭露了蒲鲁东主义的实质。
1880 年初,恩格斯应拉法格的请求把《反杜林论》中的
三章改写成一篇独立的通俗的著作。这一著作由拉法格译

---

① 这封信首次由亚历山大·泽瓦埃斯发表在法国《世界报》(1931 年
11 月 28 日)上,标题是《布朗基和马克思——保尔·拉法格的一封未发表
的信》。

成法文，以《空想社会主义和科学社会主义》为题发表在马隆主编的《社会主义评论》上，后来又出版了小册子，其中还刊载了由拉法格署名的导言。[①]正如恩格斯所说的那样，"这本书在许多优秀的法国人的头脑中引起了真正的革命"[②]。

从 1880 年 2 月 18 日起，《平等报》连续刊登了拉法格的论文《进化——革命》，这是他早期的最为成熟的哲学著作之一。他站在辩证唯物主义立场上，对以奥古斯特·孔德为代表的实证论作了深刻的批判。他指出，孔德派的理论是形而上学的反科学的理论。在论述进化与革命这两种发展形式的关系时，拉法格认为，它们是互相联系而又互相转化的。例如，一个好鸡蛋，在一定的温度和湿度的条件下，或者在母鸡的孵化下，或者放在孵化箱里，经过一系列进化过程，在 19 天或 21 天之后就会变成一只小鸡。于是，这个小动物就会啄破外壳，吱吱地叫着来到世上。它在蛋壳中的进化阶段既已完成，要想继续生存就必须以革命方法来破坏这个外壳。由此可见，进化阶段

---

① 1883 年出版了这本小册子的德文本，书名为《社会主义从空想到科学的发展》。导言是由马克思起草的，拉法格在文字上作了一些修改。

② 《马克思恩格斯全集》第 35 卷第 343 页。

总是要导致革命，这是使缓慢发展的新机体转到新的发展条件所必不可免的。拉法格指出，要研究一切自然现象和社会现象，可以采取同一种科学方法，即辩证的方法，这种方法是"思维的最高形式"。他还研究了产生宗教的根源，认为任何宗教都不过是支配着人们日常生活的外部力量在人们头脑中的反映。一旦社会实行平等原则，人能够支配生产和交换的力量，宗教也就会随之消失，在资本主义法律关系基础上产生的公正观念也是如此。"在建立在平等基础上的社会中，资本家阶级就会消失，资本主义交换方式就会消失，而由此产生的一切公正观念也会随之消失。"[①]拉法格指出：现代生产力的发展，把社会分成两个新的敌对阶级——大资本家阶级和无产阶级，使国家财富集聚在极少数资本家手中，从而完全剥夺其他资本家对这些生产力的控制；同时使人数日益增多、被剥夺程度日益加重的无产阶级的状况更加恶化，从而在无产阶级内部培育着智力和组织能力，以便把管理社会的事业掌握在自己手里，因为无产阶级的唯一出路就是打碎包着它的硬壳，即破坏资本主义社会制度。拉法格向工人们指出：生产资

---

① 《拉法格文选》上卷第29—30页。

料的历史进化使无产阶级不仅可能而且必须建立生产资料
的集体占有制。尽管拉法格的这篇文章中还包含着一些机
械唯物主义的残余，但是它在当时对于肃清实证主义、蒲
鲁东主义以及其他唯心主义在工人中的影响无疑起了积极
的作用。如果把这篇文章同他在 1866 年写的《唯心主义
方法和实证主义方法》一文作比较，就可以看到他在对待
实证主义的态度上发生了根本的变化，从实证主义的支持
者变成了它的坚决反对者。

在《蒲鲁东主义已经过时》（1880 年 4 月 21 日）一
文中，拉法格揭露了蒲鲁东主义者宣扬的"永恒的真理、
自由、正义"等口号的虚伪性，指出"只有在国家占有一
切已经集中化大企业的基础上完全改组社会，才能改善无
产阶级广大群众的命运"。他再一次强调，工人阶级的口
号必须是国际的口号：工人阶级的解放应当是工人阶级自
己的事业。他还指出，不应该排斥那些虽然出身于资产阶
级但决心在无产阶级的旗帜下战斗的人们。他写道："其
实，还从来没有一个具有历史意义的运动没有特权阶级的
代表人物参加，这些人背弃了那些阶级，要把自己的意愿
同那个为争取自身的解放而战斗的阶级的意愿融合在一

起，——永远也不要推开这样的叛逆者。"①

　　与此同时，盖得在《平等报》上重新发表了他在圣珀拉惹狱中撰写的《法国革命社会主义者的纲领和宣言》，建议把它作为党的正式纲领。这个宣言论证了实现生产资料公有制的必要性，但其中还包含有"天赋人权""正义"等小资产阶级口号，总的说来，它还不是一个马克思主义的纲领。

　　盖得的建议遭到马隆的反对。马隆吹嘘自己"通过悉心阅读拉萨尔、马克思、恩格斯、格律恩和朗格的著作"而精通了科学社会主义的理论，因而最有资格起草党的纲领。他毛遂自荐撰写纲领的导言，而让盖得写纲领的工业部分和商业部分，拉法格写纲领的农业部分。

　　马隆究竟是怎样的一个人？贝努瓦·马隆（1841—1893）出身于一个雇农家庭，父亲是一个长工，他本人当过放牛娃，1863年到巴黎，在一家染坊当染色工人。1865年参加第一国际。巴黎公社期间，他是国民自卫军中央委员会成员，也是公社委员，在劳动交换委员会工作，属于蒲鲁东主义的少数派。公社失败后，他逃到瑞士，支持巴

———————

　　① 《拉法格文选》上卷第42—44页。

枯宁无政府主义，后来又受到杜林学说的影响。拉法格曾
经指出："事实上，马隆本人属于赫希柏格、伯恩施坦以及
杜林的其他门徒那一学派，那个学派是在苏黎世开始修正
马克思主义的。"① 马隆宣扬所谓"完整的社会主义"，力图
把马克思主义同蒲鲁东主义、拉萨尔主义、"真正的"社
会主义和新康德主义结合起来。实际上这不过是一种折中
主义而已。

这时，法国面临着1881年大选。为了在竞选中争取
更多的工人候选人进入议会，扩大工人党的影响，必须加
快制定党的纲领。在这种情况下，盖得决定请求马克思和
恩格斯的帮助。1880年5月初，盖得专程前往伦敦，在拉
法格的引见下，第一次会晤了马克思和恩格斯。他们在伦
敦西北区瑞琴特公园路122号恩格斯的住所共同讨论了党
的纲领问题。马隆本来也想前往伦敦，但他希望通过拉法
格得到马克思的特别邀请。然而，马克思没有理睬他的这
一要求。

马克思在谈到纲领的起草经过时写道："盖得来到伦
敦，在这里和我们（我、恩格斯和拉法格）一起为即将到

---

① 《拉法格文选》上卷第208页。

来的普选起草一个工人竞选纲领。"①这个纲领分为导言和最低纲领两个部分。导言部分是由马克思向盖得口授的，它以简洁的语言说明：生产者只有在占有生产资料时才能自由；生产者占有生产资料只有两种方式——个体占有方式或集体占有方式；个体占有方式日益为工业进步所排斥，另一方面，资本主义社会的发展为集体占有方式创造了物质的和精神的条件；无产阶级只有组成独立政党进行活动，才能实现集体占有方式；为此，必须使用无产阶级所拥有的一切手段，包括"由向来是欺骗的工具变为解放工具的普选权"。导言明确宣布党在经济方面斗争的目标是恢复全部生产资料的集体所有制。②

　　由此可见，这个导言不但确定了党的奋斗目标，而且指明了实现这一目标的道路和方法。尤其值得注意的是，它指出无产阶级必须使用自己所拥有的一切斗争手段，也就是说，既要从事合法的斗争，也不排斥在必要时开展非法的革命活动。导言根据当时法国和西欧国家的具体情况，提出了利用普选权的问题。但是，这绝不是说无产阶级只应把自己的活动限制在议会斗争的范围内，而是必须

---

①　《马克思恩格斯文集》第 10 卷第 452 页。

②　参见《马克思恩格斯全集》第 25 卷第 264 页。

把议会内的合法斗争同议会外的群众性的革命活动结合起来。这样，这个导言既同形形色色的改良主义划清了界限，也同无政府主义划清了界限。恩格斯非常赞赏这个导言，他说："这真是具有充分说服力的杰作，寥寥数语就可以对群众说得一清二楚，这样的杰作是我少见的，措辞这样精练，真使我自己也感到惊叹。"①

在最低纲领部分，提出了一系列当前必须实行的政治和经济方面的要求，其中包括：废除限制出版、集会和结社自由的法律，废除工人手册，取消宗教预算，用普遍武装人民代替常备军；实行八小时工作制，禁止雇用14岁以下童工，男女同工同酬等。在讨论经济方面的要求时，盖得坚持要把规定最低工资额这一条列入纲领。这实际上是拉萨尔主义的铁的工资规律的变种。马克思竭力说服他删去这一条，但盖得拒绝修改，因此在纲领的具体要求部分，包含了一些错误的提法。

尽管纲领有这样的缺点，但总的说来是一个马克思主义的纲领。马克思在评价这个纲领时写道："这个很精练的文件在导言中用短短的几行说明了共产主义的目的，而在

---

① 《马克思恩格斯文集》第10卷第467页。

经济部分中只包括了真正从工人运动本身自发产生出来的要求。这是把法国工人从空话的云雾中拉回现实的土地上来的一个强有力的步骤，因此，它引起了法国一切以'制造云雾'为生的骗子手的强烈反对。"[1]

为了对这个纲领作科学的马克思主义的阐述，拉法格在 1880 年 5—6 月着手撰写《法国工人党宣言》。马克思审阅了拉法格的全部手稿，并亲自作了修改，有些地方作了批注。但是，由于马隆等人的阻挠，这一著作当时未能发表。

拉法格这一手稿的第一部分《工业财产的发展》通俗地叙述了《资本论》第一卷第二十四章《资本主义积累的历史趋势》的最后一节的内容，其中有的地方接近于马克思当时尚未发表的经济学手稿的内容。第三部分《金融财产的发展》的内容接近于《资本论》第三卷第五篇的内容，其中分析了资产阶级社会中信贷的发展及其作用，研究了股份公司的产生和发展的历史。第一部分的内容后来以《资本主义生产》为标题，发表在 1881 年 7 月 30 日—11 月 5 日《平等报》上。第三部分的个别段落发表在

---

[1]　《马克思恩格斯文集》第 10 卷第 453 页。

1895 年出版的《财产的起源和进化》一书中。①

　　1880 年 6 月 30 日，纲领草案以《社会主义劳动者竞选纲领》为题发表在《平等报》上。《无产者报》和《社会主义评论》也相继刊载了这个文件。围绕这个纲领草案，在工人党内部展开了一场激烈的争论。

　　拉法格在 1880 年 5 月曾将草案寄给马隆。马隆在回信中说："亲爱的拉法格！纲领和文章均已收到。导言部分写得非常好。这个纲领正是我们所设想的那个样子。我接受这样的纲领。"② 他答应将纲领复写几份，以便寄给各地的工人团体征集签名。他还提出了几处无关紧要的文字上的修改，例如，建议将原来的"生产阶级"改为"生产者阶级"，并增加司法方面的内容。但是，马隆很快就改变了态度。1880 年 7 月 20 日，他在《社会主义评论》上转载纲领时，对它进行歪曲，鼓吹在资本主义社会里进行逐步的改良，从事"不流血的革命"。当时正在法国的卡尔·希尔施写信告诉马克思："马隆准备提出新的纲领并且

　　① 这一手稿的第一部分和第三部分首次刊载在《马克思和十九世纪国际工人运动的若干问题》1970 年莫斯科俄文版第 454—480 页。

　　② 茹尔·盖得和保尔·拉法格等《法国工人党的诞生》第 74 页。

完全抛弃'最低纲领'。"^① 可见马隆虽然口头上拥护纲领，但实际上是反对纲领的革命内容的。

1880 年 7 月 19 日，法国工人党中部联合会代表大会经过激烈的争论，以多数票通过了这一纲领，只是作了几处补充。但是，受无政府主义严重影响的南部联合会和东部联合会拒绝接受这个纲领。这表明，当时工人党内部的思想状况相当混乱。为了使这个纲领在即将举行的党的全国代表大会上获得通过，盖得和他的战友们到全国各地进行了大量的宣传活动，向工人们解释纲领草案的内容。拉法格也在《平等报》上发表《阶级斗争》和《工人政党和资本主义国家》等文章，宣传马克思主义的基本原理。他着重批判了无政府主义在国家问题上的谬论。他写道："对无政府主义者来说，国家就是恶魔。他们为了活命，唯恐躲之不及。但是，我们并不这样害怕这个恶魔。"^② 国家是阶级统治的工具，"在资本主义阶段，这是资产阶级的统治，在革命阶段则是无产阶级专政"。资产阶级不会自动退出历史舞台，"必须通过猛攻把资本主义国家攻下来；

---

①　转引自《马克思主义和国际工人运动史论丛》1963 年莫斯科俄文版第 486 页。

②　《拉法格文选》上卷第 61 页。

必须把它的全部牙齿一个一个地拔下来，把它的全部爪子一只一只砍下来"。^①拉法格揭露了无政府主义的虚伪性，他指出："无政府状态就是蒲鲁东的个人主义的基础，就是资本主义社会的基础，就是对集体主义和共产主义的否定，做一个无政府主义者就是做一个资产者。"^②他号召工人党的党员不要受无政府主义的欺骗。盖得和拉法格的宣传解释工作获得了显著的成果，党的许多地方组织纷纷表示支持纲领草案。

1880 年 11 月 16—22 日，在哈佛尔召开了法国工人党第四次全国代表大会。由于以巴伯雷为首的合作社主义者控制的大会组织委员会拒绝承认集体主义者的代表资格证书，大会发生了分裂。合作社主义者在富兰克林大厅开会，参加者大部分是巴伯雷的拥护者和哈佛尔的工团组织的代表；集体主义者则在诗人联盟大厅开会，他们宣布自己的大会是"真正的社会主义工人全国代表大会"。来自全国各大城市和地区的 59 位代表出席了会议。

在同合作社主义者决裂后，哈佛尔代表大会经过激烈的争论，以 43 票赞成、10 票反对、6 票弃权通过了党的

① 《拉法格文选》上卷第 64 页。
② 《拉法格文选》上卷第 64 页。

纲领。但是，大会还通过了马隆和布鲁斯的拥护者提出的两个补充条款：一、"关于彻底停止由市镇和国家出售地产"；二、"关于市政机关必须设立专门基金在属于市镇所有的土地上建立各类建筑物：住房、仓库、谷仓，按成本出租给居民"。这两个补充条款带有市政社会主义的色彩。马隆和布鲁斯一伙力图使纲领只具有临时纲领的性质，提出了一项提案，"要求各选区采取措施制定另一个更确切的纲领"。[①] 这就为他们以后公开抛弃哈佛尔纲领留下了伏笔。大会还对无政府主义者作了让步，通过了一项决议，声称：如果党在1881年市镇选举和议会选举中遭到失败，那么，这将是工人党参加竞选斗争的"最后一次试验"，此后将只进行革命斗争。然而，无政府主义者在大会上还是对纲领投了反对票。

哈佛尔纲领的通过，是马克思主义在法国工人运动中取得的重大胜利。后来成为可能派的拉比斯基埃尔曾说，哈佛尔代表大会"一口吞进了共产主义纲领的剑，一直吞到剑柄[②]。哈佛尔纲领作为法国无产阶级的第一个马克思

---

① 别尔金《茹尔·盖得和争取建立法国工人党的斗争》1952年莫斯科俄文版第258—259页。

② 《拉法格文选》上卷第287页。

主义纲领，的确像一把利剑那样，在法国无产阶级政党同
资产阶级激进派以及形形色色小资产阶级流派之间划了一
条明确的界线。因此马克思说，自从哈佛尔代表大会通过
了纲领，法国出现了"第一次真正的工人运动。在此以
前，那里只有一些宗派"[1]。

3. 对可能派的批判

哈佛尔代表大会之后，党内以盖得和拉法格为首的革命
派同以布鲁斯和马隆为首的可能派之间的斗争日益尖锐化。

保尔·布鲁斯（1844—1912）的职业是医生。曾任蒙
彼利埃《人权报》编辑部工作人员，同盖得有过密切的交
往。巴黎公社失败后逃到西班牙，参加了巴枯宁派的汝拉
联合会，成为一个无政府主义者。1880 年 5 月，当盖得
前往伦敦同马克思、恩格斯以及拉法格讨论党的纲领时，
布鲁斯也希望参加，但遭到盖得拒绝。布鲁斯对此耿耿于
怀，此后利用一切机会攻击盖得。1880 年 7 月，他回到巴
黎，成为《无产者报》的编辑。恩格斯认为："布科斯大概
是一个我所见过的最平庸的糊涂虫。在无政府主义中他把

---

① 《马克思恩格斯文集》第 10 卷第 453 页。

无政府状态，即反对政治活动和反对选举抛弃掉了，但把所有其他的词句，特别是策略，都保留下来。"①

布鲁斯、马隆以及他们的追随者极力攻击哈佛尔纲领，特别是它的导言部分，反对把这个纲领作为全党必须遵守的统一的纲领，主张党的各地方组织有制定各自的竞选纲领的自由；反对党的集中领导和严格纪律，主张建立结构松散的、各地方组织实行自治的党，鼓吹所谓"联邦制"的建党原则；反对无产阶级通过革命行动夺取政权，鼓吹在不触动资本主义制度的条件下实行逐步的合法改良，宣扬所谓"公用事业"论，或市政社会主义。除此之外，他们还对盖得和拉法格进行人身攻击，诽谤他们是马克思的传声筒，想在工人党内实行独裁，污蔑哈佛尔纲领是在"泰晤士河的大雾"中炮制出来的"私人纲领"等等。为了把盖得和拉法格等排挤出党的领导岗位，布鲁斯和马隆等在 1881 年 10 月策划成立了工人党全国委员会，由每个联合会各派 5 名代表参加。在全国委员会的 30 名成员中，可能派占据了 25 名，只有 5 名成员是盖得派。这样，布鲁斯和马隆等人就为在下一届党代表大会上夺取

---

① 《马克思恩格斯全集》第 35 卷第 222 页。

领导权作好了准备。

　　1881 年 10 月 30 日—11 月 6 日，在兰斯举行了法国工人党第五次全国代表大会。参加大会的有 44 名代表，其中绝大多数是布鲁斯和马隆的拥护者，只有 6 名代表属于盖得派。这一力量对比决定了整个大会的倾向。布鲁斯在会上作了关于成立全国委员会的报告。虽然盖得派反对成立这样的全国委员会，但大会还是以多数票批准了布鲁斯派所控制的全国委员会，从而使他们窃取的权力合法化。大会根据布鲁斯和马隆的建议通过一项决议，赋予各地方联合会制定各自的竞选纲领的权力。与此同时，大会通过了另一项提案，宣布哈佛尔纲领继续有效，《无产者报》被承认为工人党的正式机关报。

　　兰斯代表大会之后，可能派进一步采取行动修改党的基本纲领。1881 年 11 月 19 日，布鲁斯在《无产者报》上发表了《再论社会主义的团结》一文，要求放弃纲领中规定的党的最终目的，而为各种小资产阶级学说敞开大门。他写道："我们宁可放弃迄今采取的通常以'一无所成'告终的'一下子全部解决'的方法，而把理想目标划分成若干重要阶段，以某种方式直接争取我们的某些要求，使之终于可能实现，以免徒劳地踏步不前，或者像关于蓝胡子的童话中说的那样住在空想之塔里，永远也看不见具体的、可以感觉到的东西出现。"① 他把这种政策叫作"可能的政策"，可能派的名称就是由此而来的，这种政策的实质就在于放弃争取社会主义的斗争，只满足于某些细小的局部的改良。

1881 年底，在巴黎市政选举中，可能派的核心人物之一若夫兰被巴黎十八选区推举为候选人，他利用兰斯代表大会关于地方联合会有权制定各自的竞选纲领的决议，于 12 月 18 日在巴黎蒙马特尔区发表的竞选演说中，提出了一个不同于哈佛尔纲领的竞选纲领。他抛弃了马克思亲自起草的纲领的导言部分，而在实践部分提出了一些含混不清的要求，完全阉割了纲领的无产阶级性质。可是，1882 年 1 月 8 日，可能派利用他们在全国委员会中所占据的多数，强行通过一项决议，批准将若夫兰的竞选纲领作为向全党推荐的纲领。

面对这种情况，拉法格同盖得、德维尔等一起，对可能派进行反击，捍卫党的马克思主义纲领。拉法格在 1881 年 4 月写信给布鲁斯，直截了当地指出了双方分歧

---

① 转引自安贝尔《可能派》1911 年巴黎法文版第 6 页。

的实质。他写道:"你知道我们的分歧的根源吗?……这是由于我们对运动抱有不同的观点。"[1] 他警告说,如果布鲁斯等人继续一意孤行,就要进行反击。

第二次出版的《平等报》在 1880 年 8 月 25 日由于缺乏资金而停刊后,拉法格曾向盖得建议筹建一个股份公司,发行每股 50 法郎的股票,并且组织募捐,以便恢复《平等报》的出版。他在 1881 年 7 月 12 日致盖得的信中又提出《平等报》复刊后三方面的内容:"一、外国工人在资本主义剥削中的作用;二、资产阶级共和国的对外政策,工人阶级的对外政策;三、夺取政权,建立无产阶级专政。"[2] 他还指出,"第四等级"这个用语是荒谬的,源于拉萨尔,他劝告盖得千万不要再使用这个说法。与此同时,针对布鲁斯等人提出的似乎拉法格想要树立盖得在党内的独裁的无理攻击,拉法格写信给《平等报》加以驳斥。他写道:"我认为,党既不应体现在盖得身上,也不应在马隆身上。我力争的是工人阶级专政,而不是个人的专政。"[3] 他赞扬盖得具有自我牺牲和实干精神,因而在党内起重大作用。他认

---

① 茹尔·盖得和保尔·拉法格等《法国工人党的诞生》第 115 页。

② 茹尔·盖得和保尔·拉法格等《法国工人党的诞生》第 132—133 页。

③ 茹尔·盖得和保尔·拉法格等《法国工人党的诞生》第 114 页。

为领袖不是制造出来的，而是源于实际斗争。他说："难道能够制造出一个马拉？"[1] 他揭露布鲁斯和马隆实际上自己想当党的领袖。

1881 年 12 月 11 日，《平等报》第三次出版，它的副题是"工人党机关报"。拉法格同盖得、德维尔和马萨尔组成编辑委员会。第一次和第二次出版的《平等报》上刊登的文章都不署名，从第三次出版的报纸起，一般文章都署名。在每一期上几乎都刊载拉法格的一篇或两篇文章。据统计，从 1881 年 12 月到 1882 年 11 月，在不到一年的时期内，拉法格在《平等报》上共发表了将近七十篇文章。按其内容可分为三部分。第一部分是阐述科学社会主义的基本原理的文章，例如：《德国的社会党》（1881年 12 月 11 日）、《工人党的哲学基础》（1882 年 3 月 19日）、《资本主义剩余价值》（1882 年 3 月 26 日），《正义和非正义。论资本主义交换》（1882 年 4 月 1 日）、《工资问题和商品价格》（1882 年 5 月 23 日）、《工人党和工资问题》（1882 年 7 月 9 日）、《资本主义生产》（1882 年 7月 30 日—10 月 22 日），等等；第二部分直接批判可能派

---

① 茹尔·盖得和保尔·拉法格等《法国工人党的诞生》第 166 页。

的理论和实践，例如：《自治》（1881 年 12 月 25 日—1882
年 1 月 15 日）、《可能主义》（1882 年 2 月 5 日）、《工人
党的纲领。致马赛、巴黎和哈佛尔代表大会参加者的信》
（1882 年 2 月 12 日）、《工人党的目的》（1882 年 6 月 18
日）、《共产主义和公用事业》（1882 年 6 月 25 日），等
等；第三部分的文章涉及面较广，既有历史性题材（如
《弗朗德勒的阶级斗争》），又有批判蒲鲁东主义和资产阶
级经济学家的学说的（如《蒲鲁东和罢工》），还有揭露教
皇和宣传无神论的（如《庇护九世上天堂去》）。

在《德国的社会党》一文中，拉法格赞扬了德国社会
民主党在斗争中取得的重大成绩，并且把它作为法国社会
主义者的榜样。他宣传了《共产党宣言》的基本思想，其
中包括无产阶级专政的思想，揭露了可能派所宣扬的市政
社会主义的谬误，指出它只不过是无政府主义同资产阶级
激进主义的混合物而已。

在《可能主义》一文中，拉法格写道，如果说第一次
出版的《平等报》批判了合作社主义和合作社主义者，第
二次出版的《平等报》批判了无政府主义和无政府主义
者，那么，第三次出版的《平等报》要批判的是可能主义
和可能主义者。

　　他在《工人党的目的》一文中明确宣布，工人党内存在两个派别：革命派和可能派。它们之间的斗争是不可避免的。"可能派想要通过和平的市政改良达到工人阶级的解放；革命派则认为只有通过革命暴力才能使两大陆的无产阶级获得解放。"[①] 他指出，可能派自称是共产主义者，他们正在制造一种彬彬有礼的、温和的、对资产阶级无害的共产主义。为了同可能派的这种假共产主义划清界限，拉法格以哈佛尔纲领的导言为依据，明确说明了工人党的斗争目标是："从政治上和经济上剥夺资本家阶级，把从资产者那里夺取过来的生产资料交给集体或国家占有。手段是革命暴力。"[②] 拉法格号召全党的同志团结在这面旗帜周围。

　　在以《自治》为标题的一组文章中，拉法格批判了可能派所鼓吹的各联合会自治的原则。他指出，工人党的所有成员和所有组织应该团结起来，步调一致地同敌人进行斗争。

　　拉法格不仅为《平等报》撰写大量的稿件，还在物质上给予有力的支持。据巴黎警察局 1882 年 1 月 27 日的

---

① 《拉法格文选》上卷第 121 页。
② 《拉法格文选》上卷第 124 页。

一个报告，拉法格每月给报纸寄去 150—250 法郎的捐款，尽管他自己的境况十分困难。① 他对报纸的发行量、成本、定价、销售情况、订户等问题非常关心，并就此向盖得提出许多忠告。例如，他在 1882 年 1 月 2 日致盖得的信中建议开辟一个政治栏目。

在 1882 年 1 月 17 日和 24 日的法国工人党中部联合会联盟会议上，可能派采取卑鄙的手段将《平等报》编辑部以及所有同盖得派意见一致的党小组开除出中部联合会联盟。与此同时，他们还对拉法格进行人身攻击。拉法格立即在《平等报》上驳斥可能派的这种无耻谰言。他在《工人党的纲领。致马赛、巴黎和哈佛尔代表大会参加者的信》中说明了法国工人党内革命派同可能派的分歧的实质。他写道："代表们！可能派想要取消工人党纲领的导言。由于他们不敢否认纲领的集体主义导言是科学的，他们就用关于自治和权威主义的资产阶级无谓争论来伪装自己。代表们！可能派想要消灭你们的劳动成果，他们想把你们给予党的旗帜交给资产阶级；他们刚刚把维护历次工人代表大会的集体主义决议的党员开除出中部联合会联

---

① 参见雅克·吉罗编《拉法格选集》第 49 页。

盟……他们否定工人党纲领的导言，而这个导言恰恰是一块试金石，谁想获得成为党的代表的荣誉，党就要用这块试金石来检验他；这个集体主义导言是唯一使工人党区别于资产阶级政党的东西。"① 盖得和他的同志们被开除出中部联合会联盟之后，建立了自己的革命的联合会，叫作中部的联合会，后来又改称工人党巴黎集合体。

在第二次侨居伦敦的十年（1872—1882）中，拉法格在马克思和恩格斯的直接指导下，更加牢固地确立了自己的科学共产主义世界观，大大提高了自己的马克思主义理论修养，并在实际斗争中努力运用这一理论，为法国工人党的思想建设和组织建设作出了重要贡献。

1882 年 4 月 5 日，拉法格夫妇从伦敦回到巴黎，从此结束了多年的流亡生涯。这时他刚好 40 岁。他的一个朋友莱昂·卡梅卡斯在一家设在巴黎奥斯曼林荫大道的全国联合保险公司担任督导员。经卡梅卡斯介绍，拉法格进入这家保险公司当文牍员，起草各种信件，但不久便遭裁减。他起先住在里尔大街 38 号的一家旅馆里，后来全家搬到波尔－罗亚尔林荫大道 66 号。拉法格一生中的新的

---

① 《平等报》1882 年 2 月 12 日。

时期开始了，从此他把自己的命运同法国工人党的命运紧紧地联结在一起，再也无法分开了。

鉴于可能派在机会主义的道路上愈走愈远，盖得派在组织上同他们决裂已经不可避免。1882年9月25日，法国工人党第六次全国代表大会在圣亚田开幕。可能派采取伪造代表资格证书的卑劣手法，在112名代表中占据了86名。盖得派处于少数地位。拉法格也出席了这次大会。

大会第一天的会议一开始，双方就程序问题展开了激烈的争论。盖得派代表弗雷雅克提议用抽签的办法组成代表资格审查委员会，但遭到可能派的否决。盖得派的二十位代表还就大会表决方式问题提出一项提案，其中建议：全国委员会成员在代表大会上没有表决权；在讨论纪律问题时，有关双方享有同等的发言时间；在表决时有关双方均无表决权。但是，这一提案也被否决。[1] 接着，可能派要求大会转入讨论所谓"党内纪律"问题。被可能派所控制的全国委员会就此起草了一个报告，力图把违犯党纪的罪名加到盖得和拉法格等人身上，以便达到把他们开除出

---

[1] 参见别尔金《茹尔·盖得和争取建立法国工人党的斗争》第309页。

党的目的。在这种情况下，拉法格同全体盖得派代表一起毅然退出会场，到罗昂单独召开了自己的代表大会。

拉法格对于圣亚田代表大会上发生的事情是早已预料到的。在大会召开前八天，拉法格同盖得一起前往里昂、罗昂、蒙吕松、贝兹内、圣夏蒙等地发表演讲，向工人说明事实真相，防止可能派的突然袭击。拉法格在给恩格斯的信中报告说："所经之地，我们都做了工作，使各小组对于我们预料会发生的分裂作好准备。在罗昂，我们采取了一切措施，如有必要，就举行对抗性代表大会。"①

拉法格和其他盖得派代表同可能派决裂后，立即发表了一个公告，说明他们之所以退出圣亚田代表大会，是为了捍卫马赛代表大会和哈佛尔代表大会为工人党制定的纲领。这个公告宣布："今天，党的真正的代表大会就要在罗昂开幕了。这座工人城市不久前由于举行了最持久的、最英勇的反抗资本家剥削的斗争而闻名于世。我们号召那些不愿受工人机会主义蒙蔽并且与之同流合污的人参加我们拯救和改组党的事业。"②

---

① 《恩格斯与保尔·拉法格、劳拉·拉法格通信集》第1卷第162页。
② 转引自亚历山大·泽瓦埃斯《一八七一年后的法国社会主义》第44页。

罗昂代表大会通过决议，宣布撤销可能派所操纵的全国委员会，并且"不再承认中部联合会联盟以及受它蒙蔽或与之同流合污的团体为党的组织"[①]。大会宣布坚持哈佛尔纲领，并通过了党的章程，其中规定党的正式名称是"工人党"，其目标是"对资本主义资产阶级进行革命剥夺和实行生产资料社会化"[②]。

而圣亚田代表大会则抛弃了哈佛尔纲领，通过了以若夫兰的蒙马特尔竞选纲领为基础的新纲领，宣布把《平等报》编辑部和它的拥护者开除出党，并且确定党的正式名称是"法国革命社会主义工人党"，副称是"法国社会主义工人联合会"，从1883年起，正式采用后一名称。

从此，出现了两个对立的党：盖得派的法国工人党和可能派的法国社会主义工人联合会。

马克思和恩格斯认为，盖得派同可能派的分裂"是一件好事"[③]。他们指出，盖得派同可能派之间的争论问题完全是原则性的："是应当把斗争作为无产阶级对资产阶级的

---

① 转引自亚历山大·泽瓦埃斯《一八七一年后的法国社会主义》第44页。

② 让·多尔莫瓦编《1876—1883年工人代表大会的报告和决议汇编》1883年巴黎法文版第16页。

③ 《马克思恩格斯文集》第10卷第481页。

阶级斗争来进行呢，还是应当像机会主义者（翻译成社会主义者的语言就是：可能派）那样，只要能获得更多的选票和更多的'支持者'，就可以把运动的阶级性和纲领都丢开不管？马隆和布鲁斯赞成后一种做法，从而牺牲了运动的无产阶级的阶级性，并且使分裂成为不可避免的事。"[①]他们强调："看来，一个大国的**任何**工人政党，只有在内部斗争中才能发展起来，这是符合一般辩证发展规律的。"[②]

拉法格在反对可能派的斗争中，勇敢地捍卫了马克思主义的基本原则，但是有时过于急躁，缺乏灵活性，不善于选择最恰当的时机出击，一再犯策略上的错误。例如，可能派在开始时用暗示来造谣中伤，而不公开指名。拉法格和盖得却指名道姓地回击，结果造成一种印象，似乎他们发动了这场争论。于是，可能派抓住这一点指责他们搞分裂活动，违犯了党的纪律等。恩格斯就此写道：盖得派"由于急躁，把只要他们能够克制和善于等待就可以利用的大好形势给弄糟了。他们像小学生（以拉法格为首）一样陷入了马隆和布鲁斯为他们设下的圈套"[③]。

---

① 《马克思恩格斯文集》第 10 卷第 486 页。
② 《马克思恩格斯文集》第 10 卷第 483 页。
③ 《马克思恩格斯文集》第 35 卷第 34 页。

　　拉法格在同可能派的论战中有时表现出教条主义和醉心于革命空谈的倾向。马克思曾一再批评他"总是在增加新的不必要的事端","预言说得太多了"。①恩格斯也批评他和盖得有小组习气,喜欢夸夸其谈,干了许多蠢事。②马克思和恩格斯的这些批评,完全是出于对拉法格的爱护。他们指出,拉法格等人之所以犯错误,"多半是由于无知和想'走得尽可能远'的幼稚愿望造成的"③。

　　在拉法格身上,有时还流露出无政府主义的残余影响。例如,1882 年 11 月初,拉法格在《平等报》上发表文章,为里昂的一家被政府查禁的无政府主义报纸(革命旗帜报》辩护。他力图证明,《革命旗帜报》仅仅是抄袭了他的话,只不过在时机不成熟的条件下准备把它付诸实践而已。马克思认为,这些话是巴枯宁主义在拉法格身上的回音。他在给恩格斯的信中气愤地写道:"其实,拉法格是巴枯宁的最后一个学生。"④

　　拉法格虚心接受了两位革命导师的严厉批评,并在行动中加以改正。1882 年 11 月 24 日,他在第四次出版的

---

　　① 《马克思恩格斯全集》第 35 卷第 38—39 页。
　　② 《马克思恩格斯全集》第 35 卷第 216 页。
　　③ 《马克思恩格斯全集》第 35 卷第 319 页。
　　④ 《马克思恩格斯全集》第 35 卷第 106 页。

《平等报》^①上发表了《中了魔的部》一文，揭露了前财政部部长莱昂·萨伊的活动。12月9日，又发表了《我们的候选人》一文。马克思和恩格斯对这两篇文章评价很高。恩格斯在给劳拉的信中写道："自从保尔克服了学者先知的那种教条主义，并开始机智俏皮地写文章以来，最近他的文章写得好多了。"^②马克思也说："**最近一个时期**以来，保尔写出了**自己最好**的作品，既幽默又泼辣，既扎实又生动，而**在这以前**往往出现一些极端革命的词句，使我看了生气，因为我始终把它们看作'夸夸其谈'。"^③两位革命导师为拉法格的进步而感到由衷的高兴。

1882年6月6日—8月22日，马克思由于患支气管炎和胸膜炎复发，到位于巴黎附近的阿尔让台镇的燕妮·龙格家休养，并在附近的恩吉安用硫矿泉水进行治疗。在此期间，他经常同拉法格会晤，在梅萨那里同拉法格、盖得和德维尔等进行交谈，详细了解法国工人运动的情况并提出忠告。此后，劳拉·拉法格陪同马克思从巴黎

---

① 第三次出版的《平等报》周报在1882年11月5日停刊；第四次出版的《平等报》（1882年10月24日—12月8日）是日报。
② 《马克思恩格斯全集》第35卷第408页。
③ 《马克思恩格斯全集》第35卷第406页。

前往瑞士的斐维。他们在风景如画的日内瓦湖上进行游览，畅谈多方面的问题。马克思曾劝劳拉写一部有关国际工人协会的历史，并且答应为她的写作提供必要的文献资料，还建议她把《资本论》译成英文。1883 年 1 月，燕妮·龙格因病卧床不起，劳拉每天从自己的住所赶到阿尔让台去照料病人，通常凌晨一点出发，晚上十点到十一点才回家。1 月 11 日，燕妮病故，拉法格夫妇感到无比沉痛。此后，他们和爱琳娜一起挑起了抚养燕妮的几个孩子的重担。但是，不幸接踵而来。1883 年 3 月 14 日，马克思因肺脓肿在伦敦梅特兰公园路 41 号自己的住宅里与世长辞。拉法格得知这一噩耗后，立即从巴黎前往伦敦，参加了在海格特公墓举行的马克思的葬礼。劳拉由于过度悲痛，身体不支，未能离开巴黎。自从 1865 年拉法格在伦敦首先会见马克思以来，已经 18 年了。正是在马克思的直接影响下，他终于成长为一名坚强的无产阶级革命家。对他来说，马克思不仅是一位慈祥可亲的岳父，还是循循善诱的导师和可以推心置腹的朋友。马克思的逝世，使他感到极大的悲痛。他决心沿着马克思所指引的道路，继续进行顽强的战斗，为完成马克思的未竟之业而贡献自己的全部力量。

第四章

在法国工人中传播马克思主义

1. "圣珀拉惹的囚徒"

罗昂代表大会之后，拉法格、盖得以及法国工人党的其他活动家在里昂、罗昂、蒙吕松、韦森、圣夏蒙等城市的工人集会上发表演说，进行宣传鼓动工作。为此，蒙吕松初级法院预审法官爱德华·皮康指控拉法格和盖得等犯有煽动内战、凶杀、抢劫和纵火罪，并且发出传票，要拉法格和盖得等出庭受审。但是，拉法格和盖得等人拒绝出庭。不仅如此，拉法格还在《平等报》上发表了给预审法官爱德华·皮康的公开复信，对他进行嘲笑。然而，1882年12月2日，拉法格在巴黎还是被捕了。

在木兰刑事法院开审的前一天，拉法格和盖得在木兰市剧院举行了演讲会，宣传工人党的主张。大厅里挤满了人，许多资产阶级人士也出席了。拉法格和盖得对他们讲述了法国农业所处的困难境地，指出这是由于美国的竞争以及法国工业危机造成的。他们的讲演，引起了广泛的反响。

在审判中，检察官对拉法格提出的主要指控是，据一

位警察告发，拉法格在一次群众集会上说过这样的话："必须抢劫法兰西银行，但是巴黎公社没有这样做。"其实，拉法格是在总结巴黎公社失败的教训，而资产阶级法庭却故意歪曲拉法格的意思，给他加上了唆使抢劫的罪名。检察官把拉法格等说成为非作歹之徒，比那些侵犯一两个人的财产的人更为危险，说他们想侵占一切人的财产。拉法格和盖得在替自己辩护时，再一次阐述了工人党的宗旨，指出私有制必然被公有制所取代，揭示了社会改革的必要性。这场官司前后开庭三次，其中一次是在夜间。当拉法格等人在晚上十点半离开审判厅时，一大群同情者把他们一直送到了旅馆。

1883 年 4 月 25 日，木兰刑事法院判处拉法格六个月徒刑和一百法郎罚款。同时被判刑的还有盖得和多尔莫瓦[①]。

从 1883 年 5 月 21 日至 11 月 21 日，拉法格、盖得和多尔莫瓦在巴黎圣珀拉惹监狱服刑。他们作为政治犯，每天上午十点至下午四点可以接待亲友探访；从晚上八点至早上八点，每个犯人都要被锁在"笼子"里。劳拉几乎每

---

① 让·多尔莫瓦（1851—1898），法国五金工人，工人党党员，1887—1888 年期间担任法国工会全国联合会书记。

天都去看望他们。

拉法格在狱中情绪高昂，充满了乐观主义精神，抓紧时间进行学习和工作。劳拉在给恩格斯的信中写道："这两位圣珀拉惹的囚徒都毫无怨言。"[①] 恩格斯也称他们为"英勇的蒙难者"[②]。

拉法格同盖得一起在狱中合写了《工人党纲领，它的历史、导言和条款》一书，对哈佛尔纲领作了详细的解说，其中关于导言部分的解说是由拉法格撰写的，而关于纲领的历史和具体条款则是由盖得执笔的。

在对纲领导言部分的解说中，拉法格通过对资本主义生产的分析，论证了私有制必然被公有制所代替的历史发展规律。他指出，要从经济上剥夺资产阶级，首先必须从政治上对它进行剥夺。无产阶级只有通过革命才能夺取政权。在革命之后，只能剥夺那些拥有由集体使用的生产资料的所有者，诸如大土地所有主、大工厂主、大银行家，等等。但是，绝不能剥夺自耕农的小块土地、雕刻匠的雕刻刀、细木匠的刨子和锤子。不仅如此，还要让他们摆脱剥削他们的高利贷者和商人，并帮助他们减轻劳动强度，

---

① 《恩格斯与保尔·拉法格、劳拉·拉法格通信集》第 1 卷第 209 页。

② 《恩格斯与保尔·拉法格、劳拉·拉法格通信集》第 1 卷第 207 页。

直至通过事例的教育使他们相信集体生产比个体生产具有优越性。这表明，拉法格是主张通过说服教育把小农吸引到集体生产的道路上来的。拉法格的这一思想对于法国这样一个小农和小手工业者占很大比重的国家来说，具有重要意义。他还认为，工人党参加竞选，并不是为了赢得几个参议员或众议员的席位，而是为了在竞选期间对群众进行宣传教育，揭露资产阶级头面人物的丑恶面目及其无能。如果有的工人候选人当选为议员，他们将在议会里继续进行共产主义宣传，并利用议会讲坛把资产阶级头面人物逼得走投无路。

拉法格在狱中还对 1880 年曾刊登在《平等报》上的《懒惰权》作了修改，并写了一篇序言，以小册子形式出版。这是一部声讨资本主义制度的战斗檄文。

镇压巴黎公社的刽子手梯也尔在 1849 年曾说："我想使僧侣拥有天上的权力，因为我指望他们去传播这样一种健康的哲学：人活在世上就是为了受苦，而不是去传播那种相反地劝告人们尽情享受的哲学。"拉法格指出，梯也尔的这番话最充分地体现了资产阶级道德的虚伪及其冷酷的利己主义。他写道："当资产阶级在反对得到僧侣支持的贵族的时候，它举起了自由研究和无神论的旗帜。但是，一旦取得胜利，它就改变自己的腔调和态度；今天，它力图利用宗教来维持自己的经济和政治统治。15—16世纪，它兴高采烈地重新抬出多神教的传统并颂扬曾遭到基督教斥责的肉欲及肉欲享乐；而现在，它沉溺于纸醉金迷的生活，它摒弃了自己的思想家拉伯雷和狄德罗的教导，而向无产阶级鼓吹节欲。"[1] 资产阶级道德所要追求的理想就是把工人们的需要削减到最低限度，使他们沦为片刻不停地运转的机器。拉法格愤怒地写道："今天的无产阶级受到比《圣经》中描绘的蝗灾更为可怕的苦役和饥饿的折磨……有人说，我们今天的时代是劳动的时代。其实，这是痛苦、贫困和蜕化堕落的时代。"[2] 他指出，革命的社会主义者必须向资本主义的社会理论和道德发起冲击，铲除资产阶级散布的种种偏见。

拉法格在揭露资产阶级宣扬的所谓"劳动权"的虚伪性的同时，针锋相对地提出了"懒惰权"的口号，其用意是为了向资产阶级对工人阶级的残酷剥削和压榨表示抗议。有的西方学者无视拉法格这部著作的基本思想，而是抓住其中的片言只语，硬说拉法格在这本小册子里鼓吹懒

① 《拉法格文选》上卷第67页。
② 《拉法格文选》上卷第73页。

惰和享乐主义。有的人甚至给他扣上了"享乐主义的马克思主义"的帽子（例如，科拉科夫斯基在《马克思主义的主要流派》一书的第二卷中就是这样说的）。这些说法都是违背历史真实性的。拉法格有时为了强调自己的观点，故意采用怪诞的表述方式，例如，他说，对劳动的酷爱是"一切个人的和社会的灾难"①的根源。这种说法当然是欠妥的。但是，总的说来，这本小册子是用马克思主义观点批判资产阶级伦理道德观念的尝试。

拉法格在狱中努力提高自己的德语水平。劳拉在1883年6月4日致恩格斯的信中诙谐地说："保尔的德语听起来仍然跟法语相似得惊人。"②拉法格还帮助德维尔出版《资本论》第一卷的简述。他把恩格斯的意见转告德维尔，并帮他修改。这本书在1883年出版后，对在法国工人中传播马克思的经济学说起了积极作用，尽管其中有一些不确切的地方。

拉法格在狱中曾尝试写一部小说，名叫《巴黎的判决》，可惜未能完成。恩格斯在1883年12月13日致劳拉的信中谈到了这一件事："我们希望……我渴望看到的那本

---

① 《拉法格文选》上卷第71页。
② 《恩格斯与保尔·拉法格、劳拉·拉法格通信集》第1卷第212页。

小说也能接着很快出来。保尔穿上了巴尔扎克的拖鞋，这太好了！"[1]

2. 巴黎的"明灯"

1883 年 11 月 21 日，拉法格出狱后，更积极地投入了党的宣传和组织工作。工人党在同可能派分裂后，虽然人数减少了，但在组织上更加纯洁，更富于战斗力了。1884 年初，拉法格兴奋地写信告诉恩格斯："我们的宣传工作进展顺利，尤其是在外省。我们已有两家报纸——《劳动者》和《保卫劳动者》。过些日子，里昂也将有它自己的工人报纸，其他工业大城市也将跟上来。这些地方报纸的存在将证明我们的党是生气勃勃的，正如反报刊法实施以前德国党的报纸证明德国党力量强大一样。"[2]

为了培养党的理论宣传骨干，从 1884 年 1 月 23 日起，工人党的"社会主义图书阅读小组"举办了一系列讲座，向工人们讲解马克思主义的基本理论。拉法格讲的是哲学，题目为"卡尔·马克思的经济唯物主义"。共分三

---

[1] 《马克思恩格斯全集》第 36 卷第 77 页。

[2] 《恩格斯与保尔·拉法格、劳拉·拉法格通信集》第 1 卷第 236 页。

讲。一、历史中的唯心主义和唯物主义；二、自然环境：达尔文的理论；三、人为环境：阶级斗争的理论。德维尔讲的是政治经济学，题目为："资本的产生""无产阶级的形成"和"资本的进化"。每月讲一次。后来，这些讲稿以"社会经济学讲座"为总标题印成小册子，定价每册十生丁。其中有些内容1893年重新发表在《新世纪》杂志上。美国社会主义工人党机关报《纽约人民报》也按期转载。

拉法格在开始讲演时指出，他要讲的主题是经济环境对人和人类社会的影响。接着他说明："从马克思学派的唯物主义者的观点来看，人是两种环境的产物：宇宙的或自然的环境和经济的或人为的环境的产物。"① 拉法格所说的"经济的或人为的环境"，通常指的就是社会经济形态。他指出，人类自从脱离了原始共产主义之时起，经历了奴隶制、农奴制和雇佣劳动制这三种不同的经济环境，标志着人类社会发展的不同阶段。他认为，用达尔文主义关于生存竞争的理论不能解释人类社会的发展，因为人生活在不同于动物和植物的条件之下。人类社会经历的第一种经济

---

① 拉法格《唯心史观和唯物史观》三联书店1965年版第39页。

形式是原始共产主义。只有当财产的集体形式开始瓦解和社会分裂为有敌对利益的各个阶级的时候，人类社会内部的斗争才发生。他指出：国家是"施行精神强制和肉体强制的机构，统治阶级需要用它来保持自己的统治和把劳动群众控制在现存的生产方式所需要的从属的（奴隶制的、农奴制的、雇佣劳动的）条件之下"[1]。当社会分裂为敌对阶级的时候，国家的存在是必需的。只有当私有制转变为公有制的时候，阶级才会消灭。

拉法格在这些讲稿中有些用语不够确切。例如，他把马克思的唯物史观称作"经济唯物主义"，容易使人误解为否认上层建筑的积极作用的庸俗唯物主义，虽然拉法格很清楚，上层建筑对经济基础也发生影响。他关于自然环境和人为环境的说法也不完全恰当，容易产生歧义。尽管如此，拉法格的讲演对于在法国工人中普及马克思主义的基本原理无疑起了积极有益的作用。

拉法格把自己的讲稿寄给了恩格斯审阅。恩格斯读了以后十分满意，他要求拉法格更加注意一些理论上的问题。他在给劳拉的一封信中写道："如果说我对他要求严

---

[1]　拉法格《唯心史观和唯物史观》三联书店 1965 年版第 77 页。

格，那只是因为我认为这对他有好处，因为不时地给予一些严肃批评，他就会有显著的进步；他最近的一些表现确实证明他大有进展。只要他更加注意一些理论上的问题（主要是对一些细节），那他就会成为巴黎这个光明之城的一盏明灯。"① 这段语重心长的话表达了革命导师对拉法格的殷切期望和严格要求。拉法格没有辜负恩格斯的希望。他几十年如一日不倦地钻研理论，努力在工人中传播马克思主义，从而真正成为巴黎的一盏"明灯"。

在此期间，拉法格同德国、俄国、美国和其他国家的社会主义者建立了密切的联系。从1883年德国社会民主党的理论刊物《新时代》创刊之时起，拉法格就成为该刊的经常撰稿人。在十九世纪八十年代，他在《新时代》上先后发表了《法国的小地产》《被出卖的胃口》《美国的小麦及其生产和贸易》《美国的小麦贸易》《母权制》《体力劳动和脑力劳动无产阶级》等文章。

通过马克思的介绍，拉法格同俄国经济学家、民粹派思想家丹尼尔逊建立了联系。马克思曾将拉法格《法国土地所有制的变动》一文的手稿寄给丹尼尔逊，并且询问他

---

① 《马克思恩格斯全集》第36卷第117—118页。

是否能帮助拉法格成为彼得堡杂志《祖国纪事》或《言语》的撰稿人。拉法格的这篇文章后来被译成俄文刊登在《基础》月刊 1882 年第 3—4 期和第 6 期上。1883 年 6 月和 7 月,《祖国纪事》杂志发表了拉法格的《美国西北部的小麦生产》;1888 年,《北方通报》还发表了他的《作为进步因素的机器》一文。应普列汉诺夫的请求,拉法格为俄国第一个马克思主义团体"劳动解放社"于 1888 年出版的《社会民主党人》文集写了《议会制和布朗热主义》一文。他指出,资产阶级议会制是资产阶级专政的隐蔽形式,它把议员分成两个相互竞争的党派,彼此交替执政,轮流掠夺人民和为有产者谋利益。拉法格再一次强调无产阶级在取得政权后必须实行专政。他写道:"一旦欧洲和美洲的无产阶级掌握了国家,它必须组织革命政权,并且用专政的手段管理社会,直到资产阶级作为一个阶级被消灭为止,也就是直到完成生产资料(银行、铁路、工厂、矿场、制造厂,等等)的国有化为止。"① 但是,拉法格在揭露资产阶级议会制的阶级实质的时候,没有同时指出议会制同专制制相比具有进步的意义。因此,普列汉诺夫在发

---

① 《拉法格文选》上卷第 266 页。

表拉法格的这篇文章时加了一个按语，说明在俄国当时的情况下有必要争取实行议会制。他写道："保尔·拉法格用社会主义观点批判议会制是完全正确的。但是同专制制相比，议会制是社会发展中的一大进步。"①

1884 年 4 月，英国社会主义月刊《今日》也刊载了拉法格的《法国的农民所有制》一文，《正义报》发表了有关这篇文章的预告，把拉法格称为法国农民问题方面的最大权威。《进步》杂志也发表了拉法格的《社会主义和达尔文主义》（1883 年 12 月）。恩格斯对这篇文章非常满意，认为它击中了要害。

拉法格由于没有缴纳木兰刑事法院判处的罚款，于1885 年 5 月 21 日又一次被捕，被关押在圣珀拉惹监狱里两个月之久。工人们曾进行募捐，以便替他缴纳这笔罚款，但拉法格把工人们募捐到的款项交给了党组织，自己宁愿坐牢。在狱中他忍受种种生活上的折磨，抓紧一切时间进行工作和学习。他的《雨果传说》一文就是在狱中写成的。7 月 21 日拉法格获释后，立即投入了议会竞选工作。他的名字列入了阿利埃省的一个候选人名单。他在阿

---

① 《拉法格文选》上卷第 264 页。

利埃省的各个城市和乡村召开公众集会，发表演说，忙得
不可开交。正如劳拉所说的那样，他"不仅用笔，用嘴，
有时还用拳头为党工作"①。最后，包括拉法格在内的候选
人名单在选举中获得 2200 票。他虽然落选了，但并不泄
气，而是认真总结失败的教训，以利再战。

1886 年 1 月，位于法国南部阿韦龙省的德卡兹维耳
市的 3000 名煤矿工人开始罢工，抗议资本家对工人的残
酷剥削和胡作非为。罢工开始时，工人们打死了拒绝听取
工人要求的矿长瓦特兰。政府立即派遣军队前往镇压。拉
法格、盖得和法国工人党的其他领导人坚决支持罢工工人
的斗争。1886 年 6 月 3 日，巴黎的社会主义团体在水塔剧
场组织了有 1500 多人参加的大规模群众集会。拉法格和
盖得等在会上发表演说，声援德卡兹维耳的罢工工人。后
来，政府指控拉法格和盖得等人唆使抢劫，借口是拉法格
在演说中有几句涉及法国大资本家路特希尔德，其中一句
是："路特希尔德惯于吃好的，好吧，以后他吃的东西，非
要他出大价钱不可，比方说，一个羊排十万法郎。"而盖
得则说过这样一句话："当革命的那一天到来时，必须使用

---

① 《恩格斯与保尔·拉法格、劳拉·拉法格通信集》第 1 卷第 361 页。

枪杆子求解放。"8月12日，巴黎刑事法院对拉法格、盖得等进行审讯，但他们拒绝出庭。十二三名陪审官竟判处拉法格等六个月的徒刑和一百法郎罚款。拉法格和盖得等人不服判决，向塞纳省刑事法院提出上诉。9月24日，塞纳省刑事法院陪审团不得不宣布他们无罪释放。在法庭上，拉法格表现得非常英勇，他们把法庭变成宣传社会主义的讲坛。劳拉曾这样描述开庭的情景："像星期五下午在刑事法院发生的那种事情，我看是见所未见，闻所未闻。三位社会主义者极其冷静、从容不迫地接连好几个小时发表演说，丝毫也不为自己的行为辩解，而只是为了开导愚昧无知的庭长和陪审官们，阐明科学社会主义学说，响亮地宣布一个新社会制度即将来临。于是，陪审官赶紧宣告他们无罪，全场一致热烈鼓掌！"①经过将近五个月的英勇斗争，德卡兹维耳罢工在1886年6月中旬胜利结束了。恩格斯认为，这次罢工是"具有世界历史意义的事件"②。

从1885年8月29日起，法国工人党开始出版《社会

---

① 《恩格斯与保尔·拉法格、劳拉·拉法格通信集》第1卷第481页。
② 《马克思恩格斯全集》第36卷第499页。

主义者报》周刊①，作为党的机关报。拉法格从该报创刊时起就担任编辑部成员。几乎在每一期报纸上都有他的文章，有时甚至有两三篇。这些文章的内容非常广泛，涉及各种各样的问题。他无情地抨击第三共和国的资产阶级统治集团的政策，还论述法国的财政状况、农业危机、关税政策等。1887年，拉法格在《社会主义者报》第113—116号上连续发表了题为《革命的次日》的论文，对无产阶级在取得政权后所面临的任务和应采取的措施作了探讨。拉法格认为，无产阶级在取得胜利后，面临着三项巨大的任务：

一、组织革命政权并采取措施保卫这个政权；

二、立即满足人民的迫切需要；

三、推翻资本主义制度并奠定社会主义制度的基础。

拉法格十分强调在革命胜利后必须武装工人并按照军事方式把他们组织起来，取缔一切反动党派并坚决镇压反革命分子的破坏活动。他还主张，在革命后的相当长的时期内剥夺所有原先的资本家的选举权，只有当革命政权得到巩固的时候，才能实行真正的普选权。关于这个问题，

---

① 该报在1887年3月26日停刊。1887年6月11日至1888年2月4日再次出版。

列宁后来多次指出，必须根据具体的时间、地点和条件来决定无产阶级在取得政权后要不要剥夺资本家选举权的问题。俄国布尔什维克在十月革命后剥夺了所有原先的资本家的选举权，这是由当时俄国具体情况决定的，而不是在任何时候、任何形势下都必须这样做。[①]

拉法格认为，革命政权必须立即采取满足工人们的最迫切需要的措施，把工人们吸引到社会主义方面来。拉法格列举了以下一些可以实行的措施：

颁布法令，宣布所有房屋都是国家财产，对住房进行登记，将游手好闲的富人迁出他们的豪华私邸，而让工人们搬进去居住；

把大商店收归国有，在每一个街区和街道都成立专门委员会，负责分配这些大商店的东西；

在各街区设立大的共产主义食堂，向居民无偿地提供食品；立即安排市镇的粮食分配；同市郊的菜农签订合同，使生产者和消费者免除中间人的盘剥；

采取有利于农民的措施，把他们争取到革命方面来，例如取消抵押贷款和各种债务，废除各种租税，向农民提

---

① 参见《列宁选集》第 3 卷第 501 页。

供优质种子和肥料，等等。

拉法格认为，采取了这些社会主义措施的政权就会是不可战胜的，它将会得到广大工人的支持。尽管拉法格提出的这些措施有的过于具体，有的带有空想社会主义的痕迹（如关于大的共产主义食堂的设想），但总的说来是同马克思主义的基本原则相一致的。

拉法格在这一著作中还论证了破坏旧的资产阶级国家机器的必要性。他写道："国家是为了替资本家利益服务以及镇压和奴役无产阶级群众而精巧地建造成的机器"，革命政权"必须破坏资产阶级机器，完全依靠按社会主义方式组织起来的无产阶级群众并奠定新制度的最初基础"。[①]他认为，应该由工人选举厂长、工程师和车间主任，并且在相互之间分配经营所得的收入。"在革命的次日，革命政权所代表的民族把劳动工具交给生产者支配；一些专门委员会负责确定各企业承担的职责范围，也就是对向企业提供的效劳的报酬，对折旧、修理和改善设备所作的扣除，并确定为了使社会全体成员都得到粮食、住房和衣服必须向社会基金提交的数额。"[②]

---

① 《拉法格文选》上卷第 259 页。
② 《拉法格文选》上卷第 260 页。

拉法格认为，在实现共产主义社会之前，"必须经历一个过渡时期，在这一时期里，还不得不保存货币形式的工资，并且根据向社会提供的效劳以及所作的努力确定工资额"①。他坚决反对那种认为实现社会主义只有一种模式的观点，强调各国无产阶级可以根据本国的具体情况采取不同的道路走向社会主义。他写道："十分可能的是，社会主义者提出的各种不同改造方式将根据各种条件不同地配合起来。"②

拉法格的这篇文章中有一些提法是不确切的。例如，他认为，在建立革命政权后，"不应当使国家继续成为邮政局和电报局的主人，铸造货币，管理铁路（它已经在几乎所有的资本主义国家中这样做了），不应当使国家成为棉纺厂的主人、工厂的厂长等等——像拉萨尔所希望的那样，而应当使工人们自己成为自己的主人和老板，自己的厂长"③。他在正确地强调必须发挥工人在生产中的主人翁作用的同时，反对无产阶级国家对生产进行任何干预，这显然是片面的，是无政府主义残余影响的表现。此外，他

---

① 《拉法格文选》上卷第 260 页。
② 《拉法格文选》上卷第 261 页。
③ 《拉法格文选》上卷第 266 页。

还说："我们认为，通过建立革命政权这一事实本身，国家及其所有的机关（邮局、电信局、警察、官吏、军队、国债等）都将废除。"[①] 这种把邮局、电信局同警察、军队、官吏等并列起来，要求无产阶级取得政权后一概加以废除的说法，也是不恰当的。他的意思可能是要求把邮局、电信局等交给工人直接管理。

拉法格认为，革命政党将遇到三个阶级：工人阶级、农民阶级和资本家阶级及其附属物小工商资产阶级。他把农民阶级看作一个整体，而未作具体分析，从而把剥削他人劳动的富农同自食其力的小农和出卖劳动力的雇农当作一个阶级，这种观点是不正确。在 1894 年通过的法国工人党南特土地纲领中，这种错误观点得到了进一步的发挥。

尽管有这些缺点和不足之处，但是《革命的次日》一文基本上坚持了革命的马克思主义立场，标志着拉法格的思想发展进入了更加成熟的阶段。

19 世纪 80 年代下半期，拉法格还对资本主义社会的犯罪现象做了深入的调查研究。1890 年，他在《新时代》

---

① 《拉法格文选》上卷第 259 页。

杂志上发表了题为《1840—1886年法国的犯罪现象（它的发展和原因）》的长篇论文，批驳了意大利资产阶级犯罪学家切扎雷·龙勃罗梭的理论。

拉法格指出，对犯罪的原因进行理论探讨可以清楚地了解这个或那个社会的社会健康水平，因为犯罪行为的数量和性质是衡量一个社会的道德水平的独特的标尺。

拉法格揭露龙勃罗梭的犯罪学理论是站不住脚的。龙勃罗梭宣称犯罪行为是从有人类以来长期遗传的结果，是一种由先天决定的返祖现象。在他看来，现代犯人只是"文明时代的野蛮人"，是具有"嗜血本能"的人。拉法格在批驳这种谬论时指出："龙勃罗梭及其学派所持的出发点是，罪犯由于自己的解剖学上的特性生来就是为了犯罪的，就像梨树生来就是为了结梨子一样。"[①]

拉法格力图运用马克思主义观点来说明犯罪现象的根源和本质。他认为，犯罪行为的主要原因不能只用人的内在动机来解释："我们不应该从人的本身，从人的自由意志，从人的道德上的和肉体上的特性中去寻找犯罪的决定性原因；我们应该从人的外部，从他周围的环境中去寻找

---

① 梁赞诺夫编《拉法格选集》第2卷第363页。

这些原因。"①拉法格引用了大量的统计资料，绘制了许多图表，来说明犯罪现象及其性质和规律是同社会中发生的经济变动紧密联结在一起的。歉收、经济危机、破产等对犯罪现象的数量和性质都有影响。

拉法格在阐述犯罪现象的客观原因的同时，也指出了犯罪现象的主观原因。他认为犯罪的主观原因之一是酗酒。"大量喝酒在肉体上、智力上和道德上危害工人阶级，它是犯罪的真正原因之一。"②

为了消除犯罪现象，除了广大工人群众的革命改造活动之外，拉法格认为还必须对人们进行道德教育。

劳拉积极协助拉法格在法国开展传播马克思主义的活动。1885 年 8 月 29 日—11 月 1 日，《社会主义者报》刊载了劳拉翻译成法文的《共产党宣言》。恩格斯就此写信赞扬劳拉"译得恰到好处"，并且说："这本小册子是我们可以引为骄傲并能给读者提供原著概念的第一个法文本。"③恩格斯鼓励劳拉继续从事马克思主义著作的翻译工作，认为这会给法国工人带来很大的好处。劳拉曾协助恩

---

① 梁赞诺夫编《拉法格选集》第 2 卷第 361—362 页。
② 梁赞诺夫编《拉法格选集》第 2 卷第 374 页。
③ 《马克思恩格斯全集》第 36 卷第 361 页。

格斯校订他自己译成法文的《论蒲鲁东》一文并作最后润饰。1891年，劳拉还校阅了由腊威翻译的恩格斯《家庭、私有制和国家的起源》一书的法文本。此外，她把马克思1859年的《政治经济学批判》、恩格斯的《路德维希·费尔巴哈和德国古典哲学的终结》《德国的革命和反革命》《论早期基督教的历史》等著作译成法文。她还克服种种困难，翻译了《神圣家族》这部著作。这是劳拉对宣传科学共产主义理论的重要贡献，她认为这是自己义不容辞的职责，并为此而感到自豪。她在给恩格斯的一封信中写道："至于我，亲爱的将军，您是知道的，只要是个马克思主义者，是个恩格斯主义者，就能青春常在。"① 这段话充分表达了她的宽阔的革命胸怀。

3. 同资产阶级经济学家的论战

马克思亲自校订过的法文本《资本论》第一卷分为十五分册，在1872年9月至1875年11月出版。马克思认为，法文本《资本论》在德文本之外"有独立的科学

---

① 《恩格斯与保尔·拉法格、劳拉·拉法格通信集》第3卷第218页。

价值"①。法国政府起初曾想禁止它出版，但未能得逞；后来又企图以在报刊上对它保持沉默的办法来缩小它的影响，这种办法也遭到了失败。《资本论》在法国工人群众中得到愈来愈广泛的传播，发挥愈来愈大的影响。在这种情况下，法国资产阶级经济学家决定改变策略，开始在报刊上撰文歪曲《资本论》的内容，对它进行"讨伐"。在这方面最有代表性的人物是保尔·勒卢阿－博利约和莫里斯·布洛克。

保尔·勒卢阿－博利约是法国伦理政治科学院院士、法兰西学院政治经济学教授，又是《法国经济学家》杂志社社长。他在 1884 年出版了《集体主义——对社会主义的批判性考察》一书，并将其中某些章节在伦理政治科学院的会议上宣读。勒卢阿－博利约竭力攻击马克思关于价值和剩余价值的理论。他声称，马克思关于价值的定义是"完全虚构的"；马克思讲资本就是无偿劳动的说法是错误的，因为工人从自己的工资中还能有所积蓄。他力图证明资本家有权分享工人的劳动成果，利润是付给资本家的"管理报酬"，是他所承担的"风险"的产物。他还自我吹

---

① 《马克思恩格斯全集》第 44 卷第 27 页。

嘘说，在他的批判的打击下，"马克思的剩余价值理论像纸牌搭起的房子一样倒塌了"。他主编的《法国经济学家》杂志在刊登这本书问世的消息时声称："这本书在法国首次对现代社会主义学说进行了深刻的分析和科学的驳斥。"

面对资产阶级经济学家如此狂妄的挑战，拉法格决定立即应战。1884 年 6—7 月间，他着手写作反驳勒卢阿－博利约的文章，并请求恩格斯帮助。8 月，拉法格将手稿寄给恩格斯审阅。恩格斯读完后提出了详细的修改意见，并且指出了手稿中个别不正确的提法。恩格斯在给拉法格的信中写道："您把经济学上的'政治的和社会的理想'强加给马克思，马克思是会提出抗议的。"[①] 他指出，马克思在从事科学研究时不抱任何先入之见。他建议拉法格"从头至尾精心重读《资本论》"[②]，并且语重心长地说："事关重大。如果您出了差错，全党都要遭受损失。"[③] 拉法格遵照恩格斯的意见对文章作了仔细修改，并把它发表在莫利纳里主编的《经济学家杂志》1884 年 9 月第 9 期上，题目是《卡尔·马克思的剩余价值理论和保·勒卢阿－博利约

---

① 《马克思恩格斯全集》第 36 卷第 198 页。
② 《马克思恩格斯全集》第 36 卷第 199 页。
③ 《马克思恩格斯全集》第 36 卷第 199 页。

的批评》。

拉法格指出，马克思的《资本论》，用某些"有教养的"人的话来说，是"十分抽象、枯燥和难懂的"，但是它却被两半球的无产阶级接受了，理解了。全世界的社会主义者都从马克思的著作中吸取了行之有效的思想，并在自己的报刊上转载了这一著作的长篇摘录。这本书被译成各种文字，广为传播。

拉法格批驳了勒卢阿－博利约关于"资本在史前时期就已经存在"的论调，论证了资本不是万古不变的东西，而只是在商品生产和贸易已经达到一定的发展阶段才出现的暂时的现象。针对勒卢阿－博利约关于"野蛮人的石斧和鲁滨孙的手推车都是资本，正如挖土工人的铁铲和农民手工业者的织机也是资本一样"这样的说法，拉法格指出，虽然这些工具都是劳动产品，并能提高它们的拥有者的劳动生产率，然而它们只不过是劳动工具、生产资料。只有当这些东西成为生产剩余价值的手段时，它们才成为资本。

在谈到究竟谁创造了剩余价值这个问题时，拉法格指出，是雇佣工人的活劳动创造了剩余价值，而机器、原料等死劳动只能再生产自身的价值。他写到鞭子曾被当作提

高奴隶劳动生产率的劳动工具，但是鞭子也像机器和建筑物一样并不创造剩余价值，鞭子只不过从人类劳动中吸取剩余价值罢了。"①拉法格指出，勒卢阿－博利约关于机器和建筑物等能够创造剩余价值，因而剩余价值应当属于资本家的论调是荒谬的，它的目的不过是为资本主义制度辩护罢了。拉法格在文章的结尾指出：尽管勒卢阿－博利约自我吹嘘摧毁了马克思的剩余价值理论，但是，"恐怕社会主义的敌人在读了勒卢阿－博利约先生的《集体主义》后，会痛苦地发现，马克思的剩余价值理论仍旧是难于驳倒的"②。

拉法格的文章发表后，遭到资产阶级经济学家莫里斯·布洛克的攻击。布洛克在《经济学家杂志》上发表了题为《卡尔·马克思的〈资本论〉——关于一个反批评》的三封信。布洛克认为，"不确切的定义是马克思的全部论据的基础"。他硬说马克思虚构定义和先验论原则，并且攻击马克思的剩余价值理论。拉法格决定立即对布洛克进行回击。他认为，这是向广大群众阐述科学社会主义理论的极好机会，并且可以揭露资产阶级经济学及其最有

---

① 梁赞诺夫编《拉法格选集》第 2 卷第 482 页。
② 梁赞诺夫编《拉法格选集》第 2 卷第 485 页。

威望的代表的极端荒谬。他写了《卡尔·马克思的〈资本论〉和布洛克先生的批评》一文，刊登在《经济学家杂志》1884 年 10 月号上。他指出，马克思非但没有虚构定义和先验论原则，反而是形形色色的先验论概念的死敌。马克思从完全现实的经济现象（商品、商品流通、货币）出发，得出了雇佣工人的劳动创造了剩余价值的结论。接着，拉法格用十分简洁的语言阐述了马克思的价值和剩余价值理论，说明资产阶级经济学家对马克思的攻击都是站不住脚的。

恩格斯十分赞赏拉法格的文章，他在给劳拉的信中写道："保尔对布洛克的答辩，不仅文笔非常好，而且内容也非常好。各人有各人的学习方法，如果他在斗争中学习政治经济学，只要是学了，那也很好。"①

拉法格在 1892 年所写的《马克思的价值和剩余价值理论同资产阶级经济学家》② 一文中，说明马克思的经济理论并不是凭空臆造出来的，而是同他在经济科学中的前辈的理论有密切联系的。他写道："确实，就分析和概括的能

① 《马克思恩格斯全集》第 36 卷第 242 页。
② 这篇文章是为《新时代》杂志写的，该刊没有发表。后来发表在 1892 年《社会主义评论》第 16 卷第 93 期上。

力和深度来说，没有一个经济学家能同马克思相比，但是马克思也从来没有想过要自己臆造出一门全新的科学；相反，他从研究所有国家和所有时代的经济科学开始，尽量引用那些为他铺平道路的著作家的意见。"[1]他很深刻地说明了批判和继承的关系。

在19世纪90年代，拉法格还和意大利资产阶级经济学家维尔弗雷多·帕雷托进行了一场论战。事情是这样的：为了广泛传播马克思的经济学说，拉法格编了一本《资本论》第一卷的摘编，附有马克思的传略。巴黎吉约曼出版社在出版这本书时给它加上了意大利经济学家、洛桑大学教授帕雷托写的一篇"批评性"导言。

帕雷托在导言中指责马克思的著作缺乏逻辑，用感情代替论证。他认为，资本是由于节制消费而创造出来的；资本家完成着双重的职能，一是形成资本，二是积蓄资本；商品的价值取决于效用的极限程度。他写道："你建议用一桶水来交换我的一只表。我不是傻瓜，我拒绝这样的交换。但是，当我口渴得要命的时候，我就糊涂起来，用自己的表去换水，因为对我来说，水成为不可缺少

① 《拉法格文选》上卷第389页。

的东西。"①

拉法格写了《驳对卡尔·马克思的批评》②一文，对帕雷托作了回答。

拉法格指出，同帕雷托的论战实际上是同勒卢阿－博利约和布洛克论战的继续。帕雷托不愿意确定资本的含义，而把资本的概念扩及一切经济财富，这就使他可以把野蛮人的弓、鲁滨孙的劳动工具看作资本，从而力图证明，资本自古以来就有，而且将永远存在下去，资本同上帝一样永恒。实际上，野蛮人的弓和鲁滨孙的劳动并不是资本，而各种工厂和大地产成为资本，因为它们是剥削雇佣劳动的手段。

拉法格驳斥了资产阶级经济学家关于经济规律始终不变的说法。他指出，经济现象是不断变化的，所以经济规律也不断变化。例如，随着美洲和由好望角到印度的新航道的发现，市场扩大了，自由竞争便被宣布为政治经济学的无可争辩的教条；但是，随着谷物和畜类的生产过剩，出现了保护关税派，之后又产生了庞大的垄断组织，"使

---

① 马克思《资本论》，保尔·拉法格摘编，1893 年巴黎法文版。帕雷托的导言，在第 XXII–XXIII 页。

② 此文发表在巴黎出版的《社会发展》杂志 1896 年第 12 期上。

任何竞争都成为不可能"。①

拉法格最后指出，马克思并没有设计乌托邦，而是"分析了资本主义生产的现象，研究了这些现象的起源、发展，指出它们必然导致的终点。这个终点就是共产主义"②。

拉法格在同勒卢阿－博利约、布洛克和帕雷托等人的论战中，驳斥了资产阶级经济学家对马克思经济学说的种种攻击，捍卫了科学社会主义的基本理论，从而为在法国传播马克思主义作出了重大的贡献。这是拉法格的不可磨灭的历史功绩之一。

4. 战斗的文学评论

拉法格是杰出的马克思主义文学评论家之一，他把唯物主义辩证法运用于文艺领域，对雨果、都德、左拉和巴尔扎克等作家的作品作了评论。瞿秋白同志在 1932 年写的《拉法格和他的文艺批评》一文中指出："拉法格有许多著作和研究，对于马克思主义的文艺学是很可宝贵的。他的理论和实际行动是密切联系的，他文艺批评大半都是很

---

① 《拉法格文选》上卷第 173 页。
② 《拉法格文选》上卷第 176 页。

具体的，他的确把文艺批评当作阶级斗争的武器，而最主要的是他对于文艺现象同样有那种阶级的不调和精神。"①

1885 年 6 月 1 日，法国为刚刚去世的著名作家维克多·雨果举行国葬，巴黎三十万人护送雨果的灵车前往先贤祠，资产阶级报刊连篇累牍地发表赞扬雨果的文章，把他说成是"宇宙间最巨大的思想家"。当时正被囚禁在圣珀拉煮监狱中的拉法格对此十分反感。他根据从 1869 年起十多年间收集的资料，对雨果的一生作了研究，在狱中写了《雨果传说》一文，"企图将如此古怪、不为人所知的雨果的真实性格，大白于天下"②。但此文当时未能发表，直到 1888 年才首次用德文刊登在《新时代》杂志上。1891 年《社会主义评论》用法文发表了这篇著作，但编者特地附加声明："本文对雨果的看法是作者个人的看法……本刊不能对此负责。"

拉法格以讽嘲的笔调，描述了雨果一生政治立场的演变过程，谴责他是一个随风转舵的投机家和可耻的伪君子。他在 1830 年前是激烈的保王党和热烈的天主教徒，1830 年七月革命后转到共和派立场。但是，当他看到路

---

① 《瞿秋白文集》人民文学出版社 1953 年版第 1111—1125 页。

② 拉法格《文论集》人民文学出版社 1979 年版第 55 页。

易·菲利浦的七月王朝得到巩固，就立刻宣称"我们必须
'共和国'的实际，和'帝政'的名义"①。他表示拥护君主
立宪制。1848 年革命后，他又成为共和派。拉法格认为，
从表面上看，似乎雨果善变，因为他曾经接连地是波拿巴
分子、合法王室拥护者、奥尔良宗室拥护者以及共和分
子，但是稍加注意地研究一番之后，就显出实际上情况与
此恰恰相反，在任何制度下，雨果从未改变过他的行径；
他一直追求着的唯一目标是他的个人利益。他积蓄了 500
万法郎的巨产，临终前假惺惺地在遗嘱中"遗赠 5 万法郎
给巴黎的穷人"，却又不在这个遗嘱上签字。拉法格由此
得出结论：雨果是法国资产阶级的本能、热情和思想的最
完整最出色的体现者，"即使在最微小的行动中，雨果始
终是个资产者"②。

　　拉法格的这篇文章是在法国无产阶级和资产阶级之间
的阶级斗争日趋尖锐的情况下写成的。当时法国各资产阶
级党派力图把雨果变成他们欺骗劳动人民的工具并使统治
阶级内部互相争夺的各派联合起来的旗帜。拉法格想通过
对雨果的严厉抨击来揭露整个资产阶级，因此他对雨果采

---

　　①　拉法格《文论集》人民文学出版社 1979 年版第 75 页。
　　②　拉法格《文论集》人民文学出版社 1979 年版第 106 页。

取了十分严峻的态度。

但是必须指出，拉法格对雨果的评价是不公正的，带有很大的片面性。雨果作为法国文学史上积极浪漫主义流派的杰出代表，他的一生是曲折的，思想极为复杂。在他身上既有资产阶级的阶级烙印，又有对封建专制的残暴统治的强烈不满和对被压迫被侮辱的劳苦大众的深切同情。他曾对英法联军侵略中国、火烧圆明园的强盗行径表示极大的愤慨，强烈谴责帝国主义掠夺政策。他的许多著作具有高度的艺术性，贯穿着资产阶级人道主义精神。他的长篇小说《悲惨世界》《巴黎圣母院》等有着非常广泛的社会影响，被公认为世界文学宝库中的瑰宝，至今仍受到法国和世界各国人民的喜爱。拉法格对雨果采取全面否定的态度，这表明他在运用阶级斗争观点分析问题时，有时还存在简单化的倾向。

1891 年，拉法格在《新时代》杂志上发表了《左拉的〈金钱〉》一文，对艾米尔·左拉的作品作了评述。

拉法格高度评价左拉在《金钱》《妇女乐园》《萌芽》等小说中对资本主义社会的深刻揭露。他写道："在描写和分析现代巨人般的经济机体，以及它们对人类性格和命运的影响时，给小说开辟了一个新的道路，这是一种大胆的

事业；做了这样的尝试，已经足够左拉成为一个革新者，并且使他在当代文学中获得优选的位置和与众不同的地位。"① 他认为，小说《金钱》无论在细节的丰富，布局的巧妙，或者人物性格的突出等方面都是一部杰作。与此同时，拉法格尖锐批评了左拉在创作方法上的某些自然主义倾向和其他缺点。拉法格指出，尽管左拉有种种缺点和错误，但"他的那些小说仍然是我们这时代最重要的大事。它们获得巨大成功是应当的"②。拉法格特别重视《金钱》一书中对交易所投机活动的生动描述，他后来在《交易所的经济职能》一文中对交易所的作用从理论上作了深刻的分析。

同《雨果传说》一文相比，左拉的《金钱》这篇文章在把历史唯物主义运用于文学评论方面显得更为成熟了。

在 19 世纪 80 年代到 90 年代，拉法格还发表了《萨弗》（1886 年）、《法国舞台上的达尔文主义》（1890 年）和《浪漫主义的根源》（1896 年）等评论文章。前两篇文章是批评法国作家阿尔丰斯·都德的小说《萨弗》和剧本

---

① 拉法格《文论集》人民文学出版社 1979 年版第 132—133 页。
② 拉法格《文论集》人民文学出版社 1979 年版第 140 页。

《生存竞争》的。拉法格认为，都德为迎合资产阶级的需要而拼凑适合他们口味的作品，他把一个卖淫妇描写成资产者的理想情妇，公然提倡卖淫和姘居作为婚姻的补充。都德对达尔文主义一无所知，却把资产阶级社会中的弱肉强食现象归罪于达尔文的生存竞争学说。拉法格指出："都德之流看不见不可避免地造成竞争及其后果的是我们的社会关系，而不是某些学说。人与人之间互相交锋的无情的经济斗争并不是达尔文的一套学说的后果，他的学说不过是把现代的竞争的规律应用到动植物生活上去而已。"[1]拉法格在正确地批评都德作品中的上述问题的同时，对于其中的一些积极的因素，例如，都德对资产阶级生活某些方面的嘲讽和对普通劳动者的同情，没有给予应有的肯定，这不能不说是一个缺点。

在《浪漫主义的根源》一文中，拉法格研究了浪漫主义这一文学流派的形成和发展的经过及其实质。他指出，作家在进行创作时，不能不受到周围环境的影响。文学艺术作为社会意识的一种形式是有阶级性的，标榜"为艺术而艺术"的浪漫主义文学实际上是一种阶级文学。他写

---

① 拉法格《文论集》人民文学出版社 1979 年版第 116 页。

道："浪漫主义，尽管有'为艺术而艺术'这样的原则，却从来没有放弃对政治斗争与社会斗争的关注；浪漫主义始终明目张胆地拥护篡夺了大革命成果的资产阶级。"① 但是，拉法格没有把 19 世纪初以夏多布里盎为代表的反动浪漫主义同以雨果为代表的积极浪漫主义严格区别开来，而是一概否定，这显然是不恰当的。

拉法格对语言学也作了有独到见解的研究。他在 1888 年以菲格斯的笔名发表在《新时代》杂志第 51 期上的《革命前后的法国语言》一文曾受到恩格斯的好评。

拉法格认为，语言是一种处于不断地变化过程中的社会现象。他写道："一种语言和一个活的机体相似，有生，有长，也有死灭。"② 语言中的变化归根结底可以从社会环境的变化中去寻找原因。"语言反映人的变化以及人在发展中所依存的环境的变化所发生的影响。人们生活方式的变化，例如从田野生活过渡到城市生活，以及政治生活上的大事件，都在语言上留下印记。"③ 他特别强调，一种语言不能和它的社会环境隔离，正如一种植物不能离开它的

---

① 拉法格《文论集》人民文学出版社 1979 年版第 207 页。
② 拉法格《文论集》人民文学出版社 1979 年版第 211 页。
③ 拉法格《文论集》人民文学出版社 1979 年版第 212 页。

气象环境一样。他举例说，希腊文 nomos 这个词最初的意思是草原、牧场，接着作居留、住处和分配等解释，最后作为习惯、风俗和法律之用。"Nomos 这个词的不同意义表明一个游牧民族经历了不同的阶段，而变为定居的，农业的民族，并且得到了法律这个概念，法律无非是习惯和风俗的规章化。"[①]

拉法格着重分析了 1789 年法国资产阶级革命前后法国语言的变化，说明语言的改造和资产阶级的演变是齐头并进的。他指出："要寻找语言现象的理由，有必要认识和了解社会和政治的现象，语言现象无非是社会和政治现象的结果。"[②]

拉法格在这一著作中有时使用"贵族语言"和"资产阶级语言"这样的说法，有人援引拉法格的这些话，说他承认语言的"阶级性"，似乎他否认全民的民族语言的必要性。这是不符合事实的。从上下文可以看出，拉法格在使用"贵族语言"和"资产阶级语言"这样的说法时，他指的是贵族和资产阶级的习惯语和行话，而不是阶级语言。拉法格从来也不否认全民的民族语言的存在。当然，

---

① 拉法格《文论集》人民文学出版社 1979 年版第 212 页。

② 拉法格《文论集》人民文学出版社 1979 年版第 243 页。

把这些习惯语和行话说成"贵族语言""资产阶级语言"是不够确切的，容易引起误解。

拉法格在这本小册子中还谈到，法国在 1789 年到 1794 年之间突然完成了语言革命。[①] 斯大林在《马克思主义和语言学问题》一书中曾对此提出批评，认为拉法格的说法是不正确的，那时在法国没有任何语言革命，更谈不上什么突然的语言革命。[②] 但是，从上下文看，拉法格所说的"语言革命"主要是指单词、词句和短语方面的变化，而不是基本词汇和语法结构的彻底变革。拉法格是承认语言的相对稳定性的。他指出："涌现于 1789 年与 1794 年之间的语言并不是新的。"[③] 可见，他并不承认在语言发展中有突然的爆发，也不认为语言的发展是通过旧语言的突然死亡和新语言的突然创造而实现的。当然，拉法格关于"突然完成了语言革命"这样的说法是欠妥，容易产生歧义的。

拉法格的文学评论和语言学研究著作富有战斗性，文笔简洁明快，风格幽默机智，资料丰富详尽，逻辑严密。

① 拉法格《文论集》人民文学出版社 1979 年版第 260 页。
② 《斯大林选集》下卷第 518 页。
③ 拉法格《文论集》人民文学出版社 1979 年版第 281 页。

这些著作虽然有一些缺点和不恰当的用语，但是它们对于运用马克思主义研究文学和语言学作出了有益的贡献，至今值得我们学习。

第五章

第二国际的创建者之一

1. 为筹备巴黎国际代表大会而四处奔走

第一国际解散后，在 19 世纪 70 年代下半期和 80 年代初，曾先后召开过几次国际社会党人代表大会，如 1877 年 9 月在比利时召开的根特代表大会和 1881 年 10 月在瑞士召开的库尔代表大会，讨论重建国际的问题。但是，参加这些会议的只是部分国家的社会党和工人组织的代表。大多数与会者认为，各国工人政党还处于草创阶段，发展很不平衡，还不具备建立新的国际组织的条件。

拉法格对于建立新的国际的问题十分关心。他认为，新的国际不应当也不可能是简单地恢复旧的国际。他在 1881 年 7 月 12 日给盖得的信中写道："国际曾经起了重大的作用，它使工人阶级行动起来，我们必须重建国际。但是，我们不应当像在帝国时期那样通过一次国际的行动，而应当建立各国的组织，当这些组织变得相当强大时，就可以建立新的国际了。"[①] 可见，拉法格认为，在建立新的国际之前，必须先建立各国的社会主义政党，并使之发展

———————

① 茹尔·盖得和保尔·拉法格等《法国工人党的诞生》第 136 页。

壮大。这个看法是十分深刻的。

可是，一些国际工人运动的老活动家渴望恢复旧的国际。德国社会民主党的老战士约·菲·贝克尔在 1882 年 2 月 1 日写信给恩格斯，建议成立一个类似国际工人协会的新的国际。恩格斯在复信中写道："我们已经考虑过你的建议，认为实行这个建议的时机还没有到来，但是，它很快就会到来的。"① 他举出三条理由说明还不具备成立新的国际的条件：第一，一个新的国际在德国、奥地利、匈牙利、意大利和西班牙都只能引起新的迫害，在这种情况下，如果使国际成为秘密组织，就会产生阴谋和暴动的欲望，甚至会让密探混进来；第二，法国的马克思派和可能派还争吵不休；第三，英国工联领导人害怕马克思主义，很难同他们一起合作。恩格斯认为，国际实际上继续存在着，各国革命工人之间的联系还是保持着，每一个社会主义报刊都是一个国际的中心，目前让这些小中心聚集在一个大的主要中心的周围并不会给运动带来新的力量，而只能增加摩擦。只有在各国工人运动普遍高涨的基础上，才可能建立新的国际，但那时，它"再也不会是一个宣传的

---

① 《马克思恩格斯文集》第 10 卷第 476 页。

团体，而只能是一个行动的团体了"[1]。拉法格是完全赞同恩格斯的这一看法的。

从 19 世纪 80 年代下半期起，随着欧美国家中资本主义的发展，工人运动走向高潮。除了 1886 年法国德卡兹维耳矿工大罢工之外，1886 年 5 月 1 日美国 35 万工人举行了总罢工，要求实现八小时工作制。5 月 4 日，芝加哥工人在秣市广场举行集会，遭到军警残酷镇压，几名工人被打死，200 多人受伤，7 名工人被当局判处绞刑。恩格斯认为，"土生土长的美国工人群众参加运动，是 1886 年最重大的事件之一"[2]。1888 年，25000 名柏林泥瓦匠和木匠举行了两个月的罢工。1889 年，英国码头工人和德国鲁尔地区的矿工先后举行了大罢工。工人们在斗争中得到了锻炼，迫切要求加强国际联系，以便互相支援。

在 19 世纪 70 年代和 80 年代，马克思主义得到进一步的传播，各种社会主义刊物雨后春笋般在各国创办起来。马克思和恩格斯的著作被译成各种文字出版，受到先进工人的热烈欢迎。蒲鲁东主义、布朗基主义、巴枯宁主义和拉萨尔主义在工人运动中的影响大大削弱。

---

① 《马克思恩格斯文集》第 10 卷第 478 页。

② 《马克思恩格斯全集》第 36 卷第 470 页。

在欧美各国，除了原有的一些社会主义政党（例如，德国社会民主党和法国工人党）继续得到巩固和发展外，在奥匈帝国、意大利、英国、比利时、荷兰、波兰、瑞士、瑞典等国也相继建立了社会主义政党。虽然这些政党在工人群众中的影响及其理论水平各不相同，有的还没有完全摆脱各种小资产阶级社会主义的思想束缚，在党的领导人中间还有一些改良主义者和无政府主义者，但是这些政党的建立和发展，标志着国际工人运动进入了向横广方向发展的新的历史时期，从而为建立新的国际无产阶级组织准备了条件。

但是，一些改良主义者力图把建立新的国际的主动权掌握在自己手里。早在1883年10月29日—11月3日，法国可能派就在巴黎召开了一次国际工人代表会议，出席会议的大多数代表是可能派的成员，其中有布鲁斯、若夫兰、夏贝尔、阿列曼等；外国代表寥寥无几，只有来自英国、比利时和意大利的几个人，其中大部分是英国工联分子。这次会议通过了一些充满改良主义精神的决议，却自称是国际无产阶级的利益的代表者和国际工人协会的继承者。可能派在会议结束时举行的宴会上竟宣布："国际工人协会已经复活了。"①可能派的这种行为引起各国革命社会主义者的极大不满。当时拉法格和盖得正被囚禁在圣珀拉惹监狱里，未能采取有力措施阻止可能派的这一行动。1886 年 8 月 23—29 日，可能派又一次在巴黎召开国际工人代表会议，其参加者大多数是法国的可能派以及受其影响的工会组织的成员。德国、英国、比利时、瑞典、奥匈帝国的社会主义政党和工人组织也有个别代表出席了这次会议。但是，法国工人党和布朗基派被完全排除在外。会议根据可能派代表达尔和拉沃特的建议通过一项决议，委托法国社会主义工人联合会（即可能派）在 1889 年国际博览会期间组织巴黎国际工人代表大会。可能派力图达到两个目的，一是把自己装扮成法国唯一的真正的工人政党，同时贬低和抹杀法国工人党和布朗基派在法国工人运动中的地位；二是利用各国无产阶级组织对于国际团结的渴望，建立一个由他们控制的改良主义的国际组织。

可能派在国际上得到英国工联领导人的支持。1888 年 11 月，英国工联在伦敦召开的国际工会代表大会也委托法国的可能派负责 1889 年国际工人代表大会的筹备工作。

---

① 转引自塔尔塔科夫斯基《国际无产阶级的顾问和导师》1966 年莫斯科俄文版第 157 页。

　　法国工人党在工人中的影响日益加强。1886 年在法国议院里成立了由两位工人议员巴利 ① 和卡梅利纳 ② 组成的工人党团，恩格斯认为，这是一件具有划时代意义的事情。1886 年 10 月，在里昂召开了第一次全国工会代表大会，在盖得派的影响下，大会通过了关于争取消灭私有制、建立集体所有制的决议并要求实现八小时工作制。大会还决定建立法国工会全国联合会。恩格斯对于法国工人运动的发展感到十分高兴。他写道："在法国，一个了不起的运动又在飞速发展着，而最好不过的是，我们的人——盖得、拉法格、德维尔——是这一运动的理论上的领导人。" ③

　　为了粉碎可能派篡夺国际工人运动领导权的阴谋，拉法格和法国工人党的其他领导人在恩格斯的具体领导下，同奥古斯特·倍倍尔、李卜克内西以及其他国家的社会主义政党的领导人密切配合，积极行动起来。

　　德国社会民主党在 1887 年 10 月举行的圣加仑代表大会曾通过一项决议，"责成党的代表，和其他国家的工人

---

　　① 艾米尔·约瑟夫·巴利（1854—1928），德卡兹维耳矿工罢工的积极参加者（1886），多次被选为众议院议员，1900 年起为朗斯市市长。

　　② 泽菲兰·卡梅利纳（1840—1932），是巴黎公社的参加者，公社失败后流亡英国，大赦后回到法国，1885 年起是众议院议员，1920 年加入法国共产党。

　　③ 《马克思恩格斯全集》第 36 卷第 471 页。

组织联合起来，于 1888 年秋天召开国际工人代表大会"，以便各国工人采取一致行动争取国际工人立法。① 为了争取同英国工联达成关于联合召开国际代表大会的协议，德国党的领导人曾前往伦敦同英国工联领导人进行会谈，但没有取得任何结果。1888 年 4 月 19 日和 27 日，拉法格写信给威廉·李卜克内西，认为在 1888 年召开国际代表大会过于仓促，他建议改为 1889 年在法国举行。

1888 年 10 月底和 11 月初在波尔多举行的法国工会全国代表大会和同年 12 月在特鲁瓦举行的法国各社会主义组织和工人团体的代表大会，通过了盖得派提出的 1889 年国际博览会期间在巴黎召开国际工人代表大会的建议。拉法格在 1888 年 11 月 27 日兴奋地写信告诉恩格斯："在波尔多代表大会上，我们成功地提出了召开国际社会主义工人代表大会的建议。我们将使之在特鲁瓦通过。负责在巴黎组织这次大会的是我们。"② 为了进行大会的筹备工作，成立了一个组织委员会，成员有布累、贝塞、瓦

---

① 《1863—1909 年社会民主党代表大会手册》1910 年慕尼黑德文版第 212 页。

② 《恩格斯与保尔·拉法格、劳拉·拉法格通信集》人民出版社 1981 年版第 2 卷第 181 页。

扬、盖得、德维尔、雅克拉尔、多马、拉法格、龙格和肖
维埃尔等。拉法格担任了组织委员会的外事书记，负责同
各国社会主义者进行联系和协商。他及时把大会筹备工作
的进展情况写信告诉恩格斯并且听取恩格斯的忠告。

　　1888年底—1889年初，李卜克内西在给恩格斯的信
中建议在南锡举行一次预备性国际会议。法国的盖得派、
布朗基派和可能派各派一名代表参加，其他国家的社会主
义者各派一名代表。恩格斯把李卜克内西的建议转告给拉
法格。拉法格原则上同意李卜克内西的这一计划，但鉴于
法国即将举行大选，建议会议延到2月中旬。最后，经过
协商，1889年2月，在荷兰海牙举行了国际代表大会的
筹备会议。拉法格作为法国马克思派的代表出席了这次会
议，博尼埃是翻译。可能派也受到邀请，但没有到会。代
表中间有两名德国人（倍倍尔和李卜克内西）、两名荷兰
人（多梅拉·纽文胡斯和克罗耳）、两名比利时人（安塞
尔和沃耳德斯）和两名瑞士人（赖歇耳和舍雷耳）。这次
会议决定1889年7月14日到21日在巴黎召开国际代表
大会，并且确定了三项议程：国际劳工立法，从法律上调
整工作日；对工厂、作坊以及家庭工业实行监督；实现
这些措施的手段和途径。会议出于策略上的考虑，承认了

1888 年伦敦国际工会代表大会授予法国可能派召开国际代表大会的委托，但是要求公布一个关于召开代表大会的共同通知书，由法国和其他国家的一切有关的党派签署，并规定：一、代表大会的召开日期；二、参加代表大会的主要条件；三、代表大会对议事规则和议程拥有主权，以便使代表大会具有真正的普遍性和国际性。会议参加者还达成协议，如果可能派拒绝接受这些条件，就将发表一个揭露可能派的联合声明，同时由比利时和瑞士社会党人负责发起在巴黎召开国际代表大会，召开时间改为 1889 年 9 月，会议的具体组织工作由法国马克思派承担。

拉法格对海牙代表会议的结果十分满意。他在给恩格斯的信中写道："可能派很可能会拒绝服从代表会议的决议，但是胜利无论如何是属于我们的了。"[①]

正如拉法格所预料的那样，可能派拒绝接受海牙代表会议的决议。他们得到以海德门为首的英国社会民主联盟的支持。海德门派的机关报《正义报》发表文章，声称只有可能派拥有召开国际代表大会的全权，并指责法国马克思派和德国社会民主党领导人进行分裂活动。而根据海牙

---

① 《恩格斯与保尔·拉法格、劳拉·拉法格通信集》第 2 卷第 214 页。

代表会议的协议，在可能派拒绝服从决议的情况下应承担召开国际代表大会的责任的比利时和瑞士社会党人，没有采取任何具体步骤来履行他们的诺言。此外，法国马克思派和德国社会民主党领导人之间在会议的具体日期等问题上发生了分歧。拉法格和盖得等坚持在 1889 年 7 月召开国际代表大会，而倍倍尔和李卜克内西则主张在 9 月开会。这些争论使国际代表大会有遭到失败的危险。

在这关键时刻，68 岁高龄的恩格斯放下了手头的一切工作，甚至《资本论》第 3 卷的编辑工作，"像一个少年一样投入战斗"①。他写信给拉法格，说服法国马克思派不要固执己见，鲁莽从事而把自己的事情弄糟。他写道："可能派已向全世界表明他们是错误的。现在你们应当注意，不要摆出一副想要对其他国家的社会主义者发号施令的架势，从而使自己也处于这种地位。"②拉法格虚心接受了恩格斯的意见。恩格斯还劝说倍倍尔和李卜克内西等同法国马克思派合作，使可能派孤立。此外，他还指导伯恩施坦写作两篇抨击文章《1889 年国际工人代表大会。答〈正义报〉》和《1889 年国际工人代表大会。答〈社会民主联

---

① 《列宁选集》第 1 卷第 205 页。
② 《马克思恩格斯全集》第 37 卷第 157 页。

盟宣言》，用英文在伦敦发表，详细说明了国际代表大会的筹备经过，公布了海牙会议的决议，揭露了可能派和英国海德门派破坏国际工人运动团结的阴谋。恩格斯的这些努力大大促进了国际代表大会的筹备工作。拉法格十分感激地在给恩格斯的信中写道："您可以为挽救了代表大会而自豪。"①

1889 年 4 月 21—22 日，比利时工人党在若利蒙举行的代表大会决定，既派代表参加马克思派召开的国际工人代表大会，又派代表出席可能派的代表大会。这意味着他们放弃了海牙代表会议授予他们的召开国际代表大会的全权。在这种情况下，恩格斯写信给拉法格，建议法国马克思派立即将召开国际代表大会的任务担负起来。与此同时，倍倍尔和李卜克内西等也同意法国马克思派在 7 月中旬召开国际代表大会。倍倍尔在致恩格斯的信中写道："李卜克内西和我已经商量好了，请拉法格和他的同志们自行发出于 7 月 14 日召开代表大会的邀请。"②

拉法格立即紧张地行动起来。他起草了召开国际代表大会的呼吁书《告欧美工人和社会主义者书》并于 5 月 6

---

① 《恩格斯与保尔·拉法格、劳拉·拉法格通信集》第 2 卷第 236 页。

② 《奥古斯特·倍倍尔与恩格斯通信集》1965 年海牙德文版第 357 页。

日将它寄给恩格斯审阅。在这个呼吁书上签名的有法国各
社会主义组织和工会组织的代表。恩格斯完全同意这个呼
吁书，并亲自把它译成德文。拉法格根据恩格斯的建议，
在法国其他社会主义者的参加下，在 5 月中旬起草了《组
织委员会关于召开国际社会主义工人代表大会的通知书》。
6 月 1 日，《社会民主党人报》发表了这个通知书，附有同
意召开大会的 12 个国家的 67 位代表的签名。其他国家的
社会主义报刊也纷纷转载了这个通知书。拉法格和劳拉不
停地写信给各国社会主义者，寄发通知书，以便争取更多
的支持者。他们还负责为代表大会筹款，租借会场，安排
代表的食宿以及其他事项，为此忙得不可开交。

　　恩格斯对于筹备工作的进展感到十分高兴。他在给左
尔格的信中写道："除社会民主联盟外，可能派在整个欧洲
没有得到一个社会主义组织的拥护。"他还说明了这场斗
争的实质："问题主要是在于：过去国际中的分裂和以前在
海牙的斗争，又提到日程上来了。这也是我大力进行工作
的原因。对手还是过去那个，只是无政府主义者的旗帜已
经换成了可能派的旗帜。"①

---

① 《马克思恩格斯全集》第 37 卷第 222 页。

在举行国际代表大会的方式问题上，拉法格担心由于可能派大会的竞争而影响马克思主义派代表大会的出席人数，怕别人议论会场一半空着，因此，主张白天讨论议程上规定的问题时举行秘密会议，晚上举行公开会议。而德国社会民主党领导人则主张公开举行，不开秘密会议，以便防止再次被指控为秘密团体。为此恩格斯特地写信给拉法格，说服他放弃秘密举行会议的主张。恩格斯指出，召开社会主义工人代表大会，是为了讨论诸如八小时工作日、女工和童工劳动法、废除常备军等一般性问题，这样的大会如果把公众拒之门外，是没有任何道理的。拉法格等接受了恩格斯的意见。

在大会召开的前夕，荷兰的多·纽文胡斯借口两个代表大会的议程相同，建议合并。丹麦的社会主义者也主张同可能派的国际代表大会联合，并要求把这个问题列入代表大会第一次会议的议事日程。拉法格对此表示坚决反对。他在给丹麦社会主义者的复信中指出："我们已决定本着对各国朋友友好的精神顺从联合的要求，但我们是不会提出联合的。第一，因为联合是没有意义的。根本不存在两个社会主义代表大会，可能派代表大会只不过是一个行帮的代表大会。第二，因为我们认为，可能派是激进派

和机会主义派内阁雇用来玩弄选举的把戏和分裂社会主义党的代理人。"① 拉法格的立场得到恩格斯的坚决支持。恩格斯认为，一味追求联合，会使主张联合的人走上一条最终和自己的敌人联合而和自己的朋友和同盟者分离的道路。联合需要有条件，没有这些，联合连两个小时也保持不了。

在恩格斯的指导下，经过拉法格、盖得、倍倍尔、李卜克内西以及其他社会主义活动家的共同努力，终于克服了种种障碍，使巴黎国际代表大会得以胜利召开。

2. 在第二国际成立大会上

1889 年 7 月 14 日，在巴黎人民攻克巴士底狱一百周年纪念日，国际社会主义工人代表大会在巴黎"彼得列尔"大厅隆重开幕。会场上悬挂着红旗以及用金色大字写成的标语："全世界无产者，联合起来！""以 1848 年 6 月和 1871 年 3 月、4 月和 5 月的巴黎和巴贝夫、布朗基及瓦尔兰的法兰西的名义向两大陆社会主义工人们致敬！"另一幅标语说明了工人政党的斗争目标："在政治上和经济上剥夺资本家阶级，实现生产资料公有化！"上午九时，

① 《恩格斯与保尔·拉法格、劳拉·拉法格通信集》第 2 卷第 313 页。

大厅里就已经座无虚席，来自22个国家和地区的393位代表出席了大会，其中有各国社会主义运动的著名活动家：拉法格、盖得、瓦扬、德维尔；倍倍尔、李卜克内西、蔡特金；爱琳娜·马克思－艾威林、莫里斯、凯尔·哈第；德·巴普；普列汉诺夫、拉甫罗夫；多·纽文胡斯；等等。拉法格曾一再邀请恩格斯出席大会，但恩格斯因忙于《资本论》第3卷的编辑出版工作，未能前往巴黎。

上午十时，拉法格代表大会组织委员会致开幕词。他参加起草的组织委员会的报告已预先印好，分发给各位代表。拉法格首先向来自全国各地和世界各国的代表们表示衷心的欢迎，特别欢迎德国的代表。尽管在德国《反社会党人非常法》继续生效，仍然有许多人到会，这表明在德国和法国的社会主义者之间没有沙文主义者所竭力煽起的那种盲目的仇恨。他说："聚集在这个大厅里的欧洲和美洲的代表并不代表他们各自的祖国，他们不是在三色国旗或任何其他国旗的标志下联合起来的。他们是在红旗，国际无产阶级的旗帜下联合起来的。"① 拉法格指出，1789年

---

① 《1889年巴黎国际工人代表大会会议记录》1890年纽伦堡德文版第1页。

法国资产阶级革命摧毁了封建主义的巴士底狱，仅仅是为了在全国建立资本主义的劳动巴士底狱。而今天聚集在一起的各国社会主义者的代表们都要完成不同于1789年革命事业的另一种事业。"他们不向1789年的'人权和公民权'顶礼膜拜，这种'人权和公民权'只不过是富人的公民权。"①拉法格呼吁各国无产者团结起来，反对共同的敌人——私人资本。最后，他建议选举李卜克内西和瓦扬为大会主席并主持第一次会议，以此表明德国和法国社会主义者之间的兄弟团结。这一建议得到全体代表的一致赞同。由于出席的代表愈来愈多，第二天大会改在较为宽敞的"巴黎幻想曲"大厅举行。

在马克思派的国际代表大会开幕的第二天，7月15日，可能派组织的国际代表大会也在巴黎朗克里街的工商协会大厅开幕。出席者共606人，其中524人是法国人，只有82名外国代表，而且多数是英国工联分子。比利时工人党的代表同时出席了两个会议。

在马克思派的国际代表大会上，科斯塔、沃耳德斯、纽文胡斯、德·巴普等提议同可能派的代表大会实行无条

---

① 《1889年巴黎国际工人代表大会会议记录》1890年纽伦堡德文版第2页。

件合并。拉法格坚决反对这种主张，他同盖得、德维尔、雅克拉尔和龙格提出一项决议案，要求停止关于两个代表大会合并问题的讨论，直至可能派的代表大会正式提出合并的建议。[①] 后来，拉法格等人撤销了自己的提案，而支持李卜克内西的另一个提案，其中说：只有当"另一个代表大会通过的决议能为我们的代表大会所有成员接受"，才能实现合并。[②] 大会最后以多数票通过了李卜克内西的提案，由于可能派拒绝接受李卜克内西的建议，顽固坚持合并的条件是重新审查马克思派代表大会的代表资格，合并最终没有实现。

接着，大会讨论了国际劳工立法、实现劳动保护要求的途径和手段、工人阶级的经济斗争和政治斗争、废除常备军和实行全民武装等问题，并通过了相应的决议。大会根据倍倍尔的建议通过的关于国际劳工立法的决议指出："只有作为一个阶级组织起来的无产阶级在国际上共同努力，只有无产阶级取得政权，剥夺资本家阶级的生产资料并把它变为公有财产之后，劳动和人类才能获得解放。"[③]

---

① 《1889 年巴黎国际工人代表大会会议记录》第 19 页。

② 《1889 年巴黎国际工人代表大会会议记录》第 16 页。

③ 《1889 年巴黎国际工人代表大会会议记录》第 121 页。

大会还根据法国代表拉维涅的建议，通过了关于庆祝五一节的决议，其中说："在一个规定的日子里，举行大规模的国际示威游行，以便在一切国家和一切城市，劳动者都在约定的同一天里要求各政府当局从法律上把工作日缩短到八小时以内，并实现巴黎国际代表大会的其他各项决议。"① 由于美国劳工联合会决定于1890年5月1日举行这种游行示威，所以国际游行示威也定于这一天举行。拉维涅在提出这项决议案之前曾把它提交给拉法格和盖得征求意见。拉法格完全赞同这个提案。倍倍尔和李卜克内西考虑到德国的具体情况，建议补充一句话："各国工人根据本国条件所允许的方式组织这种示威游行。"② 这一建议被大会通过了。从此，五一节成为国际无产阶级团结战斗的共同节日。

大会在关于实现劳动保护要求的途径和手段的决议中，规定"在瑞士或比利时的某个地方召开下一次国际代表大会，具体地点将在以后决定"③。大会委托瑞士和比利时社会党人负责下一次国际代表大会的筹备工作。7月20

---

① 《1889年巴黎国际工人代表大会会议记录》第123页。
② 《1889年巴黎国际工人代表大会会议记录》第123页。
③ 《1889年巴黎国际工人代表大会会议记录》第121页。

日晚，大会在"社会革命万岁！""社会共和国万岁！"
的口号声中胜利闭幕。

7月21日上午，拉法格同全体代表一起来到拉雪兹神
父公墓向公社社员墙献了花圈，各国代表还发表了演说，
一致强调："公社虽然失败了，但它是永存的。"

巴黎国际代表大会的胜利召开，挫败了可能派篡夺
国际工人运动领导权的狂妄野心，同时也给了否定政治
斗争的无政府主义者十分沉重的打击，从而有力地推动
了各国工人运动的发展，促进了在国际范围内争取劳工
立法的斗争，加强了无产阶级的国际团结和联系，为各
国社会主义政党在马克思主义基础上的进一步发展扫清
了道路。虽然大会没有正式宣告成立新的国际无产阶级
组织，也没有选举任何常设的领导机构，但是它标志着
第二国际的诞生。从此，每隔几年举行一次国际代表大
会就成为第二国际的主要活动方式。在各国党与党之间
的关系上，实行独立自主的原则。后来在1900年建立的
第二国际常设机构——社会党国际局也只是一个主要负
责通讯联络工作的执行机构，而不是凌驾于各国党之上
发号施令的领导中心。这种组织形式是同当时国际工人
运动的发展水平相适应的。

拉法格对于大会的成功感到欢欣鼓舞。他在大会结束后立即写信告诉恩格斯："代表大会终于闭幕了！我这下可以尽情地睡上一觉了。这半个月来，我总是深夜两点才睡，六点就得起床。白天则忙得不可开交。"[①]

在巴黎国际代表大会期间，法国工人党的代表曾单独举行两次会议，选举了党的全国委员会。拉法格同盖得、德维尔、德雷尔、卡梅斯卡斯、克雷潘和勒努瓦一起当选为全国委员会委员。这时，法国工人党的党员人数十分有限。据统计，法国工人党在 1889 年共有两千名党员。[②]为了使工人党成为法国群众性的工人阶级政党，还必须进行大量的艰苦工作。

3. 在布朗热运动的旋涡中

如果说拉法格在筹建第二国际的过程中起了积极的作用。那么，他在对待法国当时出现的布朗热运动的态度上则犯了错误。19 世纪 80 年代初，在法国执政的是温和的

---

① 《恩格斯与保尔·拉法格、劳拉·拉法格通信集》第 2 卷第 316 页。
①　《恩格斯与保尔·拉法格、劳拉·拉法格通信集》第 2 卷第 316 页。
②　克洛德·维拉尔《1893—1905 年的法国社会主义运动（盖得派）》1965 年巴黎法文版第 41 页。

资产阶级共和派，他们代表了一小撮大银行家、大工厂主和大商人的利益。他们上台前，为了击败企图复辟帝制的保皇派和教权派的竞争，骗取人民群众的支持，曾许诺要进行一系列民主改革；但是上台后，便背弃了自己的诺言，拒绝进行彻底的民主改革，竭力维护资产阶级的"秩序"，对外积极推行殖民主义政策。1885年3月，法国远征军在谅山之役中遭到惨败。广大人民对政府的殖民主义政策愈来愈感到不满。自从法国在普法战争中丧失了阿尔萨斯和洛林两省以来，法德两国关系一直处于极度紧张的状态。法国的沙文主义者不断鼓吹发动对德复仇战争，用武力收复阿尔萨斯和洛林，而以俾斯麦为首相的德国政府则企图利用法国的沙文主义宣传为借口，挑起一场先发制人的战争，摧毁法国的军事力量。正是在这种复杂的背景下，在法国出现了喧嚣一时的布朗热运动。

若尔日·厄内斯特·布朗热是一个政治冒险家，1871年曾作为陆军中校参加对巴黎公社起义的血腥镇压，1880年晋升为将军，1886—1887年先后在弗雷西纳内阁和果布累内阁中任陆军部长。他利用人民群众对执政的大资产阶级的政策的不满，提出修改宪法、解散议会的口号，并

且鼓吹对德国的复仇战争，以达到建立军事独裁的目的。
由于他在军队里进行了一些有利于士兵的改革，例如改善
士兵的待遇，建立一个保证士兵口粮的监督制度，他在士
兵中间获得了一定的声望。他还发表反对营私舞弊，要求
"整顿"共和国的言论，受到了相当大的一部分小资产阶
级和工人阶级落后阶层的欢迎。

　　布朗热的言行引起了法国资产阶级统治集团的不安，
他们担心德国俾斯麦政府在法国还没有作好充分准备的情
况下，利用布朗热的好战言论作为借口挑起战争，因此决
定"换马"。1887年5月18日，果布累内阁下台。新上
台的鲁维耶政府为了削弱布朗热在巴黎的影响，决定派他
到外省的克勒蒙菲朗去担任第十三军团司令官。但是，这
反而提高了布朗热的声誉。1887年7月8日，当布朗热离
开巴黎前往克勒蒙菲朗赴任时，他的追随者在巴黎里昂车
站举行了大规模的示威。

　　拉法格密切注视布朗热运动的发展。他在7月11日
致恩格斯的信中详细描述了巴黎十五万人在火车站为布朗
热送行的情景。他写道："巴黎人发疯了。对布朗热的热情
之高真难以想象，他是一个上帝，他的名字挂在每个人的

嘴上。"① 恩格斯在回信中把这种情况称作"布朗热热病的发作"②，认为必须提出武装人民的要求，"作为提防有名气的将军独裁欲望的唯一保证"③。

1888 年 5 月 1 日，《不妥协派报》发表了拉法格的文章——《布朗热主义和国会议员》，副题是《一个社会主义者的意见》。他写道："既然激进主义派和机会主义派的议员们什么都不想干，既然他们可耻地害怕布朗热这个妖怪，那就让他们把凡尔赛政府从我们手中夺走的武器还给我们吧。当全国武装起来，每个公民都有一支枪和五十发子弹的时候，那就不必外怕侵略，内怕独裁了。"④ 恩格斯认为这篇文章写得很好，既打击了资产阶级激进派，又没有对布朗热主义作丝毫让步，而且提出了普遍武装的要求。

但是，由于拉法格对布朗热运动的阶级实质及其危险性缺乏清楚的认识，错误地认为可以利用它来反对资产阶级激进派。他写道：布朗热的力量"完全来自对共和国怀

---

① 《恩格斯与保尔·拉法格、劳拉·拉法格通信集》第 2 卷第 44 页。

② 《恩格斯与保尔·拉法格、劳拉·拉法格通信集》第 2 卷第 44 页。

③ 《恩格斯与保尔·拉法格、劳拉·拉法格通信集》第 2 卷第 46 页。

④ 《恩格斯与保尔·拉法格、劳拉·拉法格通信集》第 2 卷第 127 页。

着模糊的幻灭感的劳苦大众。既然人民和他在一起，他所具备的就不是政变而是革命的原动力"①。他还说，布朗热运动"是一种真正的人民运动，如果任它自由发展，还有可能具备社会主义的形式"②。他甚至认为，"逆布朗热潮流而上是办不到的。全国都发了疯，必须把这位将军撇在一边，无情地打击要对目前的混乱负责的激进派"③。这表明，拉法格在错误的潮流面前有些不知所措了。

恩格斯严肃批评了拉法格对布朗热运动的错误态度。他指出，布朗热运动并不代表人民的利益，布朗热之所以获得一时的声望，主要是由于人民对资产阶级统治集团政策的不满。他强调说："不要把这个混乱的、庸俗的、本质上是沙文主义的运动，当作真正的人民运动。"④他要求拉法格和法国工人党其他领导人同布朗热主义划清界限，坚持自己的独立路线。他向拉法格指出："你们由于仇恨激进派而同布朗热派勾勾搭搭，向他们献殷勤，其实你们很容易攻击这一派也攻击那一派，这里丝毫不能模棱两

---

① 《恩格斯与保尔·拉法格、劳拉·拉法格通信集》第 2 卷第 125 页。
② 《恩格斯与保尔·拉法格、劳拉·拉法格通信集》第 2 卷第 138 页。
③ 《恩格斯与保尔·拉法格、劳拉·拉法格通信集》第 2 卷第 187 页。
④ 《恩格斯与保尔·拉法格、劳拉·拉法格通信集》第 2 卷第 141 页。

可，你们对这两个党派的独立立场也不容有任何怀疑。"①
恩格斯特别强调，对群众潮流要加以分析，对错误的潮流，必须坚决抵制。他写道："如果我们不去**阻挡**暂时陷入愚蠢举动的民众潮流，那么，真是活见鬼，我们的任务究竟是什么呢？"②

当时布朗热的大本营是设在巴黎塞兹街的"全国抗议委员会"，主要成员有罗什弗尔、戴鲁累德、纳凯、莱桑和拉盖尔等，以三色绶章为会徽，并且出版《徽章报》作为自己的喉舌。由此他们通常被称作"塞兹派"。布朗热为了获得保皇派的支持，私下同波拿巴派的首领拿破仑亲王和奥尔良派的首领巴黎伯爵建立了联系，并从那里得到大量活动经费。反对布朗热的资产阶级共和派在巴黎卡德街成立了"保卫人权同盟"，通常称为"卡德派"。以布鲁斯为首的可能派也加入了保卫人权同盟，完全听命于资产阶级共和派，拉法格讥笑他们是"激进派和机会主义派的推销员"③。布朗基派在布朗热问题上发生了分歧，以格朗热为首的少数人站到了布朗热主义一边，而以瓦扬为首的

① 《恩格斯与保尔·拉法格、劳拉·拉法格通信集》第 2 卷第 183 页。
② 《恩格斯与保尔·拉法格、劳拉·拉法格通信集》第 2 卷第 210 页。
③ 《恩格斯与保尔·拉法格、劳拉·拉法格通信集》第 2 卷第 146 页。

多数人同法国工人党采取一致立场。

1889 年 1 月 27 日，在塞纳省的议会补选中，塞兹派提名布朗热为候选人，卡德派提出雅克来同布朗热竞选，而法国工人党和布朗基派推举布累为"反卡德派和反布朗热派的革命社会主义"候选人。选举结果，布朗热获得大胜，以 24.4 万票当选为议员，雅克获得 16.2 万票，而布累只得到 1.6 万票。巴黎街头出现了"布朗热万岁！"之类的标语，形势十分紧张，布朗热派蠢蠢欲动，准备发动一场政变。但是，布朗热自以为在即将到来的全国大选中定能获胜，拒绝了他的追随者提出的发动政变的建议。

1889 年 2 月 23 日上台的蒂拉尔政府决定采取行动来除掉布朗热。惯于玩弄政治手腕的内政部长厄内斯特·孔斯旦故意散布政府计划于 4 月 1 日逮捕布朗热的消息，吓得布朗热在 3 月 14 日急忙逃到布鲁塞尔，虽然在朋友们的劝说下两天后又回到法国，但是孔斯旦迫使他在 4 月 1 日第二次逃到国外。4 月 4 日，政府要求众议院剥夺布朗热的议员不可侵犯权，接着又颁布一项法令，要求参议院于 12 日组成最高法院，"以确定应由布朗热先生承担责任的阴谋危害国家安全的活动"[1]。布朗热怯懦的逃跑行为使他的声望一落千丈，失去了许多拥护者。他同保皇派的秘密勾结的被揭露给了布朗热运动十分沉重的打击，使之迅速走向低潮。

1889年秋，法国进入大选。拉法格起初被提名为巴黎第五选区以及阿维尼翁的候选人。他在法国工人党和中央革命委员会联合发表的竞选宣言上签了名。这个宣言提出了既反对以费里和克列孟梭为首的资产阶级共和派，也反对布朗热派的口号。宣言明确宣布："不要赛里，也不要布朗热！不要塞兹街，也不要卡德街！我们要平等的社会共和国。"[2] 这个宣言还说："让各资产阶级政党去互相搏斗吧，如果我们介入这场斗争的话，只有把他们双方都痛打一顿。"[3] 同拉法格原先的立场相比，这个宣言显然是一个进步，它的精神是基本上符合恩格斯所说的"第三条出路"的。恩格斯在1888年6月3日致劳拉的信中指出："当然，如果法国人认为，不是个人专权，就是议会政权，

---

[1]　转引自《恩格斯与保尔·拉法格、劳拉·拉法格通信集》第2卷第237页。

[2]　亚历山大·泽瓦埃斯《一八七一年后的法国社会主义》第205页。

[3]　亚历山大·泽瓦埃斯《一八七一年后的法国社会主义》第205页。

此外别无出路，那他们最好放弃出路。我希望我们的人去做的是：指出除了这种虚假的二难推论（只有粗俗的庸人才使用这种推论）以外，还有现实的第三条出路。"① 但是，总的说来，拉法格等对布朗热运动及其体现的沙文主义狂热没有进行有力的批判。在这样一场重大的斗争中，法国工人党表现得软弱无力，没有起到它应起的作用，这严重削弱了它在工人群众中的影响。

1889 年 8 月，由于巴黎第五选区决定不推举拉法格为候选人，拉法格不得不转到圣阿芒参加竞选。但是，他在 9 月 22 日的第一轮投票中只获得 1200 多票，从而落选了。在这次大选中，共和派获得了 366 个席位，而布朗热派只获得 45 个席位。这标志着布朗热运动遭到惨重的失败。1890 年 4 月，布朗热派又一次在巴黎市镇选举中惨败。1891 年 9 月 31 日，穷途末路的布朗热在比利时自杀身亡。这场喧嚣一时的沙文主义闹剧终于不光彩地收场了。

在大选结束后，拉法格在 1889 年 11 月 4 日的信中向恩格斯报告了关于在众议院和市镇参议会中建立社会主义

---

① 《马克思恩格斯全集》第 37 卷第 63 页。

党团的计划："凡是在当选过程中和费里派及布朗热派没有
牵连的社会主义派议员组成一个议会党团，由盖得担任领
薪水的秘书。这个党团将发表一项我们已拟好的声明，申
明自己独立的社会主义的性质，宣布自己迫切的任务是促
使 1889 年国际代表大会的决议在议会中获得胜利建。"① 这
个计划是瓦扬、盖得、德维尔和拉法格一致同意的，费鲁
耳、克吕泽烈、提夫里埃、拉希兹、博丹等都表示同意参
加。瓦扬、龙格、多马、恩贝尔、肖维埃尔等试图在市参
议会中组织一个类似的党团。拉法格认为，这两个党团联
合起来，再吸收议会以外的社会主义者，就可以成为社会
主义党的中央代表机构。恩格斯赞同拉法格等提出的这一
计划，认为这是建立一个统一的工人政党即"布朗基派和
马克思派联合的（或者是根据联盟的原则）中央委员会"
的决定性步骤。②

　　11 月 19 日，巴黎社会主义者举行公开集会，庆祝由
克吕泽烈、博丹、拉希兹、费鲁耳、布瓦埃、提夫里埃和
古久里等七人组成的社会主义议会党团成立，盖得被任命
为议会党团的秘书。拉法格后来写道："虽然社会主义政党

① 《恩格斯与保尔·拉法格、劳拉·拉法格通信集》第 2 卷第 361 页。
② 《马克思恩格斯全集》第 37 卷第 297 页。

的杰出成员瓦扬、盖得、德维尔没有进入议会，然而也可以说，这个政党现在在法国第一次有了议会领袖，法国社会主义的一个新时期开始了。"①

4. 领导法国工人庆祝 1890 年五一国际劳动节

第二国际成立后，拉法格和法国工人党其他领导人致力于贯彻 1889 年巴黎国际代表大会的各项决议，其中包括关于庆祝五一国际劳动节的决议。在工人党的领导下，法国无产阶级积极行动起来，在巴黎和外省分别成立了筹备五一节示威游行的委员会。1890 年 5 月 1 日前夕，法国工人党全国委员会、布朗基派的中央革命委员会、众议院社会主义党团和巴黎市议会社会主义党团联合发表了一个呼吁书，号召工人们积极参加庆祝五一节的活动。其中写道："根据 1889 年巴黎国际代表大会的决议，为了争取把工作日缩短到八小时，限制女工和童工，禁止夜班，取消雇工介绍所和转包工，等等，比利时、德国、奥匈、英国、荷兰、瑞士、西班牙、意大利、丹麦和美国的数以百万计的劳动者准备在即将到来的 5 月 1 日，通过举行群

---

① 《拉法格文选》上卷第 297 页。

众集会或向政府派遣代表团，和平地要求实现这些刻不容缓的改革。"呼吁书的结尾部分是这样的："法国工人们！你们一贯站在最前列，这一次，你们也一定能肩负起自己的责任。你们每个人要清楚地认识到自己的权利，不怕各种挑衅，出席本阶级和社会党的这次集会并履行自己的义务。"[1] 拉法格作为法国工人党全国委员会委员在呼吁书上签了名。

可能派竭力反对五一节示威活动，企图劝说工人不要停工。而资产阶级报刊编造种种耸人听闻的谣言，对社会主义者进行诽谤。法国政府害怕会发生骚动，感到惊恐万分，采取了严密的预防措施。内政部长孔斯旦向各省省长发布密令，要求他们作好准备，必要时使用武力驱散任何群众集会。巴黎的林荫道上铺了沙子以便于骑兵向示威者发动冲锋。在市中心，几乎所有商店都关了门，大批资产者已先逃离市区。

尽管如此，1890 年的五一节示威活动取得了巨大胜利。巴黎工人们组成了代表团，带着写有巴黎国际代表大会各项要求的请愿书前往波旁宫，受到众议院议长弗洛凯

---

① 亚历山大·泽瓦埃斯《盖得派》1911 年巴黎法文版第 65 页。

的接见。在外省的一百多个城市里，工人们也向市政当局派遣了代表团，上街游行的人数总共达 40 万左右。在罗昂、圣康坦、塔拉尔等城市，实行了全面罢工。尽管工厂上工的钟声敲个不停，但没有人理睬。拉法格在 1890 年 5 月 1 日兴高采烈地写信告诉恩格斯："很多工厂停工，这是一件大事。今天是一个真正的节日。"①

5 月 4 日，拉法格又前往伦敦，参加了在海德公园举行的庆祝五一节的集会。有 25 万—30 万人参加了示威活动。7 个讲坛彼此相隔 150 米。拉法格同恩格斯、艾威林、斯捷普尼亚克一起站在由一辆旧货车组成的第四号讲坛上。拉法格发表了演说，"以他那种虽然带有很重的法国口音但说得很好的英语和南方人的炽烈风格博得了真正暴风雨般的欢呼声"②。

庆祝五一节的活动给予法国工人运动很大的推动。1890 年 5 月 26 日，拉法格在《战斗报》上发表了一篇文章，对 1871 年巴黎公社运动同 1890 年庆祝五一节的活动作了对比。他认为，1871 年 3 月 18 日的运动带有自发的、分散的性质，缺乏革命的理论和革命的领导，而 1890 年

---

① 《恩格斯与保尔·拉法格、劳拉·拉法格通信集》第 2 卷第 404 页。
② 《马克思恩格斯全集》第 37 卷第 399 页。

的五一节示威则是有组织的工人运动。[①]

　　在《五一节和法国社会主义运动的状况》一文中，拉法格对 1890 年五一节的意义作了深刻的分析。他指出："1890 年五一节是本世纪最重要的日子。在这一天，人类历史上第一次出现这样的场面：全世界无产者在同一个思想下团结起来，被同一个意志所鼓舞，遵从同一个口号，他们为一个共同的、统一的行动而把自己的力量联合在一起。"他兴奋地写道："1890 年 5 月 1 日，新时代的曙光已经映红天际。"[②]

---

　　① 参见克洛德·维拉尔《1893—1905 年的法国社会主义运动（盖得派）》第 55 页。

　　② 《拉法格文选》上卷第 300 页。

第六章

社会主义议员

1. 因"富尔米事件"再次入狱

从 1890 年起，法国工人党在组织上日益得到巩固和发展，各地涌现出一批新的基层党组织，党与群众的联系比以前有所加强，尤其是 1890 年五一节示威活动的胜利举行，提高了工人党在劳动群众中的威望。1890 年 10 月 11—12 日，法国工人党在利尔市召开了第八次全国代表大会。拉法格积极参加了这次大会的筹备和组织工作。出席大会的有来自全国 98 个城市和地区的 231 个组织和工会的代表 67 人。[①] 这次大会最重要的成果是制定了党的正式章程，其中规定：党由一切拥护党的纲领、服从党的章程的分子组成；党员必须缴纳党费，遵守党的决议，不得泄露党的内部机密；党的最高权力机关是一年一度的全国代表大会，它选举党的执行机关全国委员会；任何不服从全国代表大会决议的党员或组织都将被开除出党；各地方、省和地区的组织和联合会通过专门任命的书记与全国委员会保持经常的联系；党的中央机关报是

---

① 亚历山大・泽瓦埃斯《盖得派》1911 年巴黎法文版第 74 页。

《社会主义者报》，受全国委员会领导；等等。[①] 在这次大会上，拉法格再一次当选为全国委员会委员，并被任命为外事书记。

拉法格对利尔代表大会的工作感到十分满意，他认为这次大会"是我们在法国开过的最重要的代表大会"[②]。他特别指出，几乎所有参加利尔代表大会的代表都遭到了资产阶级的打击报复。但是，工人们又把这些代表选进市、省、区的参议会和劳资纠纷仲裁委员会。这表明党在工人群众中的影响大大加强了。

与此同时，可能派内部以布鲁斯为首的一派同以阿列曼和克列芒为首的一派发生了激烈的冲突。在1890年10月9—14日于夏特罗召开的法国社会主义工人联合会代表大会上，阿列曼等退出了大会，另组革命社会主义工人党，而布鲁斯及其追随者仍保持了法国社会主义工人联合会的名称。此后，可能派在法国和国际工人运动中的影响明显地下降了。拉法格就此写信告诉恩格斯："可能派已经瓦解，您从我寄去的报纸上大概可以了解到它的前前后后，我们将可以摆脱这些讨厌的家伙。不过还稍需一

① 《1893年工人党年鉴》法文版第21页。
② 《恩格斯与保尔·拉法格、劳拉·拉法格通信集》第2卷第443页。

段时间才行。"[①]

　　这时，拉法格的注意力又被吸引到下一届国际社会主义工人代表大会的准备工作上去了。1889 年，巴黎国际代表大会曾委托瑞士和比利时社会党人共同负责筹备下一届国际代表大会，具体地点当时没有确定，而可能派代表大会则委托比利时人召集下一届代表大会。1890 年 9 月，比利时工人党全国委员会未同其他社会主义政党协商，就决定 1891 年在布鲁塞尔举行国际代表大会并向英国工联发出了邀请书。此时，德国社会民主党和法国工人党还没有确定召开国际代表大会的地点。在这种情况下，恩格斯分别写信给博尼埃[②]和拉法格，对代表大会的筹备工作提出了详细的建议。恩格斯认为，鉴于国际工人运动的发展形势对马克思派有利，因此可以召开联合的国际代表大会，联合的必要条件是双方绝对平等，大会由 1889 年两个代表大会委托的人来召开，1891 年代表大会对自己的行动拥有自主权，代表选派办法事先共同商定。[③]恩格斯

---

　　① 《恩格斯与保尔·拉法格、劳拉·拉法格通信集》第 2 卷第 445 页。

　　② 沙尔·博尼埃（1863—1926），法国工人党活动家，新闻记者，长期侨居英国，曾参加 1889 年和 1891 年国际代表大会的筹备工作。

　　③ 《马克思恩格斯全集》第 37 卷第 449 页。

认为，如果合并成功的话，马克思派将在代表大会上占多数。恩格斯要求拉法格同盖得、德维尔、博尼埃以及布朗基派领导人认真讨论一下这个行动计划，然后把大家的意见告诉他。

拉法格在接到恩格斯的信后，同盖得等在 9 月 23 日举行专门会议，商讨国际代表大会的问题。经过讨论，大家一致赞同恩格斯的意见，决定建议在比利时召开国际代表大会。拉法格认为，可能派正处于分崩离析之中，不会派遣代表出席国际代表大会。他在给恩格斯的复信中写道："目前必须做的事，是把工联引导到社会主义运动中来。由于比利时较近，就可以有更多的英国代表参加代表大会。通过选择比利时，我们就体现了我们要建立国际和解的愿望。因为布鲁斯之流及其一伙不参加自己的代表大会，所以我们将不费吹灰之力就可能取得胜利！"①法国工人党利尔代表大会（1890 年 10 月）批准了这一建议。接着，在德国社会民主党哈雷代表大会期间，法国、奥地利、比利时、瑞士、瑞典、荷兰、丹麦和德国党的代表于 1890 年 10 月 16—17 日举行了会议，决定 1891 年 8 月 16

---

① 《恩格斯与保尔·拉法格、劳拉·拉法格通信集》第 2 卷第 433 页。

日于布鲁塞尔召开统一的国际代表大会，由比利时和瑞士的工人组织共同负责筹备工作。拉法格对于哈雷代表大会的决议感到很高兴，认为这次大会"开得成功极了"[①]，并且预料它将产生巨大的影响。

1891 年 8 月 16 日，国际代表大会在布鲁塞尔"人民之家"正式开幕。正如拉法格所预料的那样，法国可能派的最出名的代表都没有出席大会。马克思派在会上占压倒优势。但是，拉法格本人也未能参加布鲁塞尔代表大会。此时，他由于富尔米事件而又一次被反动当局关进了圣珀拉惹监狱。

在 1890 年五一节示威活动取得胜利的鼓舞下，拉法格和法国工人党其他领导人着手筹备庆祝 1891 年五一节。各地都设立了专门的筹备委员会来负责组织工作。1890 年反对五一节示威游行的可能派现在也要求加入巴黎的五一节委员会。1891 年 2 月，法国工人党全国委员会和工会联合会全国委员会联合发出一项呼吁书，号召全体工人积极参加五一节的示威活动。其中写道："5 月 1 日已经临近了。正如欧洲、美洲和澳洲的所有工人政党在自己的全国

---

① 《恩格斯与保尔·拉法格、劳拉·拉法格通信集》第 2 卷第 445 页。

代表大会上做出的决议所指出的，这一天应当永远成为国际劳动节。"[1] 这个呼吁书还指出，作为五一节示威的最近目标的法定八小时工作日是走向工人阶级彻底解放的第一步，而这种解放完全取决于工人自己。这个呼吁书张贴在法国各城市和工业中心的大街小巷。在有些地方，呼吁书刚张贴出去，就被警察撕掉。工人党议员费鲁耳就此在议会里向政府提出质询。内务部长孔斯旦理屈词穷，只能回答说，由于看传单的人太多，有碍交通，所以必须把它撕掉。但是，各家报纸都转载了这一文件，使它得到更为广泛的传播。

从 2 月起，拉法格受工人党全国委员会的委派到下塞纳、下卢瓦尔、加来和诺尔等省的一些城市和工业中心进行宣传活动。他在富尔米、维涅伊、阿努阿等地举行的群众集会上发表演说，受到热烈欢迎。在富尔米，一家纺织厂的老板还邀请他去参观了一个拥有最新设备的工厂。这个资本家用得意扬扬的嘲讽口吻问拉法格，这间牢房怎么样？因为拉法格曾在一些文章中把资本主义工厂称作牢房。拉法格对这位老板的挑衅作了有力的回击。他说，他

---

① 《拉法格文选》上卷第 301 页。

很看重所采用的种种技术革新，但是，即使这个特定的地狱不如其他工厂主的地狱黑暗，工人每天同样要干 11 小时阴沉单调的活儿，并且是在同样震耳欲聋的噪音和同样不卫生的空气中，因此这间牢房不见得比任何别的牢房好。拉法格的话使那位资本家目瞪口呆，无言以答。当拉法格在南特逗留时，一个工人代表团邀请他到圣纳泽尔作报告，并且保证，只要作一次报告，就可以使造船厂的停工变成总罢工。虽然拉法格由于没有时间无法满足这个请求，但圣纳泽尔的五金工厂在 5 月 1 日仍然全体停工。在诺尔省的一个工业小城弗勒努瓦－勒－格朗，在 3500 万居民中有三分之一，即 1000 多人出席了拉法格的报告会。拉法格在给恩格斯的信中谈到了他在五一节前进行宣传活动的情况："三个星期以来，我过的是流浪的犹太人生活，从一个城市到另一个城市，到处奔波，演讲一个半到两个小时，参加小组会还不算在内。在小组会上我也不得不讲同样长的话。凌晨两点钟才睡下来，而七八点钟人家就又来唤我了。"①

为了对付工人们的示威活动，政府调动大批军队到巴

---

①　《恩格斯与保尔·拉法格、劳拉·拉法格通信集》人民出版社 1981 年版第 3 卷第 45 页。

黎和各大城市。甚至驻守边境的一些部队也接到命令准备
出击,只要一发出信号就马上从要塞出动。整个法国军队
都处于战备状态。警察有权在 5 月 1 日这一天驱散任何集
合在一起的人群。宪兵和军队只要遇到一点反抗就可以动
用武器。这表明,政府当局对工人们的五一节示威游行感
到惊恐万分。

1891 年 5 月 1 日,巴黎和外省的一千多个工会和社
会主义团体向众议院派出了一个由 28 人组成的全国性代
表团,要求众议院颁布一系列保护工人的法令,实行八小
时工作制,限制女工和童工的劳动,取消夜班劳动,取缔
雇工介绍所和转包工等。英国的社会主义议员肯宁安-格
莱安也参加了这个代表团。但是,众议院议长弗洛凯拒绝
接见工人代表。

在马赛、克利希、里昂、圣康坦、夏尔维尔、波尔多
和南特等地,工人们也举行了和平的示威游行和群众集
会,向省政府或市政府要求实行八小时工作日和劳动保护
立法。许多工厂和矿井停工。政府在各地动用了警察、宪
兵和军队对工人们进行野蛮的镇压。有的地方使用骑兵驱
散示威群众。尤其是在富尔米市,军队表现了前所未闻的
残忍和粗暴。

富尔米市的工人党组织在 4 月 20 日的全体会议上一致决定在 5 月 1 日停工，该地的工厂老板也开会通过一项决议，威胁说如果谁在 5 月 1 日不上工就加以开除。这反而引起了工人们的愤怒，结果 5 月 1 日这一天在富尔米发生了总罢工。工厂里的机器全部停止转动，工人们走上街头和广场进行和平的示威。军队在未发出任何警告的情况下，就向和平的示威者开枪射击，结果 30 人受伤，10 人死亡，其中有妇女和儿童。一位姑娘手里拿着嫩枝伴随自己的未婚夫参加游行，也饮弹倒下。军队第一次使用勒贝尔式步枪和无烟火药来镇压和平的示威者。

富尔米惨案在全国各地引起极大愤慨和不满。工人们为死难者举行了隆重的葬礼，死难者墓地上堆满了工人们献的花圈。在富尔米几乎整整一个星期没有上工，周围的工业中心也举行罢工，要求增加工资，缩短劳动时间，修改厂规，解除不受工人欢迎的工头和厂长的职务，等等。

法国政府力图推卸对富尔米流血事件的责任，把它加到社会主义者身上，指责他们煽动闹事和造成枪杀事件。由于拉法格在五一前曾在富尔米进行宣传活动，因此首当其冲成为政府当局的迫害目标。

1891 年 7 月 4 日，拉法格和富尔米市工人党组织的

书记居林受到设在杜埃市的诺尔省刑事法院的审讯。拉法格被控在公共集会上发表演说煽动杀人，居林的罪名是煽动聚众闹事。尽管当时辩论结果证明被告无罪，查无实据，但是十二名反动法官仍然判处居林六年徒刑，剥夺十年在本地居留的权利；判处拉法格一年徒刑，罚款一百法郎。这一不公正的判决引起了公众舆论的猛烈抨击。

为了揭露事实真相，拉法格和盖得在 7 月 3 日于杜埃发表公开演说，题为《近代社会主义。对起诉书的答复》。在法院作出判决后，拉法格利用入狱前的时间，在 7 月间同盖得一起到法国北部作了一次宣传旅行，他们在维涅伊、富尔米、利尔、鲁贝等城市多次发表演讲，每次集会都挤满了听众，并且通过决议谴责法院的无理判决。

7 月 30 日，拉法格又一次被关进圣珀拉惹监狱。恩格斯特地写信给他表示慰问，并且劝他利用这个机会专心致志地写点东西。8 月 24 日，德国社会民主党领导人威廉·李卜克内西专程前往圣珀拉惹监狱探望拉法格，后来在《新时代》杂志上发表《在圣珀拉惹》一文，详细介绍了会见拉法格的情况①，文中充满了对拉法格的敬意。

---

① 《新时代》杂志第 9 年卷（1890—1891）第 2 册第 763—765 页。

2. 当选为议员

　　由于利尔市第一选区的激进党议员韦尔坎因病于
1891 年 9 月 20 日去世，必须补选一名议员。为了对富尔
米流血事件和法院的无理判决表示抗议，法国工人党决定
推举拉法格为议员候选人。起先拉法格建议让居林当候选
人，但是根据法院判决，居林已被剥夺被选举权。于是，
拉法格接受了提名，并从圣珀拉惹监狱向选民们发表了书
面声明 ①。他写道：

　　"我同意作为表示抗议的候选，是因为考虑到这是唯
一的办法，使我唯独承认的人民法庭能够审判那些把军队
召到富尔米挑起事端的老板、指挥这场枪杀的文武官员以
及用合谋的判决掩饰在自称共和国的政府领导下发生的比
奥班和里卡马里事件 ② 更为严重的惨案的法官。" ③

　　拉法格还指出，通过这次选举，不但要审判在 5 月 1
日蓄意制造事端的肇事者，而且应该谴责动用军队镇压工
人群众的做法，还应该审判这个资产阶级共和国，审判这

———————————

　　①　这份声明发表在《社会主义者报》（1891 年 10 月 10 日）。

　　②　1869 年 6 月 16 日在里卡马里和 10 月 8 日在奥班发生的罢工遭到政
府的血腥镇压。

　　③　雅克·吉罗编《拉法格选集》第 256 页。

个资本主义社会。

10 月 5 日，政府提名的候选人吕西安·德帕斯曾虚伪地到内务部去请求释放拉法格，以参加竞选活动。内务部长孔斯旦在一封公开信中拒绝释放拉法格。为了揭露这场骗局，拉法格在《社会主义者报》上发表了一封信，把德帕斯称作官方候选人和枪杀者的候选人。他写道："我不承认他有权替我请求什么，只有选民才有权要求释放我。"①

由于拉法格无法参加竞选活动，由盖得和费鲁耳出面替他进行竞选。而激进派和教权派联合起来反对拉法格的候选人资格，他们不择手段地攻击拉法格，在利尔的大街小巷张贴了 3000 张广告，叫嚷"把普鲁士人卡尔·马克思的女婿赶到德国去，那里才是他真正的祖国"。有的工厂主威胁说，如果拉法格当选，他们就要关闭工厂。《巴黎回声报》竭力否定拉法格的法国国籍，说他"是一个外国人，首先是一个德国人"。但是，反动派的所有这些伎俩都是枉然。10 月 25 日，拉法格在第一轮投票中获得 5005 票，超过所有其他候选人。这使资产阶级报刊和政界陷入一片混乱。保皇派的《太阳报》惊恐万分地写道：

---

① 《恩格斯与保尔·拉法格、劳拉·拉法格通信集》第 3 卷第 97 页。

"简直是个晴天霹雳！投给拉法格先生的 5000 票已惊破执政的共和党的酣梦。"在第二轮投票中，拉法格以 6470 票对 5175 票击败了政府提名的候选人德帕斯而当选为众议员。政府借口拉法格在 1871 年曾领取了西班牙护照，企图把他说成是西班牙人，从而宣布选举结果无效，但是未能得逞。甚至资产阶级共和党人阿尔图尔·兰克也主动为拉法格作证。兰克在《巴黎日报》（1891 年 11 月 17 日）上发表了一篇文章，回顾了他在 1870 年同拉法格的交往，并且写道："他当时的言论和行动都是一个爱国者，一个法国人。虽然拉法格先生没有请我作证，但是我对此义不容辞。"① 在群众的压力下，政府不得不释放拉法格。11 月 18 日，在利尔的斯卡拉剧院举行盛大的群众集会，对拉法格表示欢迎。他在会上发表了热情洋溢的演说。会议结束后，数以千计的人护送他走出剧院，一首又一首地唱着民歌和革命歌曲：

　　　"人家说的真是不假，

　　　走出圣珀拉惹监狱，

　　　他就去巴黎参加议会。"

---

① 转引自法国《思想》杂志 1970 年 10 月号第 47—67 页。

　　曾同他进行过论战的资产阶级经济学家保尔·勒卢阿－博利约在《法国经济学家》杂志上对于拉法格当选为议员作了如下评述："我们认为这次选举是一件重要事情，或许是 1871 年以来法国发生的最重大的政治事件。随着马克思的女婿拉法格的当选，集体主义这种不可动摇的、系统的学说也进入了议会。"①

　　1891 年 11 月 14 日，拉法格第一次以众议员的身份进入了议会大厅。在担任议员的两年时间里，拉法格充分利用资产阶级议会的讲坛揭露资本主义制度，宣传工人党的主张，捍卫工人阶级利益并且尽一切力量争取实行一系列有利于人民群众的民主改革措施。12 月 8 日，他在议会首次发表演说并且提出了实行大赦的提案。资产阶级议员们用大声喊叫和粗暴的插话一再打断他的演说。最后，众议院以 393 票对 109 票否决了这一提案。12 月 17 日他又提出了政教分离的提案，其中吸取了巴黎公社关于政教分离的法令的主要内容。他还提出一项提案，要求在女工分娩前后的两个月内由国家给予补助金。当时的财政部部长

---

　　① 亚历山大·泽瓦埃斯《一八七一年后的法国社会主义》第 102 页。

鲁维耶立即表示拒绝，并攻击拉法格的这一提案是任意挥霍国库的钱财。拉法格起来驳斥了鲁维耶。他说："请看一看这些爱国者先生们！当我们要求拨出几百万法郎作为法国妇女和儿童的补助金时，他们就赌咒发誓，说什么这等于任意挥霍国库的钱财，而这些钱财却是由工人们创造出来的。与此同时，议员先生们，你们每年投票赞成拨出几十亿法郎的款项，付给靠国债利息为生的寄生虫，拨出几千万和几亿法郎，作为付给土地所有主和大工厂主的亏损补贴，津贴他们的铁路和其他企业。"①1892年2月16日，拉法格还提出一项提案，要求废除对生活日用必需品的进口税，以减轻人民的负担。

1892年8月，法国南部卡尔莫矿区的矿工举行了长达三个月的政治罢工，抗议资方无理解雇被选为卡尔莫市长的当地矿工工会领导人加尔文约克。法国工人党坚决支持卡尔莫工人捍卫自己政治权利的斗争，并且为之募集罢工基金。拉法格在议会里也态度鲜明地声援卡尔莫罢工工人。最后，罢工取得了胜利，资方不得不同意恢复加尔文约克的职务。拉法格高兴地写信告诉恩格斯："卡尔莫的罢

---

① 转引自莫姆江《保尔·拉法格与马克思主义哲学》1978年莫斯科俄文版第46页。

工已告结束。矿工们赢得了胜利。我们迫使激进党人的头头跟我们走。这一次胜利说明了我们每天在全国取得了多大的力量。"①

1892 年底，巴拿马丑闻②被揭露后，拉法格在议会里和在公共集会上多次发表演讲，谴责资产阶级统治集团的贪赃枉法和腐败堕落。

拉法格还在议会之外进行了不倦的宣传鼓动工作。仅仅从 1891 年 11 月到 12 月底，在这短短的一个多月的时间里，拉法格就访问了 18 个城市，作了 23 个报告。恩格斯曾就此写信告诉左尔格："在法国，事情进行得很顺利。拉法格用自己的议员津贴和免费火车票正在作利尔到图卢兹的全国旅行和演说，成绩很大。"③

1893 年 4 月，拉法格前往亚眠，支持当地染色工人要求实行新劳工法的罢工运动。染工们为了感谢拉法格对罢工的支持，决定授予拉法格染色工会名誉会员的称号，同时邀请劳拉前去主持庆祝罢工胜利结束的典礼。

---

① 《恩格斯与保尔·拉法格、劳拉·拉法格通信集》第 3 卷第 200 页。
② 指巴拿马运河股份公司采取贿赂手段收买政府部长、议员和报纸编辑的大舞弊案。1892 年这一丑闻被揭露后，法国政府被迫在 1893 年对一些当事人进行审判。
③ 《马克思恩格斯全集》第 38 卷第 290 页。

1893 年 3 月 31 日，根据恩格斯的倡议，拉法格曾同德国社会民主党领导人、国会议员奥古斯特·倍倍尔以及英国新工联领导人、议员约翰·白恩士在恩格斯家会晤。恩格斯认为，世界历史上第一次实现德国、法国、英国的三位社会主义议员的会晤，"这本身就足以证明我们取得的巨大成就"[①]。应李卜克内西的邀请，拉法格从 1893 年起成为德国社会民主党机关报《前进报》和《汉堡回声报》的巴黎通讯员。他以"高卢人"的笔名每周为报纸写一篇通讯，系统地报道了法国的政治经济生活和工人运动状况。他所写的《法国的农业信贷》《法国警察的功勋》《卡诺总统》等文章曾受到恩格斯的好评。

1893 年春，由于法国的保皇派在无政府主义者的支持下对社会主义者掀起一场诽谤运动，污蔑社会主义者所遵循的国际主义原则为反爱国主义者，拉法格和盖得于 6 月 17 日和 18 日在法国北部的一些城市举行的群众大会上发表演说，阐明了法国工人党对待国际主义与爱国主义的立场，驳斥了保皇派所散布的谬论。他们在会上宣读了法国工人党全国委员会签署的《告法国劳动者书》，其中

[①] 《马克思恩格斯全集》第 38 卷第 60 页。

说明国际主义与爱国主义之间的关系，二者不但不互相排斥，而且是相辅相成的。这个声明指出："国际主义绝不意味着取消祖国，绝不意味着牺牲祖国。当国家形成的时候，国家就是通向我们正在朝着人类团结道路上前进的第一个同时也是必经的阶段，而由全部当代文明所产生的国际主义则是这条道路上的一个新的阶段，而且是不可避免的阶段。"这个声明在论证法国社会主义者是爱国主义者时说："法国过去是而且现在已经注定是人类社会发展的最重要因素之一。"声明最后提出了"国际万岁！法兰西万岁！"的双重口号。恩格斯在看到这一声明后，认为法国工人党领导人在国际主义和爱国主义问题上的立场是"很有道理的"，因为"国际联合只能存在于**国家**之间，因而这些国家的存在、它们在内部事务上的自主和独立也就包括在国际主义这一概念本身之中"。① 与此同时，恩格斯批评这个声明夸大了法国的作用，不符合当时经济和政治的实际情况，太接近布朗基主义了。恩格斯的这些意见深刻揭示了国际联合同各国的独立自主之间的关系，至今仍有着十分重要的意义。

---

① 《马克思恩格斯全集》第 39 卷第 84 页。

1893 年秋，法国举行大选。在 8 月 20 日的第一轮投票中，拉法格在利尔第二选区获得 4745 票，必须经过第二轮投票才分胜负。在第二轮投票中，拉法格以 6256 票对 8259 票落选了。在竞选中，反动派对拉法格肆意诽谤，甚至指责他领了德国政府的津贴。不仅如此，政府还玩弄手腕，别有用心地改变拉法格的选区，把一些工业区划了出来，又划进了 16 个保守的农业地区。拉法格虽然落选了，但他并没有气馁。他在得知选举结果后写信给恩格斯说："我们遭受了一次失败，但这是一次光荣的、充满光明前途的失败。"①

3. 同德莫连论战

在 19 世纪 90 年代初，法国工人党的力量有明显的增长。它在 1890 年有 103 个基层组织；1891 年 126 个；1892 年 167 个；1893 年 242 个。② 随着基层组织的发展壮大，党员人数也大大增多了。在 1890 年底约有六千名党

---

① 《恩格斯与保尔·拉法格、劳拉·拉法格通信集》第 3 卷第 284 页。
② 克洛德·维拉尔《1893—1905 年的法国社会主义运动（盖得派）》第 84 页。

员，到 1893 年增加到一万名左右，其中还不包括受工人党影响的工会会员和合作社社员。[①] 从地域上看，法国工人党的主要基地原先在北部的纺织工业地区、中部、沿地中海的南部和纪龙德省，在 90 年代初扩展到东南部（伊泽尔省和瓦尔省），以及西南部的几个省。但是，工人党的力量仍然主要集中在城市和工业中心，在农村地区则还比较薄弱。

为了进一步扩大工人党的影响，争取更广泛的群众，拉法格除了在报刊上发表文章，在议会讲坛和公共集会上发表演讲外，还同基督教神父、反犹主义者以及资产阶级教授进行面对面的交锋。

1892 年 1 月 6 日，拉法格同盖得一起在波尔多的阿尔罕勃拉大厅同两位所谓"基督教社会主义者"诺代神父和加尔涅神父进行辩论，揭露了教会当时在法国社会政治中所起的反动作用。此后，拉法格在 1892 年 11 月 28 日于利尔跑马场曾再次同诺代神父交锋。同年 7 月，拉法格和盖得还同《自由言论报》的三位演说家在巴黎就"反犹主义和社会主义"问题展开论战。尽管参加这次辩论会的

---

① 克洛德·维拉尔《1893—1905 年的法国社会主义运动（盖得派）》第 135 页。

很多是民族主义者、反犹主义者和教权派分子，但是拉法格和盖得以无可辩驳的逻辑和出色的口才赢得了辉煌的胜利。

然而，最引人注目的还是 1892 年 5 月 21 日拉法格同德莫连的一场论战。

拉法格刚当选为议员，他作为法国工人党的主要理论家享有愈来愈高的声誉。而他的对手埃德蒙·德莫连则是社会主义和工人运动的公开敌人，《社会科学》杂志主编，"反社会主义联盟"的创建人。因此，关于拉法格同德莫连辩论的海报一张贴出去，就吸引了许多听众。

辩论会是在巴黎地理学会的大厅里举行的。这个能容千人的大厅被挤得水泄不通。那里坐满了资产阶级的头面人物，其中有许多是院士、教授、神父和律师。他们都是来为德莫连助威的。拉法格只能给自己的朋友——社会主义者送 50 张入场券。他把这场辩论看作捍卫科学社会主义理论的一场战斗，充满着必胜的信念，显得从容不迫，非常镇静。

拉法格首先发言。他指出，这次辩论实际上是对社会发展的两种对立的观点的简要的阐述。德莫连认为，社会的发展将引到个人主义；而科学共产主义者则认为，经济

现象的发展必然会引到共产主义的重建，也就是引到生产资料的社会化，和引到使一切消费资料变成公共财产。拉法格说，我们的敌人责难我们宣传凶杀和抢劫，但是这种宣传同我们的理论是丝毫不相容的。科学共产主义者不是乌托邦主义者，也不是梦想家。他们与资产阶级政治家和慈善家不同，不相信靠宗教的或世俗道德的宣传能够改造人，而认为为了使人变好，需要改变生活环境。他们研究社会环境，分析经济现象，回溯这些现象的起源，追踪它们的发展，观察它们对家庭和政治制度的影响，然后作出相应的结论。正是根据对经济现象的分析，科学共产主义者确信，由于机器大工业的发展，资本主义雇佣劳动制度必然要灭亡。

拉法格对资本主义生产方式作了深刻的剖析，揭示了资本主义所固有的生产的社会性质和私人占有方式之间的尖锐矛盾，论证了资本主义在自己的发展过程中准备了向共产主义过渡的一切物质的和精神的前提。但是，共产主义绝不会自动到来，需要工人阶级和一切被剥削者的自觉的和有组织的斗争。

拉法格揭露了资本主义文明的虚伪性。不但在物质的领域，而且在道德的领域里都充满着虚伪。资产阶级把自由、平等和博爱的字眼写进了宪法，甚至把它们写在监狱的墙上，但是在任何地方也没有实现过。资本主义的经济竞争在人的灵魂里发展了钩心斗角、尔诈我虞、弄虚作假、贪得无厌、利己主义的能力。只要我能发财，让社会、祖国、人类破灭吧！——这就是资本主义的口号。[①]

德莫连在拉法格之后发表了演说，他无法反驳拉法格的论据，只能对资产阶级个人主义大加赞扬，而对共产主义进行拙劣的攻击。他把共产主义同官僚主义的管理混为一谈，污蔑共产主义比什么都坏，说什么它使人们冷漠无情，妨碍个性的发展和使人的能力衰退。他说，共产主义是社会构造的低级形式，只适合亚洲高原的野蛮部落，而个人主义则是先进民族固有的高级的社会形式。

拉法格立即起来驳斥德莫连。他指出："国家是特权阶级的压迫和压榨的力量，国家政权的夺取常常保证某一阶级的社会政治权。"[②]在资本主义社会里资产阶级是特权阶级，它不仅损害劳动阶级，还令这个阶级的每个成员也在互相损害。在共产主义社会里将没有特权阶级，只有劳

---

① 拉法格《赞成共产主义和反对共产主义》，见拉法格《财产及其起源》三联书店1978年版第10页。

② 拉法格《财产及其起源》三联书店1978年版第21页。

动者，他们享有平等的权利和义务。原始共产主义的财产
形式在一切民族中都存在过，由于在共产主义社会里没有
对立的利益，因此既不需要政权，也不需要官吏来保证私
人利益。相反，在资本主义社会里到处充满着官吏。只有
当把工业企业由个人之手转为全社会的财产时，才不再需
要那些为了特权者集团的利益而监督工人工作的官吏。拉
法格有力地驳斥了德莫连关于共产主义会使人变得冷酷无
情、缺乏主动性的论调。他指出，正是资本主义使人变得
冷酷无情，缺乏主动性，因为工人们清楚地知道，他们的
劳动成果不属于他们，而是大部分落入资本家的腰包。在
共产主义社会里，工人们知道，一切产品除去维持社会所
必要的之外，其余的都是他的财产，每个人都可以自由地
享受共同劳动所生产出来的财富。资本主义压制人的个性
的发展；只有在共产主义社会里，人的个性才能得到全面
的充分的发展。拉法格最后说："假如你真心想要发展人的
个性，那么最低限度按照逻辑应当要求消灭资本主义的财
产，因为它压抑着人们"。①

　　拉法格的这篇演讲后来以《共产主义和经济进化》为

----

　　① 拉法格《财产及其起源》三联书店 1978 年版第 25 页。

题印成小册子出版，很快被译成各种文字，流传很广，中译本的标题为《赞成共产主义和反对共产主义》。

这篇演讲中也有一些用语不够确切，容易引起混乱。例如，他常常使用资本主义社会中"共产主义的生产方式和交换方式与个人主义的占有方式"①之间的矛盾这样的表述方式，其实他所说的并不是共产主义的生产方式，而只是由于劳动分工而形成的集体的资本主义生产。同在1887年所写的《革命的次日》一文中表达的观点一样，拉法格认为，"当共产主义的工业企业由个人之手转为全社会的财产，那时人民将把它交给工会"②。这种说法是不确切的，表明拉法格对于无产阶级取得政权后社会主义国家在领导经济建设中的作用估计不足。

1893年，拉法格还在《新时代》杂志上发表了《论法国的人口问题》一文，对人口问题作了精辟的论述。他根据对1821—1891年法国人口统计资料的分析，尖锐地批判了马尔萨斯主义。他指出，同马尔萨斯的论断相反，在资本主义条件下，随着社会拥有的粮食储备的增加，人口的出生率不是上升而是明显地下降了。巴黎的统计资料

---

① 拉法格《财产及其起源》三联书店1978年版第6页。
② 拉法格《财产及其起源》三联书店1978年版第23页。

表明，在一些最富裕的街区人口出生率最低，与此相反，在穷人聚居的街区则出生率最高。拉法格在文章的结尾写道："每个社会形式都有自己独特的人口规律。资本主义社会的人口规律还没有被发现。"[①] 拉法格关于人口问题的这些研究是值得我们注意的。

4. 制定土地纲领

在 19 世纪 90 年代初，法国仍然是一个"小农经济的典型国家"[②]。据统计，当时法国农村中被剥夺了土地、以出卖劳动力为生的农业工人有 250 万；拥有一公顷至五公顷土地的小农有 730 万，他们总共拥有 1100 万公顷土地；而 29000 个大土地所有主拥有 1200 万公顷土地，超过全国可耕地的一半。正是这 29000 个大土地所有主对 730 万小农和 250 万农业工人发号施令。因此，正确地制定对农村各阶级的政策，以便把大多数农民争取到社会主义方面来，是摆在法国无产阶级政党面前的一项重要任务。

---

① 梁赞诺夫编《拉法格选集》第 2 卷第 134 页。
② 《马克思恩格斯全集》第 29 卷第 595 页。

248

　　法国工人党在建立后的最初几年里，主要在城市工人中进行宣传鼓动工作，对农村工作不够重视。从 19 世纪 80 年代末起，工人党领导人开始认识到争取农民的重要意义。拉法格在 1885 年、1889 年和 1891 年曾先后到阿利埃、歇尔和马恩等省的农村去宣传社会主义思想。他在《法国的阶级斗争》一文中生动地记述了自己在农村里进行宣传活动的经历："我访问过一些森林深处的偏僻村镇，从最近的火车站下车还要坐上四五个小时的马车才能到达那里。许多村镇还从来没有举行过民众集会。居民只能到教堂里去听神父的布道。因此，人们常常把我叫作'布道者'。"① 许多农民从很远的地方赶来听他的演讲，会场总是挤得满满的，农民们对他的"社会主义布道"十分欢迎。工人党开始在一些地方的农业工人中建立自己的组织。

　　在 1892 年 5 月举行的市镇选举中，法国工人党取得了重大的胜利。它总共获得 16 万张选票，736 名工人党党员当选为市镇参议员，并且把鲁贝、蒙吕松、纳尔榜和马赛等 29 个市政府争取了过来，工人党的活动家昂利·卡

---

　　① 《拉法格文选》下卷第 31 页。

雷特当选为鲁贝市市长，让·多尔莫瓦当选为蒙吕松市市长。[①] 在这一胜利的鼓舞下，工人党领导人决定制定一个土地纲领，以便把农村争取过来。为此，法国工人党全国委员会着手对全国的农村各阶层的状况进行调查，并且拟定了一个详细的调查提纲，其中包括经营方式、使用机器的数量，生活状况等 26 项内容，分发给全国各农业地区的社会主义组织和农村积极分子。然后，根据来自全国各地的答复以及农民提出的要求，拟定党的土地纲领。拉法格参加了这个纲领的起草工作。

1892 年 9 月 24—27 日，法国工人党第十次全国代表大会在马赛举行，出席大会的有来自各大城市和工业中心的 131 位代表，其中包括拉法格等 5 位众议员、6 位省议员、16 位市长和市长助理、31 位市参议员，此外还有一部分农民代表（虽然他们并不是党员）。威廉·李卜克内西、爱德华·安塞尔和万 – 科尔分别代表德国社会民主党、比利时工人党和荷兰社会民主联盟出席了这次大会。拉法格代表全国委员会作了关于土地问题的报告。大会经

① 《1893 年工人党年鉴》第 28—39 页。

过热烈讨论，最后一致通过了党的第一个土地纲领，即马赛纲领。这个纲领共有 11 条，其中提出了一系列有利于农业工人、小农和佃小农、佃农和分成制佃农这三类农民的改革要求。它为农业工人提出的要求有：规定最低工资额，设立农业劳资纠纷仲裁委员会，向大地产征收特别所得税，用来为残废者和老年人设立农业退休基金；它为小农提出的要求有：市镇在国家资助下购置农业机器，免费交给小农使用，建立农业劳动者协作社，免征 5000 法郎以下的地产的财产转移税，修改地籍册，免费教授农艺学，建立农业试验田；它为佃农和分成制佃农提出的要求有：按照爱尔兰实行的办法，建立仲裁委员会，以削减地租，佃农和分成制佃农退佃时补偿他们提高土地价值的费用。

大会以后，工人党全国委员会以小册子形式把这个土地纲领印刷了 10 万份，散发到全国各地，受到农民的欢迎。在 1893 年议会选举前夕，为了争取更多的农民选票，工人党全国委员会在《社会主义者报》上号召各地方党组织“每个星期日派一些人到各个村镇去；尽可能在那里组织集会，通过发表演说或散发小册子使农民了解我们的土

地纲领"①。通过这些工作，工人党在农民中扩大了自己的影响。

在 1893 年 8 月 20 日和 9 月 3 日举行的议会选举中，虽然拉法格落选了，但是总的说来，工人党获得了很大胜利，它在第一轮选举中得票 250752 张。②盖得第一次当选为议员。同时当选的法国工人党成员还有古久里、安·茹尔德、索瓦内、勒·沙文、昂·布瓦埃。有一些议员是从纯粹农业选区选上来的。各社会主义派别的议员将近 50人，他们在议会中组成了联合的社会主义党团。拉法格在当时发表的一篇文章中兴高采烈地说："现在可以毫不夸大地说，社会主义政党不仅仅在城市居民中吸收自己的支持者，而且有越来越多的农村居民参加它的队伍。"③

但是，法国工人党领导人被胜利冲昏了头脑。为了获得更多的选票，他们竭力"想把纲领弄得更加适合于农民的口味"④，以便讨好农民。

1894 年 9 月 14—16 日，法国工人党在南特举行第

① 《社会主义者报》1893 年 2 月 19 日。
② 达尼尔·利古《法国社会主义史（1871—1961）》1962 年巴黎法文版第 123 页。
③ 《新时代》杂志第 12 年卷（1893—1894）第 2 册第 710 页。
④ 《马克思恩格斯全集》第 29 卷第 596 页。

十二次全国代表大会。拉法格代表全国委员会在会上作了题为《农民所有制和经济发展》的报告，就修改土地纲领问题作了说明。大会通过了经过增补的土地纲领，即南特纲领。它不同于马赛纲领的地方主要有两方面：一是增加了一个绪论部分；二是具体要求由 11 条增加到 18 条。

绪论部分企图从理论上对纲领进行论证。首先，它引证法国工人党哈佛尔纲领关于"生产者只有在占有生产资料时才能自由"的论点，认为虽然这些生产资料在工业领域中已达到了高度的资本主义的集中，但在农业领域中，至少是在法国，生产资料即土地在许多地方还是生产者自己占有的个人财产。其次，它认为，虽然这种以农民所有制为特征的状况不可避免地注定要灭亡，可是社会主义却不应加速它的灭亡，因为社会主义的任务不在于把所有权和劳动分隔开来，而在于把生产的这两个要素结合在同一手中。第三，它宣布，社会主义的职责在于"保护自食其力的农民的小块土地，使之免受国库、高利贷者和新的大土地所有者的侵犯"[①]，对于剥削短工的佃农和分成制佃农

[①] 《拉法格文选》上卷第 399 页。

也应加以保护。第四，它宣布，工人党的任务是联合一切农业生产者和以各种不同方式经营全国土地的一切种类的活动，反对封建土地所有制这一共同敌人。

在具体要求方面，南特纲领增加了一些条款，例如：关于实行免费医疗；向军人家属发放补贴；取消一切间接税，直接税改为从三千法郎起征的单一累进税；降低法定的和约定的利率；降低肥料、农业机器和农产品的运费；着手研究改良土壤和发展农业的公共工程计划；渔猎自由不受任何限制。

法国工人党从忽视农民问题到制定土地纲领，提出了一系列有利于农业工人和小农的要求，这是一个很大的进步。总的说来，这一纲领对于团结农民起了积极的作用。但是，由于工人党领导人没有把农民问题看作无产阶级在革命中的同盟者问题，而只是着眼于在议会选举中争取更多的农民选票，因而迁就了小农的私有心理，甚至对富农的剥削意图也作了让步。

恩格斯在获悉南特纲领的内容后，立即写信给劳拉·拉法格，指出了其中的错误。恩格斯写道："南特土地纲领的绪论部分宣称，社会主义者应该支持和保护农民的以至**使用雇佣劳动的**农场主和佃农的所有制，——这一点

254

超出了法国以外的人们所能容忍的极限。"①然而，德国社会民主党内的机会主义者福尔马尔竟散布说，恩格斯支持南特土地纲领，以此来为他们鼓吹的"小农经济稳固论"的机会主义观点寻找根据。在这种情况下，恩格斯立即写信给《前进报》编辑部，揭露福尔马尔的说法毫无根据。接着，恩格斯在《新时代》杂志上发表了《法德农民问题》一文，严肃批评了南特纲领中的错误。恩格斯指出，南特纲领中的一些提法"不仅直接违反法国的纲领，而且直接违反社会主义的基本原则"②。但是，恩格斯把拉法格、盖得同福尔马尔那样的机会主义分子区别开来。他写道："我必须说明我相信南特纲领的起草者们实质上跟我抱有同样的观点。他们极有见识，绝不会不了解，现在分为小块的土地也必定要转归公共占有。他们自己也承认，小块土地所有制是注定要消灭的。由拉法格起草的全国委员会在南特代表大会上的报告，也完全确认了这一观点。"③他还指出，"南特纲领在措辞上的矛盾百出本身就已表明：

---

① 《马克思恩格斯全集》第39卷第286页。
② 《马克思恩格斯全集》第29卷第601页。
③ 《马克思恩格斯全集》第29卷第609页。

它的起草者们实际上所说的并不是他们所想要说的。"[1] 他希望法国工人党下届代表大会对这个纲领进行彻底审查。可是，拉法格和工人党的其他领导人并没有彻底改正在土地问题上的错误的观点。拉法格在 1909 年法国社会党圣亚田代表大会上关于土地问题的发言中，仍然没有对农民作出科学的阶级分析。

---

① 《马克思恩格斯全集》第 29 卷第 609—610 页。

第七章

捍卫唯物主义历史观

1. 唯心史观还是唯物史观

拉法格十分重视宣传唯物主义历史观，对唯心史观进行深刻的批判。1894 年 12 月—1895 年 1 月，他同饶勒斯就唯心史观和唯物史观问题展开了一场激烈的论战。

让·饶勒斯（1859—1914）出生于法国南部塔尔纳省卡斯特尔市的一个资产阶级家庭。1881 年毕业于巴黎高等师范学校希腊文学和哲学系。1885 年首次当选为议员，属于资产阶级共和派。1889 年在议会选举中落选后，到图卢兹大学任教，19 世纪 90 年代初开始转向社会主义。1892 年，他在巴黎大学宣读了两篇哲学论文——《论德国社会主义的起源》和《论感觉世界的现实性》，获得哲学博士学位。1893 年，他应卡尔莫矿工的请求，同意在法国工人党纲领的基础上参加竞选，结果当选为议员，在议会中作为独立社会主义者加入了社会主义联合党团。他博学多才，能言善辩，在议会中有很大影响。他精通德语，能够直接阅读马克思恩格斯的著作。他接受了马克思主义的一些观点，但是力图把马克思主义同其他学说调和起来，宣

扬折中主义。

1894 年 12 月，饶勒斯在巴黎的集体主义学生小组组织的集会上发表演讲，认为唯物史观并不妨碍对历史作唯心主义的解释。在他看来，唯心史观和唯物史观"这两种看来似乎是互相对立的、彼此不相容的观点事实上在现代社会的意识中已经几乎调和一致和融合之一了"[①]，因为从文艺复兴时代以来，整个哲学运动和理性运动的标志和特点就是努力调和综合对立的甚至是矛盾的东西。他认为唯物主义和唯心主义是可以互相渗透的，正如人的大脑的机械运动和意识的自发性互相渗透一样。一切历史现象既可以用纯粹的经济发展来解释，也可以用人类对生活的最高形式的经常的、不息的企求来解释。他一方面承认，人类的精神的、道德的和宗教的生活的发展只是经济现象在人的头脑中的反映；另一方面又认为，在人的头脑中存在着一些先天的思想，例如"无私的感觉""统一的感觉"。他宣布："历史是一种按照机械的规律发展的现象，但同时又是一种按照理想的规律实现的愿望。"[②] 他把道德观念

---

　　① 饶勒斯的这篇演讲作为附录收入拉法格《唯心史观和唯物史观》三联书店 1965 年版第 24—38 页。

　　② 饶勒斯的这篇演讲作为附录收入拉法格《唯心史观和唯物史观》三联书店 1965 年版第 37 页。

说成是社会进步的动力，而社会主义不过是正义观念的实现。

1895年1月12日，拉法格在巴黎的集体主义学生小组组织的另一次集会上对饶勒斯的演讲作了回答。拉法格指出，饶勒斯同马克思主义者的争论实际上是关于观念的起源和形成的争论。接着，他用大量实际事例论证了马克思主义关于社会存在决定社会意识这一原理。各种不同的观念（例如，关于正义的观念）都有其物质的、社会经济的基础，而不是先天就有的。他表示不同意饶勒斯所说的在野蛮人头脑里就存在正义和博爱的观念的说法。他写道："照饶勒斯所说的无意识地沉睡在野蛮人头脑中的那个正义的概念，只是在私有财产产生之后才钻进人脑中去。"①野蛮人没有任何正义的概念，将来公有财产代替私有财产后，这种正义观念也将消灭。推动社会进步的并不是饶勒斯所说的正义或博爱的观念，而是经济必然性。拉法格以奴隶制从产生到消灭的历史为例，说明经济发展是社会进步的根本原因。只有当工农业生产发展到人们用自己的劳动产品不仅能够维持自己的生存，还有某些剩余可

---

① 饶勒斯的这篇演讲作为附录收入拉法格《唯心史观和唯物史观》三联书店1965年版第8页。

供别人夺取的时候，奴隶制才能产生；一旦生产工具发展到使奴隶制已成为对人的剥削的靠不住的和赔本的形式时，它就归于消灭。拉法格还指出，人们关于共产主义的理想，并不是从天上掉下来，也不是先天就固有的，而是"从现实的腹内产生出来的，它是经济世界的反映"①。他宣布："我们是共产主义者，因为我们相信资本主义生产的经济力量是必不可免地要把社会引到共产主义。"②当生产资料一旦从资本家的手里夺过来而成为全民的公共财产时，"和平与幸福就会重临大地，因为社会使经济力量服从于自己，正如它使自然力服从自己一样。那时候——也只有那时候——人才是自由的，因为他将成为自己的社会命运的主人"③。拉法格在同饶勒斯的这场论战中进一步发挥了1884 年他在"卡尔·马克思的经济唯物主义"这一讲座中所阐述的观点，捍卫了马克思主义的唯物史观。但是，在这一演讲中有一些提法带有机械唯物论的色彩。例如，拉法格认为："思想归根结底只不过是一种物理、化学的

---

① 拉法格《唯心史观和唯物史观》第 22 页。
② 拉法格《唯心史观和唯物史观》第 22 页。
③ 拉法格《唯心史观和唯物史观》第 23 页。

现象。"① 此外，他还认为，由于欧洲大战将引起社会革命，因此，"只有蠢人或罪犯才会希望欧洲战争。破坏工具的发展和改善以及全民军事化使战争成为不可能的了"②。自拉法格发表这篇演讲以来的历史证明，他关于现代不可能发生欧洲战争的论断是缺乏充分的根据的。

2.《财产的起源和进化》

1895 年，拉法格写了《财产的起源和进化》一书，用历史唯物主义观点探讨了财产的起源及其在人类社会各个历史阶段的发展。巴黎出版商德拉格拉夫起初以不同意拉法格的政治观点为理由，拒绝出版此书。后来在拉法格的坚持下，德拉格拉夫才同意出版，但是提出一个条件：拉法格的著作必须同资产阶级经济学家伊夫·居奥的反驳文章印在一起。最后双方达成协议，此书以《财产的起源和进化。保尔·拉法格的共产主义论文。伊夫·居奥的反驳》的书名在巴黎出版。恩格斯仔细阅读了书稿并给予很高评价："全书文笔漂亮，历史事例非常鲜明，见解正确

① 拉法格《唯心史观和唯物史观》第 5 页。
② 拉法格《唯心史观和唯物史观》第 21 页。

并有独到之处，而最大的优点是，它不像德国教授写的书那样：正确的见解不是独到的，独到的见解却不正确。"①同时，恩格斯对书中个别观点提出了不同意见和批评。当拉法格表示要在书上注明"献给弗里德里希·恩格斯"时，恩格斯立即写信劝告他"最好还是不要这样做"②。

拉法格在这部著作中驳斥了资产阶级经济学家关于私有财产是自古就有的、永存的论调。他指出，资本是一种历史范畴，而并不像资本主义制度的辩护士所竭力散布的那样从"创世"之时起就已存在。资本这个词具有现在这种特殊意义只是从 18 世纪才开始。因为正是在这个时期资本主义的财产形式才开始对封建主义的财产形式占优势。资本主义的财产形式是在商品生产的基础上发展起来的，而商品生产又是从 12 世纪就已开始并由于美洲和回绕好望角而达印度的航路的发现，贵金属向新大陆的输入，火药、印刷术和指南针的发现，君士但丁堡的占领等而加速发展起来的。这证明，所有制不是静止不变的，而是像一切物质的和精神的现象一样是在发展着和经历着不同的形式，由一种形式过渡到另一种形式。

---

① 《马克思恩格斯全集》第 39 卷第 434 页。
② 《马克思恩格斯全集》第 39 卷第 300 页。

拉法格认为，在现代社会里财产存在几种不同的形态和变种：

一、财产的公有形式

（一）古代起源的公有财产：公共财产和国有财产等等——许多世纪以来一直是贵族和资产阶级垂涎和侵占的对象。

（二）现代起源的公有财产，它是由国家以公用事业的名义所管理的，例如：邮政、铁路、博物馆、国立图书馆等。

二、财产的私有形式

（一）个人用品的财产。

（二）劳动工具的财产。

（三）资本财产。

现代社会的这些财产形式处于不断变革之中。财产在采取资本的形式之前经历了一系列形式，而这种资本的财产形式注定是要消灭的并为新的形式所代替。

在谈到研究财产进化的方法时，拉法格指出：所有的人，不论种别，都经历着从生到死的同样的发展阶段。人类社会也经历着同样的家庭形式，同样的社会的、宗教的和政治的制度以及与之相适应的风俗和哲学观点。只要弄清楚某一民族由野蛮状态到文明状态的历史，它就可用来

作为地球上一切民族的历史的原型。假如不能从某一民族的整个生活中构成这个历史，那么可以从地球上各民族的历史中选择材料，连在一起构成它。

拉法格首先考察了原始共产主义。他引用大量的事实材料证明，在人类历史上的确存在过一段漫长的、不知私有财产为何物的时期。那时，土地及其产品、家畜等都是部落和民族的公有财产。"共产主义是人类的摇篮。"① 在原始公社制内部，逐步形成了新的生产关系以及与之相适应的新的财产形式，它动摇了公有财产并为私有财产的出现准备了条件。拉法格考察了在氏族制发展的不同阶段（父权制和母权制）财产形式的变化。在父权制的后期，随着生产力的发展和劳动生产率的增长，逐渐出现了剩余产品以及随之而来的人剥削人的现象。

拉法格认为，在原始公社解体的基础上，出现了封建财产。它是靠蚕食公社财产发展起来的。封建制度实质上是交互服务的一种契约关系：贵族只有在对其上司和下属尽了义务的条件下才能领有土地，享有驱使农奴家臣从事劳动和占有劳动产品的权利。拉法格指出："事实证明，封

---

① 拉法格《财产及其起源》三联书店 1978 年版第 58 页。

建财产是靠欺诈和暴力建立起来的。"① 苏格兰和英格兰的领主就曾用野蛮的和肆无忌惮的方法完成了对农民土地的剥夺。"封建主义因战争而产生，由战争而消灭。"② 在谈到1789年法国资产阶级革命时，拉法格认为，这次革命不但没有给农民土地，而且从他们手里夺去了公共财产的一部分和使用贵族及资产阶级土地的地役权。它只有利于贵族出身的中等的和大的所有者，也有利于资产阶级。

在最后一章中，拉法格详细考察了资产阶级的财产形式，对资本主义制度作了深刻的揭露和批判。特别值得注意的是拉法格对金融资本的剖析。他指出，随着资本主义的发展，金融家的势力大大加强了。金融力图吞下一切，占有一切。由金融家垄断的巨大财富给他们以控制新闻和政府的无限制的权力。金融家及其傀儡充斥议会。除了对国家的直接影响之外，金融家也对政策起间接的影响：他们操纵交易所的市价，收买报纸影响社会舆论，等等。金融的强大不依赖于政权的形式。无论是实行帝制的德国，还是实行民主共和制的美国，都实行同样的金融统治。在法国，尽管复辟派、奥尔良派、波拿巴派和共和派相继交

---

① 拉法格《财产及其起源》三联书店 1978 年版第 89 页。
② 拉法格《财产及其起源》三联书店 1978 年版第 100 页。

递，金融统治非但没有削弱，而且得到加强。只有当无产阶级掌握了国家政权，剥夺了资本家的工厂，没收了国家银行和其他信贷机构之后，金融统治才会消亡。

拉法格认为，资本主义工业、农业、商业和金融的发展消灭了私有财产的基本特征，把它从个人性质的财产变成非个人性质的财产，建立起"资本主义的集产制"。这种集产制和原始共产主义是对立的，它不是由共产主义中产生出来，而是为共产主义作准备。在资本主义的集产制之下，业主纯粹是名义的，他变成真正的寄生虫，因为他可以毫不费力气地从财产上获取收入。一旦资本家对生产成为无用之物的时候，死刑的判决就落到了资本家阶级身上。

拉法格坚信："从史前期的简单的和粗糙的共产主义发展起来的人类社会将回到复杂的、科学的共产主义。"①

资本主义的发展导致社会财富的集中，使剥削阶级的人数越来越减少，同时又创造、集合、准备和组织了这样一个阶级，这个阶级应当完成对剥削阶级的最后剥夺，这就是体力和脑力劳动的无产阶级。

---

① 拉法格《财产及其起源》三联书店 1978 年版第 163 页。

拉法格对共产主义社会的一些特征作了描述。他认为，共产主义只有在经济发展到可以满足人类的一切正常的物质和精神需要之时才能出现；共产主义必须以阶级的消灭和所有社会成员不分男女一律平等为前提，当劳动分工还存在的时候，它就不能实现；在政治和社会的领域里也要实行共产主义的制度和风俗习惯；共产主义只能是国际的并且它还会扩大到包括人类家庭的一切成员。

拉法格满怀激情地写道："国际的共产主义，像母腹之内的婴儿，在现代社会里成长和运动。经济的和政治的事变，其到来的时机是不可逆料的，将打破那隐藏它和束缚它的资本主义外壳。于是，它降生下地并作为一种必然的社会形式确立起来。"[①]共产主义将使人类的优美的和高贵的品质达到尽善尽美的境地。"那些注定会看到万象更新的人们将是幸福的，三倍的幸福！"[②]

拉法格的这部著作在宣传唯物主义历史观方面起了重要作用。他所提出的一些见解，的确像恩格斯所说的那样，具有独到之处。从某种意义上说，本书可看作对恩格

① 拉法格《财产及其起源》三联书店 1978 年版第 168 页。

② 拉法格《财产及其起源》三联书店 1978 年版第 169 页。

斯《家庭、私有制和国家的起源》的补充，至今对于我们学习和研究科学社会主义理论仍有很大意义。但是，他在这本书的"原始共产主义"这一章中，把原始公社制过于理想化了，忽略了当时的公有制是同生产水平极端低下相联系的；他关于封建主义因战争而产生、因战争而消灭的说法带有片面性；他对 1789 年法国资产阶级革命采取全盘否定的态度，而没有指出这次革命消灭了法国的封建主义和为资本主义的生产方式廓清了道路，因而具有进步的历史意义；他把资本主义所有制说成是"资本主义集产制"，这个用语不确切，容易产生歧义。但是，瑕不掩瑜，这些错误毕竟是局部的、次要的，并不影响把这部著作列入重要的马克思主义文献之列。

1895 年 8 月 5 日，革命导师弗里德里希·恩格斯逝世了。拉法格得到这一消息后，立即从法国赶到伦敦，参加了 8 月 10 日在威斯敏斯特桥的滑铁卢车站大厅举行的恩格斯追悼会。他泪流满面地代表法国工人致悼词。他说："永别了，亲爱的朋友！我再也找不到一位这样温柔、亲切和耐心的朋友了。你和马克思给了我们《共产党宣言》，你还给了法国无产阶级一个纲领，这个纲领唤起了我们的阶级觉悟，经常是我们在夺取政权斗争中的指南。永别了，弗里德里希·恩格斯！法国工人将永远忘不了你在 1848 年教给我们的口号：'全世界无产者，联合起来！'你给我们指出了战斗的场所，你给了我们武器和口号。我们将斗争下去，我们一定会胜利！"[①]恩格斯在遗嘱中将一部分遗产赠给拉法格夫妇。此后，拉法格的境况略有好转。1896 年，他们全家搬到离巴黎 20 多公里的小镇德腊韦，居住在格朗特街 20 号的一幢两层楼的房子里。那里不但有花园、果园和鸟舍，而且景色如画，一边是美丽的塞纳河，另一边是葱郁的森林。拉法格夫妇在工作之余常常到园子里散步休息，修剪果树和栽培蔬菜。他们在这里生活了整整 15 年，直到去世。

3.《交易所的经济职能》

1897 年 2 月，拉法格在《新时代》杂志上发表了《交易所的经济职能》[②]一文，对马克思的价值理论作了具有独创性的研究，特别是对平均利润率问题作了详细的阐

---

① 《我景仰的人》人民出版社 1982 年版第 190—191 页。

② 《新时代》杂志第 15 年卷（1896—1897）第 1 册第 612—618、645—652 页。

述。拉法格后来在给普列汉诺夫的一封信中说明了他写这篇文章的动机："我不去同这些怪人①争论，而是用《交易所的经济职能作了回答。此文载于《新时代》杂志。我在文中指出，资本家之间如何按照自己的资本比例分配从工人阶级那里榨取的利润（像马克思所说的那样），和利润怎样同雇佣工人的剩余劳动相一致：自命不凡的价值规律反对者没有一个人回答得了。"②

拉法格研究了交易所中各种有价证券（包括国债券、城市债券、信贷机构和产业公司的债券等）的平均价格和平均股息率的变动情况，指出一切证券都是互相密切联系，互相影响的。"数量很大的国家债券、城市债券、信用机构和产业公司的证券，就像互相汇合的运河一样，大量的资本在这些渠道里流通着，力求达到一个平均利息率。"③当然，这种利息率不是绝对的，也不可能静止不变，因为会不断受到各种意外情况的干扰，但是它在受到某种干扰后能够迅速得到恢复并尽可能地接近于平均水平。"推动大量资本以便使证券资本化，从而使之具有一个同

---

① 指资产阶级经济学家。
② 《国际共运史研究资料》人民出版社1983年版第9辑第188页。
③ 《拉法格文选》下卷第189页。

利息率相近的股息率，这就是交易所的经济职能。"①

交易所向资本家提供了现金交易和延期交付交易这两种手段，使资本家能够把自己的资本从一个公司转移到另一个公司，从欧洲转移到美洲，以便不错过任何获利的机会。"因此，交易所的职能就在于使一切资本的利润率和利息率趋于平均水平，它是这样完成这些职能的，也就是当利息率偏离这一平均水平时，它就提高或降低股票、有价证券的价格。"② 所以，同等数量的资本可以从社会总资本所生产的总剩余价值中分到相等的份额。

拉法格的这篇论文中尽管个别用语不够确切，但总的说来，它正确地阐述了马克思关于平均利润率的理论，从而说明了资本家之间在瓜分剩余价值上的竞争和矛盾，揭示了无产阶级同资产阶级之间阶级对立的深刻经济根源。

4. 宣传无神论思想

拉法格是无神论思想的积极宣传者。从 19 世纪 60 年代起到 20 世纪初，他写了大量文章，发表了许多演讲，

---

① 《拉法格文选》下卷第 191 页。

② 《拉法格文选》下卷第 195 页。

对宗教迷信进行了毫不留情的批判，深刻揭示了宗教和教会在阶级斗争中所起的作用。他还以历史、文学、语言、人种学等方面的丰富资料为依据，研究了各种宗教观念的起源和发展，对无神论思想作了科学的论证。

19世纪60年代中期，当时拉法格还深受蒲鲁东主义的影响，认为宗教是一切社会祸害的根源，要消灭社会压迫必须先消灭宗教压迫，因此不恰当地把反宗教的斗争提到首位。1865年，他在列日国际大学生代表大会上发表的演讲中宣布上帝是祸害，只有向上帝宣战，社会进步才有可能。他还没有认识到，一切宗教都不过是人们的物质生活在人们头脑中的幻想的反映，要使社会进步，首先必须改变人们生活在其中的社会制度。1866年7月，拉法格在《左岸》报上发表的《至圣的雅科宾教会的教皇通谕》一文中宣布，法国的革命青年把"无神论、革命、社会主义"这三个口号写在自己的旗帜上，他们不承认任何教条，也不想要任何上帝。他们高喊："让位，把位置让给理性！把位置让给科学！把位置让给正义！"①虽然这篇文章带有浓厚的无政府主义色彩，但是表达了对宗派和教会的

---

① 拉法格《宗教和资本》三联书店1963年版第122页。

毫不妥协的立场。

随着拉法格从蒲鲁东主义转向马克思主义，他的无神论思想获得了科学的理论基础，变得更加彻底和更富有战斗性了。1881年，他在《平等报》上发表了《庇护九世上天堂去》一文，对罗马教皇庇护九世作了尖锐的抨击。这位教皇在1864年曾颁布声名狼藉的《当代错误学说汇编》，攻击一切进步的自然科学和社会科学学说，其中包括社会主义和共产主义学说。庇护九世还在1870年宣布"教皇永无谬误"的信条，宣扬最黑暗的天主教蒙昧主义。在19世纪80年代，由于天主教教会在法国的政治、经济、文化和教育等领域里还有很大的势力和影响，严重阻碍了社会主义运动的发展。因此，拉法格把斗争的矛头直接指向罗马教皇。他在《庇护九世上天堂去》这篇抨击文中，以辛辣的讽刺笔调揭露了教皇的伪善、贪婪和愚蠢。他借用红衣主教安东涅利之口说出了宗教的社会作用以及一切反动势力对社会主义的恐惧，他们企图联合起来扼杀无产阶级的革命运动："我们是救生的铁锚、资产阶级的避难所，因为我们利用对未知的恐惧来驱使人群；我们知道许多咒语，可以摧毁毅力，削弱意志，迫使人群放掉手里的小山雀而去追求天上的仙鹤。难道你没有看见，像为

了挤碎蛋壳而在蛋内挣扎的鹙雏一样,粗手黑脚的工人阶级为了炸毁旧的社会形式而痉挛地奋起?为了在它脱壳之前扼杀这个怪物,一切特权阶级都应当联合起来。难道你没有看见,对无产阶级要求归还从它那里夺走的一切的恐惧,对国际的恐惧,对共产主义的害怕,已经把一切国家的统治阶级的利益联结在一起?难道你没有看见,为了围剿社会主义而恢复了神圣同盟?”①

1886年2月27日—7月17日,拉法格在《社会主义者报》上发表了《资本的宗教》一文,对资本主义剥削制度作了有力的抨击,剖析了宗教在资产阶级社会中的作用,揭示了宗教和资本的关系。无产阶级革命运动的发展在资产阶级统治集团中引起了无比的恐慌。由于旧的宗教作为欺骗和愚弄被剥削者的工具逐渐被识破,显得越来越不中用了,资产阶级力图对宗教进行“修补”,用“资本的宗教”来代替旧的宗教。资本被奉为真正的上帝,而且是吃人的上帝;资本家被奉为上帝在地上的选民,他们采用残酷的手段对千百万劳动者进行无情的剥削和压榨。“资本家既不动手也不动脑子。他有一批像牲畜一般

———————

① 《拉法格文选》上卷第102页。

的男女替他耕地、炼铁、织布。他手下有一批经理和工头替他管理车间，有一批学者替他思考问题。资本家只从事拉屎撒尿的劳动，他把吃喝到肚子里的东西变成粪肥。"[①]拉法格指出，随着资本主义被共产主义所代替，资本的宗教也将退出历史舞台。"当共产主义成为社会的指导原则时，资本——这位主宰过去和现在的上帝——的统治便告结束。资本不再统治世界，它将服从于它所憎恨的劳动者，人不再拜倒在他用自己的双手和大脑创造出来的东西面前，他将从此站立起来，以主人翁的身份看待周围的大自然。"[②]

在 19 世纪 80 年代末 90 年代初，拉法格在《新时代》杂志上发表了《关于亚当和夏娃的神话》《割礼，它的社会的和宗教的意义》《关于贞洁的受孕的神话》等文章，试图通过对比较神话和人种学的研究，揭露一些宗教观念和宗教仪式产生的社会原因。

拉法格指出，对圣经故事存在两种观点，一些人承认它们是真实的，另一些人则否认它们，视为骗子的谎言。拉法格认为，我们既不迷信这些圣经故事的神秘，也不嘲

---

① 《拉法格文选》上卷第 234 页。
② 《拉法格文选》上卷第 243 页。

笑它们的荒诞不经，而力图发现它们的神秘的外壳是否掩盖着某些积极的因素。神话既不是骗子的谎言，也不是无谓的想象的产物，它们不如说是人类思想的朴素的和自发的形式之一。拉法格从这样的观点出发研究了《圣经》中关于上帝创造人的两个彼此矛盾的故事。《创世记》第一章说上帝按照自己的形象造人，照着他的形象造男造女。第二章说到这件事又是另外一个样子："耶和华上帝用地上的尘土造人"，取名亚当，然后上帝用亚当的肋骨造成他的妻子夏娃。第五章又说亚当既是男人又是女人，活到130岁，生了一个儿子，形象和样式同自己相似（也是雌雄同体）。

拉法格指出，《创世记》第一章和第五章都没有提到女人的存在，亚当和他的后裔都是雌雄同体的。这种说法实际上反映了处于发展低级阶段的野蛮人在部落内部还实行内婚制，这些部落是雌雄同体的，因为他们的成员为了结婚无须到族外去寻找妻子和丈夫。而《创世记》第二、三、四章关于亚当和夏娃的神话则是在较晚的时代里形成的。关于夏娃是用亚当的肋骨造成的这种说法只有在父权制的家庭产生和妻子移居到自己丈夫住宅的时候才能形成，这时妻子同丈夫就出身说已经是不平等的，人格上也是不平等的，妻子从属于丈夫。拉法格认为，《创世记》的各章并不属于同一时代，第二、三、四章是后来加进去的。从神话所描写的那个时期来看，耶和华上帝已经达到了相当高的物质和精神的发展阶段；他们有了朝南的、栽种了树木的伊甸园，园里有家畜，引大河灌溉；为了获得劳动者，他们把同时代的野蛮人亚当引进自己的园里做奴隶。拉法格认为，关于亚当和夏娃吃伊甸园生命树上的禁果的故事，源于人类社会发展低级阶段的"禁忌"。《创世记》所说的生命树显然就是那种被敬为神化的祖先的植物。后来，"禁忌"成了某些人的特权。生命树上的滋味鲜美的果子是专为耶和华上帝享用的，吃了它们就等于破坏了后者的特权，等于把自己提高到和他们一般高的地位，变成和他们一样的了。所以，亚当和夏娃由于吃禁果而获原罪的说法实际上是为了论证人与人之间的不平等现象。

拉法格在关于割礼的起源及其社会意义和宗教意义的文章中指出，这种宗教仪式在不同的阶级和不同的民族表现着不同的、特殊的性质。在一些野蛮部落中间割礼是青年人在加入战士行列时举行的一种仪式；在另一些野蛮部落中间，它是一种宗教仪式，是人们为保全自己的生命而把身体的一部分作为牺牲献给残酷的和凶恶的神灵。因

此，割礼"是人与神之间的联盟根深蒂固的标志"[1]。

拉法格还追溯了《圣经》中关于耶稣的母亲——处女玛利亚"贞洁受孕"的神话的起源。他认为，这是最古老的神话之一，它形成于母权制解体的时代，"即当男人为了妇女的财产和在母权制家庭中的统治地位而力图迫使妇女服从于自己并为此目的而争夺妇女在生育行为中的重要作用的时代。可是，妇女为了报复对她的权利和对她的职务的侵害行为，因而断定说她在没有男人协作之下也能怀孕"[2]。

由此可见，拉法格力图用辩证唯物主义的观点来分析某些宗教观念和宗教仪式的起源及其意义，从而给了宗教的世界观有力的打击。他在这方面所提出的许多看法是非常有趣的和有说服力的；当然也有一些看法只是一种猜想或假设，还有待进一步的探讨和证实；还有一些看法是缺乏足够根据的。恩格斯在读完他的《关于亚当和夏娃的神话》一文后曾写信给他说："您关于亚当和夏娃的文章写得很俏皮。此文固然有一定的道理，但您在阐述时似乎说得过分了，特别是在历数挪亚的历代祖先时。尽管对挪亚的

---

① 拉法格《宗教和资本》三联书店 1963 年版第 36 页。
② 拉法格《宗教和资本》三联书店 1963 年版第 44 页。

后裔来说十分清楚，这是历数部落。"[①]

拉法格在《灵魂观念的起源和发展》《上帝的信仰》这两篇著作[②]中，进一步考察了灵魂、天堂、地狱以及上帝观念的起源和发展，阐明了宗教产生的社会经济根源。

拉法格认为，灵魂的观念起源于野蛮人。为了解释睡眠和做梦的现象，他们发明了灵魂。"野蛮人不怀疑自己的梦的真实性；假如他梦见他旅行、战斗或打猎，那么他相信确有其事；但是，当他一觉醒来并发现自己还在睡觉的地点，由此他得出结论，当他进入睡乡时，他的'另外一个我'——照他们的说法是面貌相同的双重人返回自己的住宅，即返回躯体的时候，这时他就醒了。"[③]在野蛮人看来，这个与躯体的外貌相同的、不可捉摸的双重人就是灵魂。灵魂可以居住在躯体之内，也可以自由离开躯体，依附在某物之上。人死后，灵魂就走入骨头里去，主要是头盖骨。埃及人用香料来防止尸体腐烂，就是为了使灵魂的肉体住宅保存着尽可能完好的状态。不仅人有灵魂，而

---

① 《马克思恩格斯全集》第 38 卷第 103 页。

② 这两篇文章后来收入 1909 年出版的《卡尔·马克思的经济决定论》（中译本书名为《思想起源论》，三联书店 1963 年版）。

③ 拉法格《思想起源论》三联书店 1963 年版第 121 页。

且地球、月亮、太阳、星星、动物、植物乃至无生物都有灵魂。这样，在野蛮人的想象中，除了现实的世界外，还存在一个超自然的、神秘的世界。

拉法格认为，天堂的观念是原始人为解脱死者的灵魂而发明出来的，后来它变成了许诺地上生活的幸福的继续的一种愉快的希望。

在谈到地狱的观念的起源时，拉法格认为，原始人没有地狱的观念，只是在公元前几世纪，死者因生前犯罪而受刑的受苦受难的场所——地狱的思想才开始形成。在古希腊神话中，只是在父权制初期，才出现地狱的观念。

最后，拉法格对宗教观念的起源作了如下的表述："野蛮人发明了灵魂，为的是要解释梦境的现象，而发明死后住所目的是解脱死者的灵魂；他们用这个来制出意识形态的因素，它们开始时是被用来创造神的观念，而后来又被唯灵派的哲学家和基督教的宗教用来创造灵魂不朽的观念和世外天堂的观念。"[1]

拉法格还分析了在资本主义社会中资产者信仰上帝的原因。资产者看到，有些富人失掉了自己的财产变成了穷

---

① 拉法格《思想起源论》三联书店 1963 年版第 136 页。

人，而另一些原先境况不佳的人却变成了百万富翁。他无法解释这些成功和失败的原因，在他看来，这些原因属于不可知的领域。于是，他只好把命运的盛衰变化归之于运气和偶然。在交易所里，股票从一个人的手里转到另一人的手里，无论买者或卖者，都没有看到这些股票所代表的财产，也不知道财产所在的确切地理位置。这种交换的办法近似赌博。在资本家看来，他们发财或破产似乎完全依赖于运气、机缘。这就促使他们也像野蛮人一样承认最高主宰——上帝的存在。拉法格由此得出结论："资产阶级的信仰上帝和灵魂不朽是他的社会环境的意识形态现象之一；只有当他被剥夺了他从雇佣劳动者窃取来的财富和从寄生阶级变成生产阶级之时，才能使他摆脱那种信仰。"[①]同资产阶级的信仰宗教相反，机器的生产方式在无产阶级中造成了不信宗教的气氛。因为无产阶级知道，虽然他从早祈祷到晚，任何上帝也不会赐给他每天的面包，他也知道他的生活必需品和工资是靠自己的劳动换来的，因此无产阶级不信仰宗教。拉法格最后指出，只有将生产资料交给社会占有和使之受社会的控制，从而不再有"不可知的"

---

① 拉法格《思想起源论》三联书店 1963 年版第 207 页。

社会秩序的时候，才能从人的头脑中消灭对上帝的信仰。

拉法格的这些分析为在工人群众中宣传无神论思想作出了宝贵的贡献。但是，拉法格把灵魂观念的产生归结为野蛮人对梦的解释，这是把问题简单化了。此外，他在正确地指出工人阶级在争取自身解放的斗争中批判一切宗教迷信的同时，完全否认在某些工人群众中宗教还有一定影响，这也是不符合实际的。列宁指出："被剥削阶级由于没有力量同剥削者进行斗争，必然会产生对死后的幸福生活的憧憬，正如野蛮人由于没有力量同大自然搏斗而产生对上帝、魔鬼、奇迹等的信仰一样。"[①] 可见，宗教在被剥削阶级中得到传播，是有其深刻的社会经济根源的。再次，拉法格虽然正确地说明了资产阶级信仰宗教的原因，但是忽略了在资产阶级的某些阶层中存在反宗教情绪和无神论思想，这同样是把问题绝对化了。

尽管如此，拉法格不愧是批判宗教迷信和反对教权势力的英勇斗士。他的无神论著作至今仍有着重要的现实意义。

---

① 《列宁全集》中文第 2 版增订版第 12 卷第 131 页。

第八章

反对伯恩施坦主义和
米勒兰主义

1. 在德雷福斯案件中的立场

19 世纪末期，法国同欧美其他主要资本主义国家一样，开始从自由资本主义阶段向帝国主义阶段转变，国内阶级矛盾和政治斗争日趋激烈。由温和的共和派执政的资产阶级政府愈来愈暴露出自己的腐败无能，它的反动政策引起广大人民的强烈不满。工人运动日益高涨。继 1892 年卡尔莫矿工胜利地举行了政治罢工之后，1893 年又发生了诺尔和加来海峡省的矿工罢工，1895 年卡尔莫的玻璃厂工人也举行了大罢工。据统计，1870—1880 年间，法国每年平均有将近 3 万人罢工，到 1890—1895 年，每年达 9.2 万人，1898 年仅仅在巴黎就有 10 万建筑工人举行罢工，而在 1900 年罢工人数达 216750 人。① 社会主义思想在工人中得到进一步的传播在 1896 年市政选举中，各社会主义派别获得了新的胜利，在 150 个市议会中取得了多数席位，在其他 75 个市议会中取得了少数

---

① 转引自祖波克主编《第二国际史》人民出版社 1984 年版第 1 卷第 421 页。

席位，总共得票 140 万张^①，社会主义者担任了马赛、利尔、罗昂等市的市长。为了庆贺这一胜利，1896 年 5 月 30 日，各社会主义派别的代表一千多人在圣芒德举行集会，由亚历山大·米勒兰任主席。他在演说中提出了一个改良主义纲领，后来被称作"圣芒德纲领"。按照米勒兰的观点，社会主义纲领所必需的三个必不可少的要点是："国家进行干预，使各种形式的生产和交换手段按其成熟到可为社会所占有的程度逐步从资本主义所有转变为国家所有；通过普选获得国家权力；劳动者的国际协调"^②。盖得、瓦扬和饶勒斯等在会上都表示赞成这一纲领。但是，拉法格清醒地看到，这个纲领"只不过包含了用社会主义词句掩盖起来的激进派思想"^③。他在 1898 年 7 月 11 日写给盖得的信中挖苦地把米勒兰所说的社会主义纲领的三个要点称为"圣芒德福音的三个教条"^④。

---

① 转引自艾伦·诺兰德《法国社会党的建立》1956 年坎布里奇英文版第 48 页。

② 亚历山大·米勒兰《法国的改良社会主义》1903 年巴黎法文版第 34 页。

③ 转引自艾伦·诺兰德《法国社会党的建立》第 51 页。

④ 转引自艾伦·诺兰德《法国社会党的建立》第 51 页。

第八章 反对伯恩施坦主义和米勒兰主义

社会主义运动的发展使资产阶级统治集团感到惊恐不安。他们对内加紧镇压革命运动，限制人民的民主权利；对外推行殖民主义政策，积极准备发动战争。为此，他们竭力煽动民族主义和反犹主义情绪，以转移人民群众的视线。与此同时，保皇派和教权派继续进行最后挣扎，妄图复辟帝制，利用民族主义和反犹主义来反对共和制度。在法国军队的高级军官阶层中，民族主义和反犹主义情绪尤为强烈，而广大的小资产阶级也受到反犹主义宣传的严重影响。正是在这样的背景下，发生了一起震撼法国、持续数年之久的大冤狱——德雷福斯案件。在围绕这一事件的斗争中，拉法格又一次经受了严峻的考验。

1894年9月26日，法国总参谋部情报局通过安插在德国驻巴黎大使馆的谍报人员截获了一封收信人为德国武官施瓦茨科本的密信，其中包含有寄信人已经寄给德国大使馆的五份法国军事秘密文件的清单。这封信没有寄信人的署名，也没有注明日期。在缺乏可靠证据的情况下，法国情报部门认定总参谋部的犹太籍见习军官阿尔弗勒德·德雷福斯是寄信人。10月15日，陆军部长梅尔西埃下令逮捕德雷福斯，指控他犯有叛国罪和间谍罪。12月19日，秘密军事法庭开始对德雷福斯进行审讯，于22日

判处德雷福斯无期徒刑并革除军籍。不久，德雷福斯被押送到法属圭亚那附近的魔鬼岛上监禁起来。但是，德雷福斯本人一直声明自己无罪。他的亲属也四处奔走，尽力争取使他得到平反昭雪，但毫无结果。两年以后，1896年，法国情报部门截获了德国武官施瓦茨科本写给一个名叫埃斯特哈齐的法国军官的信。经查阅档案，发现埃斯特哈齐的笔迹同作为德雷福斯"罪证"的那封信的笔迹完全一样。这才查明向德国出卖军事情报的是埃斯特哈齐，而德雷福斯是无辜的。但是，法国新任陆军部长比约和总参谋部负责人布瓦代弗尔、贡瑟等借口维护军队的"荣誉"和"威信"，拒绝重审这一案件。德雷福斯的亲属在得知这一情况后，要求军事法庭审讯真正的罪犯埃斯特哈齐并释放德雷福斯。1898年1月10日，军事法庭开始审讯埃斯特哈齐，但第二天法官们竟颠倒黑白地宣告埃斯特哈齐无罪。反犹主义者在大街上兴高采烈地向埃斯特哈齐表示祝贺，并且狂热地高呼"处死犹太人！"等口号。法庭的无理判决引起了法国一切正直的民主人士的无比愤慨。1898年1月13日，法国著名作家艾米尔·左拉在《震旦报》上发表了致共和国总统费利克斯·福尔的一封公开信，标题是《我控诉！》。

第八章　反对伯恩施坦主义和米勒兰主义

左拉以大无畏的精神揭露了法国军事当局在德雷福斯案件中的种种卑鄙阴谋。他在信的结尾写道："我的行动只是一种革命手段，目的在于揭露真相，主持正义。我只有一种热情，为人类寻求光明的热情。人类受尽了苦难，有权得到幸福。我的强烈抗议是发自我心灵的呼声。"[①] 这封信在法国以及其他国家引起了广泛的反响。当时法国从上到下几乎都分裂成赞成重审此案的德雷福斯派和反对重审此案的反德雷福斯派两大营垒。属于前一派的有资产阶级共和派和进步的知识分子，许多先进的工人和社会主义者也参加了这一派；属于后一派的有反动的军国主义者、民族沙文主义者、保皇派和教权派。德雷福斯案件从一件司法案件变成了一个全国性的政治事件。

　　拉法格从一开始就密切注意德雷福斯案件的发展情况，并且力图从无产阶级的立场来对待这一案件。但是，当时法国各社会主义派别以及在法国工人党内部在对待德雷福斯案件的态度问题上发生了意见分歧。1898 年 1 月 13 日，社会主义议会党团的全体成员在波旁宫的一间小会议室开会，商讨对待这一案件的立场。以米勒兰、维维安

---

① 亚历山大·泽瓦埃斯《第三共和国史》1926 年巴黎法文版第 388 页。

尼^①、茹尔德^②和拉维^③为代表的一些人坚决反对介入德雷福斯案件。他们说:"这是一个危险的问题,我们不应该介入",因为"我们正面临大选,那样一来可能会影响我们重新当选"。他们还说:"要是再过一两年举行普选就好了,我们就可以从从容容地研究这个问题,再根据党的利益和任务决定我们是否应当介入"。^④另一方面,盖得、瓦扬和饶勒斯等认为,社会主义者必须参加这一场战斗。盖得针对米勒兰等人所说的介入这一案件会影响议会选举的论调指出:"如果无产阶级利用普选的目的只是为了重新当选或保住议席,那还不如抛弃议会方法,只限于从事纯粹的革命活动。"他还说:"左拉的信是本世纪最伟大的革命行动"^⑤。社会主义党团最后一致同意发表一个宣言。这是一个带有折中性质的文件,其中写道:"我们无权就德

---

① 勒奈·维维安尼(1863—1925),法国独立社会主义者,1893年当选为议员,后脱离社会党,曾屡任部长、总理。

② 安东·茹尔德(1848—1923),曾参加法国工人党,1889年当选为议员,后脱离工人党,拥护米勒兰入阁。

③ 艾梅·拉维(1850—1921),曾参加可能派,1890年当选为议员,米勒兰主义者。

④ 中共中央编译局国际共运史研究室编《米勒兰事件》三联书店1980年版第97、115页。

⑤ 中共中央编译局国际共运史研究室编《米勒兰事件》三联书店1980年版第98、115—116页。

雷福斯案件本身的性质发表意见。如今社会上有那么多势力在掩盖真相践踏法律，使我们简直无法弄清楚这个既判案件的起因和权威性。"所以，社会主义者"只要求澄清事实"。宣言认为，德雷福斯案件"已经变成了资产阶级对垒的两个派别、两大资产阶级集团即机会主义派别和教权派斗争的战场"。在这两个派别的斗争中，"一切都是虚伪的，一切都是谎言"。宣言号召无产阶级"不要加入这场资产阶级内战中的任何一个阵营"，并提出了三个战斗口号："打倒犹太资本主义和基督教资本主义！打倒教权主义！打倒军人寡头！"[①]在这个宣言上签名的有博丹、布瓦埃、肖维埃尔、德维尔、盖得、饶勒斯、拉维、米勒兰、瓦扬等 32 人。

拉法格主张积极介入德雷福斯案件。德维尔在给威廉·李卜克内西的一封信中提到，拉法格从一开始就是德雷福斯派[②]。曾同拉法格有密切交往的俄国民粹派鲁萨诺夫在 1911 年写的《保尔·拉法格和劳拉·拉法格》一文中

---

① 中共中央编译局国际共运史研究室编《米勒兰事件》第 213—218 页。

② 转引自达林《盖得派是一致的吗？》，载于苏联《近代史和现代史》杂志 1964 年第 5 期第 100 页。

也说，在德雷福斯案件中，拉法格一直主张利用这一事件坚决开展反对法国军国主义和沙文主义的运动。[①]

1898 年 2 月，法国政府指控左拉污蔑军队，犯了"诽谤罪"。法院判处左拉一年徒刑和三千法郎罚款。左拉被迫逃离法国。在 1898 年春天举行的议会选举中，盖得和饶勒斯由于遭到教权派和沙文主义者的猛烈攻击，都没有当选。此后，盖得改变了对德雷福斯案件的立场。他开始坚决反对介入这一案件，认为它会转移工人群众的注意力，模糊无产阶级的阶级意识。

1898 年 7 月 24 日，法国工人党全国委员会就德雷福斯案件发表了《告法国劳动者书》，号召法国无产阶级"在同样敌视我们阶级和社会主义而又彼此角逐的军队的两个派别之间，既不要站在这一边，也不要站在那一边"。它宣布："无产者在这场战斗中无事可做，这场战斗同他们毫不相干"，"无产者只需要站在圈外记数"。在这场统治阶级经历的新的危机中，"我们既不应当是埃斯特哈齐派，也不应当是德雷福斯派，而应当仍旧是阶级政党，只承认

---

① 转引自达林《盖得派是一致的吗？》，载于苏联《近代史和现代史》杂志 1964 年第 5 期第 100 页。

和从事旨在解放劳动和人类的阶级斗争"。[①] 这个声明把争取重审德雷福斯案件的斗争同无产阶级争取解放的斗争置于对立的地位，这显然是不正确的，犯了宗派主义和教条主义的错误。

拉法格作为法国工人党全国委员会成员，受党纪约束，同盖得一起签署了这一声明，但是他并不同意声明的内容，也不赞同盖得的立场。1898 年 8 月 1 日，拉法格写信给盖得，批评党的领导在德雷福斯案件中采取的模棱两可和袖手旁观的态度是"不可原谅的和无法理解的"。他写道："工人党作为一个政党不能不关心激动全国的政治问题，尤其是这样一个涉及军国主义、军事法庭、资产阶级法制、爱国主义、反犹主义等的问题。"[②] 他表示不同意全国委员会 7 月 24 日的声明，因此不能再为党的机关报《社会主义者报》撰稿，但他会服从党的纪律并保持沉默。在此后的一年半的时间里，拉法格很少参加党的公开活动。据法国历史学家克·维拉尔统计，从 1898 年 7 月 31

---

① 亚历山大·泽瓦埃斯《一八七一年后的法国社会主义》第220—222 页。

② 转引自克洛德·维拉尔《1893—1905 年的法国社会主义运动（盖得派）》第414—415 页。

日到 1899 年 2 月 28 日，全国委员会召开了 20 次会议，拉法格只出席了两次；从 1898 年 9 月到 1899 年 8 月，全国委员会派自己的一位成员协助组织 215 次演讲会和群众集会，他一次也没有参加。[1]

1898 年 9 月 17—20 日，法国工人党在蒙吕松召开全国代表大会。会上就德雷福斯案件问题展开了激烈的长时间的争论，最后一致通过了由盖得和拉法格提出的一项带有折中性质的决议，其中说："党必须围绕最近的军事、司法和政府方面的丑闻开展必要的鼓动，以便充实对无产阶级的社会主义教育和革命教育。"[2] 这个决议比全国委员会 7 月 24 日声明前进了一步，因为不再坚持工人党只应"站在圈外记数"，但是仍旧拒绝在德雷福斯案件中支持任何一方。此外，大会还在两项决议中谴责了民族主义和反犹主义。鉴于日益严重的政治局势，迫切要求各社会主义派别联合起来，采取一致行动，大会讨论了饶勒斯提出的法国各社会主义派别统一方案。大会认为，统一的时机还没

---

① 克洛德·维拉尔《1893—1905 年的法国社会主义运动（盖得派）》第 135 页。

② 克洛德·维拉尔《1893—1905 年的法国社会主义运动（盖得派）》第 415—416 页。

有成熟，但建议成立一个常设联络机构，以协调各社会主义派别之间的行动。

蒙吕松代表大会之后，拉法格在 1898 年 9 月 27 日写信给盖得，力图说服他改变对德雷福斯案件的袖手旁观立场。拉法格写道："这起德雷福斯案件由于许多复杂情况……比巴拿马丑闻对社会主义更加有利，但是千万不要采取中立立场。"[1] 拉法格在给威廉·李卜克内西的信中也谈到了他同盖得在德雷福斯案件上的分歧："由于盖得和瓦扬在德雷福斯案件中采取的错误的和无法理解的策略，我们处在困难的境地……我不止一次向盖得和我们的朋友们建议介入德雷福斯案件……但是他们不接受我的意见。"[2] 他还说："我们不应当采取盖得在德雷福斯案件中采取的袖手旁观策略。社会主义的行动党无所作为就等于自杀。"[3] 拉法格坦率地批评李卜克内西对盖得错误立场的支持。他写道："我读过您写的有关德雷福斯案件的三篇文章。当您写这些文章时，您想过没有？……只有您一个人支持盖得在德雷福斯案件中的立场，但是这种立场是完全不可能为

---

① 转引自苏联《近代史和现代史》杂志 1964 年第 5 期第 100 页。
② 转引自苏联《近代史和现代史》杂志 1964 年第 5 期第 100 页。
③ 苏联《近代史和现代史》杂志 1964 年第 5 期第 101 页。

之辩护的。反对军国主义的人怎么能不利用对德雷福斯案件的揭露呢？这是不可思议的。"①拉法格在给考茨基的信中也谈到他曾好几次试图使自己的意见在党内取得胜利，但是没有成功。因为要遵守纪律，所以不得不沉默，但是他表示在将来适当时机还是要讲话的。

1898 年 8 月，由于原先用来作为德雷福斯"罪证"的几个主要文件被揭露是伪造的，埃斯特哈齐逃到国外，总参谋部长和陆军部长被迫辞职。9 月 17 日，政府决定由最高法院重审德雷福斯案件，形势急转直下。顽固反对重审的保皇派、教权派和反犹主义者蠢蠢欲动，妄图发动军事政变。10 月，政府调集大批军队进驻巴黎，并宣布巴黎地区处于戒严状态。法国面临爆发国内战争的危险。

在这种形势下，法国各社会主义派别必须进一步团结起来，共同击退反动派的嚣张气焰。当时，法国至少有五个社会主义派别，这就是：

以盖得和拉法格为首的法国工人党；

以布鲁斯为首的法国社会主义工人联合会（可能派）；

以瓦扬为首的中央革命委员会（布朗基派），1898 年

---

① 苏联《近代史和现代史》杂志 1964 年第 5 期第 102 页。

改称革命社会主义党；

以阿列曼为首的法国革命社会主义工人党（阿列曼派），后来从阿列曼派中又分裂出以格鲁西埃和德让特为首的人数不多的革命共产主义同盟；

以米勒兰、维维安尼和饶勒斯为首的独立社会主义者，他们在 1898 年以前一直没有全国性的组织。

此外，还有一些地区性的"自治联合会"。

1898 年 10 月 16 日，根据法国工人党全国委员会的倡议，法国的社会主义议员、各社会主义派别和社会主义报刊的代表在巴黎万蒂埃大厅举行会晤，商讨当前局势和必须采取的措施。会上通过了成立常设警惕委员会的决议，每个组织和每个报刊各派两名代表参加。在委员会的四十名成员中，有八名是盖得派。各方拥有完全的独立性并对警惕委员会的决议可以行使否决权。委员会的任务只限于通过组织集会和示威游行动员社会舆论。在外省，例如在里摩日、罗昂、里昂等地，也建立了类似的组织。但是，警惕委员会实际上没有起多大作用，1898 年 11 月 27 日宣布解散。

1899 年 1 月 15 日，由法国工人党、革命社会主义党、社会主义工人联合会、革命社会主义工人党和独立社

会主义者联盟^① 这五个全国性的政党各派七名代表组成了社会主义协调委员会，以协调各社会主义政党的行动。各代表团拥有否决权，委员会无权干预各党的内部事务。它的理论纲领规定："只有至少承认把资本主义所有制度变为公有制、通过有组织的无产阶级夺取政权以及劳动者的国际协调的人，才能被看作是社会主义者。"^② 这个委员会的建立是法国社会主义运动走向统一的重要步骤。

1899 年 6 月，最高法院决定撤销对德雷福斯的原判，由军事法庭重审。反德雷福斯派对此极为不满，他们在 1899 年 6 月 4 日举行示威，妄图煽动军队叛乱。6 月 11 日，为了反击反动派的挑衅活动，社会主义协调委员会、巴黎地区的共和派团体在龙尚跑马场举行声势浩大的示威游行。十万名左右的工人、手工业者、大学生、小资产者以及其他共和派人士参加了这一活动，给了反动派有力的回击。

---

① 1898 年 12 月，独立社会主义者组成了两个全国性组织：一个是以拉比斯基埃尔为首的"独立革命社会主义者团体联合会"，另一个是由饶勒斯、米勒兰、维维安尼领导的"法国独立社会主义者联合会"。这两个组织联合以"独立社会主义者联职"的名义加入社会主义协调委员会。

② 克洛德·维拉尔《1893—1905 年的法国社会主义运动（盖得派）》第 419 页。

第八章　反对伯恩施坦主义和米勒兰主义

在国内政治危机愈来愈严重的情况下，法国资产阶级统治集团决定改变策略，用欺骗人民群众的办法来摆脱困境。

1899年6月22日，资产阶级共和党人瓦尔德克－卢梭组成了包括独立社会主义者米勒兰在内的所谓"保卫共和国"内阁。从1899年8月到9月，雷恩军事法庭重新审理了德雷福斯案件。尽管确凿的事实表明，德雷福斯是无辜的，但是法庭为保持军队的"荣誉"和"威信"，仍旧宣布德雷福斯有罪。接着，共和国总统在9月19日下令赦免德雷福斯。直到1906年7月，最高法院才撤销了雷恩军事法庭的原判，为德雷福斯彻底恢复名誉。

德雷福斯案件暴露了资产阶级民主的虚伪和资产阶级法律的阶级实质。在围绕这一事件展开的斗争中，法国工人党本来应当发挥特别重要的作用，利用这一机会来揭露资产阶级国家，把广大劳动人民团结在自己的周围。但是，以盖得为代表的一些工人党领导人从教条主义和宗派主义立场出发，在斗争中采取袖手旁观的策略，结果脱离了群众。饶勒斯站在德雷福斯派一边积极参加了这一场斗争，在群众中赢得了很高声誉。但是，他在同资产阶级政党结盟时忽略了无产阶级的独立政策，没有同时揭露资本

主义制度的实质。拉法格在德雷福斯案件时期的立场是
较为正确的，既不同于饶勒斯，也与盖得有区别。但是，
他未能促使盖得改变自己的袖手旁观策略，结果工人党
在斗争中未能起到应起的作用，使资产阶级统治集团得
以采取欺骗手段和通过妥协来渡过难关，继续维持自己
的阶级统治。

2.谴责米勒兰的背叛行为

1899 年 6 月，米勒兰加入以瓦尔德克－卢梭为首的
资产阶级内阁，担任工商业部长，同镇压巴黎公社的刽子
手加利费将军①携手合作，这一事件在法国和国际社会主
义运动中引起了激烈的争论。

亚历山大·米勒兰（1859—1943）是一位律师，1885
年作为资产阶级激进党人当选为议员，曾担任克列孟梭创
办的《正义报》撰稿人。当拉法格在 1891 年因富尔米事
件被捕时，米勒兰是他的辩护律师。19 世纪 90 年代初，

---

① 加斯顿·亚历山大·奥古斯特·加利（1830—1909）：法国将军，
1870—1871 年普法战争期间在色当被普军俘虏，1871 年获释回国，曾指挥凡
尔赛军队残酷杀害巴黎公社起义者，1899—1900 年在瓦尔德克－卢梭内阁中
任陆军部长。

米勒兰参加社会主义运动，在议会中属于独立社会主义者集团。1896 年提出圣芒德纲领，完全否认阶级斗争和无产阶级革命的必要性，片面夸大和平的合法改良的意义。他加入瓦尔德克－卢梭内阁实际上是这一纲领的合乎逻辑的发展结果。

6 月 23 日，当《政府公报》公布了瓦尔德克－卢梭内阁的名单后，议会中的革命社会主义党和共产主义同盟的议员立即宣布退出社会主义联合党团，成立单独的"革命社会主义党团"，以示抗议。25 日，法国工人党全国委员会举行紧急会议，决定发表一个反对米勒兰入阁的声明，议会中的 13 名工人党议员也宣布退出社会主义联合党团，成立单独的议会党团。但是，法国工人党内部在对待米勒兰入阁的问题上并不是完全意见一致的。在 6 月 26 日有内阁成员参加的议会会议上，在法国工人党和革命社会主义党的 26 名议员中，有 8 名议员对瓦尔德克－卢梭内阁投了信任票，其余的投了弃权票。

拉法格从一开始就明确谴责米勒兰入阁的背叛行为。他改变了自德雷福斯案件以来由于同盖得发生意见分歧而保持的沉默状态，积极投入了战斗。他受工人党全国委员会的委托，同盖得、福尔坦、泽瓦埃斯一起，起草了一个

致法国工人的宣言，并提交革命社会主义党和共产主义同盟讨论。以这一草案为基础，这三个党在 1899 年 7 月 14 日发表联合宣言，阐述了反对米勒兰入阁的理由。宣言指出，必须同饶勒斯、米勒兰等人实行的机会主义的妥协政策彻底决裂，坚持"战斗的无产阶级和社会主义政党的阶级政策，即革命的政策"。"社会党，作为一个阶级的政党，不可能是一个内阁党，也不可能变成一个内阁党，否则就是自取灭亡。它不应该和资产阶级分享政权，国家在资产阶级手中不过是维护他们的统治和社会压迫的工具。社会党的使命就在于从资产阶级手中夺取政权并把它变成谋求解放和进行社会革命的工具。"宣言号召革命社会主义者联合起来，"把这场光荣的战斗进行到最后胜利"[1]。这一宣言在法国工人中引起巨大的反响。拉法格还同盖得一起到各地向工人进行解释和说服工作，揭露米勒兰入阁的危害。他特别从理论上阐述了这一问题。1899 年 8 月 13 日，他在《社会主义者报》上发表的《社会党和资产阶级政府》一文中指出：资产阶级给予米勒兰部长席位，就像 1848 年给予路易·勃朗部长席位一样，是为了"麻痹"

---

① 中共中央编译局国际共运史研究室编《米勒兰事件》第 1—2 页。

和"驯服"社会主义，使之为资本家阶级效劳。

1899 年 7 月 30 日，《社会主义者报》发表了由盖得和拉法格签署的法国工人党全国委员会关于召开全国代表大会的呼吁书，其中进一步批判了米勒兰的背叛行为。呼吁书针对饶勒斯为米勒兰辩护的言论指出，如果把米勒兰入阁看作"一种新的行动方法的起点"，那就意味着放弃阶级斗争，意味着把社会主义者变成"资产阶级和他们利益的同谋者"。即使米勒兰入阁可以给工人带来某些有限的好处，但是对社会主义却隐藏着极大的危险："参加了几个月或者几年政府之后，无论工业无产阶级还是农业无产阶级都看不到自己地位有什么变化……那时他们将转过来找我们算账，社会主义将面临绝境，你们可曾想到过由此而不可避免产生的失望吗？"①

1899 年 8 月 13—14 日，法国工人党第十七次全国代表大会在埃佩尔内举行。米勒兰事件是大会的中心议题。大多数代表严厉谴责米勒兰主义，但是有少数代表对米勒兰采取调和态度。大会最后通过了一项带有折中性质的决议。它一方面宣布："法国工人党一直认为，夺

---

① 转引自克洛德·维拉尔《1893—1905 年的法国社会主义运动（盖得派）》第 426 页。

取国家政权，就是要从政治上剥夺资本家阶级，不管这种剥夺是以和平的方式还是以暴力的方式进行的。因此，这种剥夺只允许占据由选举产生的职位，工人党能够运用自己的力量，即组织成阶级政党的工人来取得这种职位。"另一方面，根据德莱萨尔提出的修正案，决议的最后一段宣布："代表大会委托全国委员会将来在适当时机根据具体情况，研究一下在不脱离阶级斗争阵地的前提下，是否可以占据其他职位。"① 这就为米勒兰主义留下了可乘之机。拉法格没有参加埃佩尔内代表大会。会后，他在给李卜克内西的信中指出，在埃佩尔内代表大会的代表中，有一部分是隐蔽的内阁主义者，他们到埃佩尔内去是为了反对盖得派。但是，他对大会最后达成协议感到高兴。

与此同时，法国可能派给法国各社会主义组织发出一封公开信，倡议召开法国各社会主义组织全体代表大会以商讨一切有争议的问题，并实现社会主义的统一。法国工人党和其他组织相继接受了可能派的倡议。拉法格清醒地看到，如果在没有统一的纲领、理论和纪律的情况下无条

---

① 中共中央编译局国际共运史研究室编《米勒兰事件》第4—5页。

件地同米勒兰主义者实行统一，社会主义者就会面临严重的危险："这将破坏法国社会主义理论的统一，在人们的思想上和在社会党的队伍里制造混乱"[1]。他认为统一必须有两个先决条件：首先，要制定一个准确的、科学的社会主义纲领；其次，要确定党员的义务并对他们的社会活动实行监督。1899 年 9 月 30 日，拉法格在给李卜克内西的信中谈到即将召开的代表大会时写道："我想，代表大会将会通过妥协性质的决议"[2]，米勒兰由于未经党的批准就参加政府将受到谴责，但是将容许在"特殊情况"下采取这种策略，从而为改良主义大开方便之门。拉法格决心在代表大会上捍卫革命社会主义的原则并满怀胜利的信心。在大会开幕前两天，他又一次写信给李卜克内西说："我们处于战斗的前夕：您可以相信，我们将采取坚决的行动，因为我们知道……如果独立社会主义者取得胜利，在很长时期内法国工人运动的声誉将蒙受玷污，然而，如果我们击败了他们，工人运动就会重新高涨。"[3]

---

[1]　转引自克洛德·维拉尔《1893—1905 年的法国社会主义运动（盖得派）》第 427 页。

[2]　转引自苏联《近代史和现代史》杂志 1964 年第 5 期第 101 页。

[3]　转引自苏联《近代史和现代史》杂志 1964 年第 5 期第 101 页。

1899 年 12 月 3—8 日，法国各社会主义组织第一次全体代表大会在巴黎伏尔泰林荫大道雅皮体育馆举行。出席大会的代表有 800 多人，代表了 1400 多个团体。正如拉法格所预料的那样，内阁主义者和反内阁主义者围绕米勒兰事件展开了激烈的争论，气氛非常紧张。在代表大会的会议记录中一再出现"全场骚动""强烈抗议""喊声四起"等字样。饶勒斯等竭力为米勒兰辩护，他们说，米勒兰入阁是为了拯救处于危急中的共和制度，同时也是为了实行有利于工人阶级的社会改良。盖得、拉法格和瓦扬等人起来驳斥了饶勒斯等人的说法。拉法格在发言中指出，米勒兰加入资产阶级内阁，"不仅要被迫为资产阶级政府所犯的一切错误和罪行承担责任，而且通过他的入阁，表明他赞许这些错误和罪行"；资产阶级召唤米勒兰入阁，就是为了利用日益壮大的社会主义力量维护现存的政治制度。①

代表经过四天的激烈争论，以 818 票对 664 票② 通过了盖得提出的一项提案，宣布"阶级斗争不能允许一个社会党人参加资产阶级政府"；同时又通过了德莱萨尔提出

---

① 《拉法格文选》下卷第 203 页。

② 表决是按代表证书数而不是按代表人数计算的。

的妥协性提案：一方面承认，"可能出现一些特殊情况，那时党必须研究一个社会党人参加资产阶级政府的问题"；另一方面又声明，在目前条件下，党"要集中全部力量去夺取市镇、各省和全国的由选举产生的职位"，最后通过革命来完成对资产阶级的剥夺。[①] 大会还通过了党的统一方案，规定每年召开一次全体代表大会；设立总委员会；各派保持独立的全国性组织。但是，这种统一是非常脆弱的。内阁主义者和反内阁主义者之间的斗争最终导致组织上的分裂。

1900 年 9 月 23—27 日，第二国际在巴黎召开第五次代表大会。拉法格作为法国工人党的代表参加了大会并担任起草关于"劳动解放的必要条件"的决议案的小组委员会的成员。他在发言中坚决反对机会主义者鼓吹的和平长入社会主义以及夸大合作社在资本主义社会中的意义的谬论。他讽刺地说：这些人为了对抗亿万富翁施奈德－克列索的大军火工厂，竟然主张建立制造大炮的生产合作社，并把这看作实现社会主义的一种手段！他指出，在资产阶级社会中，生产合作社同私人企业一样，服从于同样的资

---

① 中共中央编译局国际共运史研究室编《米勒兰事件》第 14 页。

本主义生产方式的法则。[①]

大会在讨论"夺取社会权力和同资产阶级政府联盟"这一议程时，围绕米勒兰入阁问题展开了激烈争论。拉法格虽然没有就这一问题在大会上发言（因为发言人的名额有限制），但是他明确支持盖得的立场，反对饶勒斯等为米勒兰辩护的论调。大会就这一问题通过了考茨基提出的决议案，它宣布："个别社会党人参加资产阶级政府，不能认为是夺取政权的正常开端，而只能认为是迫不得已采取的暂时性的特殊手段。如果在某种情况下，政治形势要求作这种冒险的尝试，那么，这是一个策略问题，而不是原则问题，国际代表大会不应对此发表意见。"[②] 这个决议没有明确谴责米勒兰的背叛行为，它的措辞含糊，模棱两可，可以作各种各样的解释，因而被称作"橡皮性决议"。

在国际代表大会结束后的第二天，在同一个大厅里召开了法国各社会主义组织第二次全体代表大会（1900年9月28—30日）。在讨论表决办法时，盖得派同饶勒斯派

---

① 《巴黎国际社会党代表大会会议记录（1900年9月23—27日）》1900年柏林德文版第16页。

② 中共中央编译局国际共运史研究室编《米勒兰事件》第44页。

发生了冲突。拉法格同法国工人党的其他代表一起退出了会场，到另一个大厅召开单独的代表大会，并宣布它是"纯粹的社会主义代表大会"。后来，在里昂举行的法国各社会主义组织第三次全体代表大会（1901 年 5 月 26—28日）上，以瓦扬为首的革命社会主义党（布朗基派）以及一些自治联合会的代表同饶勒斯派发生冲突，也退出了会场。同年 6 月 12 日，法国工人党、革命社会主义党、革命共产主义同盟以及一些自治联合会实行联合，成立"革命社会主义统一组织"。11 月 3 日，革命社会主义统一组织在塞纳河畔伊夫里召开代表会议，通过了建立法兰西社会党的组织方案。这个组织方案宣布："法兰西社会党（革命社会主义统一组织）是有组织的国际无产阶级的一部分，它以下述原则为基础谋求劳动和社会的解放：劳动者的国际协调和国际行动；从政治上和经济上把无产阶级组成阶级的政党，以夺取政权，实现生产资料和交换资料的社会化，即把资本主义社会改变成集体主义社会或共产主义社会。"它还特别强调："法兰西社会党是革命的党，因而是反对资产阶级国家的党，尽管它有义务争取能够改善工人阶级斗争条件的一切改良，但在任何情况下都不能通过参加中央政府、赞成国家预算以及与资产阶级政党建立

联盟而为敌对的阶级提供任何可能延长其统治的手段。"①
这一段显然是针对米勒兰主义而写的。1902年9月26—
28日，法兰西社会党在科芒特里代表大会上正式宣告成
立。原工人党的机关报《社会主义者报》成为法兰西社会
党的机关报。拉法格同盖得、瓦扬等被推举为党的中央
领导机关——中央委员会的成员。当时法兰西社会党共有
24000名党员。

与此同时，法国社会主义工人联合会（可能派）、独
立社会主义者联盟、一些自治联合会以及少数过去的工人
党党员（德莱萨尔，卡雷特等）组成了改良主义的法国社
会党，并于1902年3月2—4日在图尔举行的代表大会上
通过了党的原则声明、竞选纲领和党章。1903年4月，法
国社会党共有12000名党员，而到1903年年底减少到只
有8000名党员。这样，在法国形成了两个社会党相对垒
的局面。阿列曼派的革命社会主义工人党仍然保持自己的
独立组织，但人数不多。

---

① 转引自沙尔·韦勒克编《社会主义词典》1911年巴黎法文版第
347—348页。

3. "从左边批判康德"

米勒兰主义是伯恩施坦主义在法国的具体实践。因此列宁把米勒兰主义称作"实践的伯恩施坦主义"①。拉法格在批判米勒兰主义的同时，对伯恩施坦主义及其哲学基础——新康德主义作了深刻的批判。

起初，拉法格对伯恩施坦主义的危害性有些估计不足。例如，他在1898年11月27日致普列汉诺夫的信中认为，"伯恩施坦的堕落是他多年来精神过度疲劳的结果。它是从参加赫希柏格集团开始的，完整的社会主义的发明者、我们最有名气的马隆也属于这个集团。他把理想和感情塞进了社会主义。俾斯麦迫害时期的紧张斗争和恩格斯的个人影响曾经使伯恩施坦超越了这种枯燥乏味和令人作呕的慈善社会主义，而自从他生活在自己僻静的书斋里以后，他又退回到这种社会主义上面去了"②。他对伯恩施坦的"精神衰退"感到痛心，但是表示不赞成普列汉诺夫在批判伯恩施坦时采取的那种尖锐的方式。然而，随着斗争

---

① 《列宁全集》中文第2版增订版第31卷第297页。

② 转引自《国际共运史研究资料》人民出版社1983年版第9辑第187页。

的深入发展，拉法格很快就纠正了对伯恩施坦主义的看法。他非常赞赏普列汉诺夫所写的《唯物主义还是康德主义》等批判伯恩施坦的文章。他在 1899 年 2 月 14 日致普列汉诺夫的信中写道："您最近在《新时代》上发表的文章很精彩，构思巧妙和文笔流畅。"他指出，伯恩施坦的背叛行为将迫使革命的马克思主义者"去研究由于埋头于日常斗争而有些过于忽视的理论"。他深信马克思主义的敌人的叫嚣"摧毁不了社会主义城堡"，而修正主义注定要失败。他表示要利用这一机会"批驳三十年来对科学社会主义提出的所有反对意见"，因为伯恩施坦的小册子里没有什么新鲜东西，只有一些早已遭到驳斥的陈词滥调。①

伯恩施坦主义者企图在"回到康德去！"的口号下用新康德主义来篡改马克思主义的哲学基础。1900 年 2 月，新康德主义者拉波波特②在《社会主义评论》上发表了《马克思的唯物主义和康德的唯心主义》一文，要求将唯物主

---

① 转引自《国际共运史研究资料》第 9 辑第 189—190 页。

② 沙尔·拉波波特（1865—1941），出生于俄国，1883 年起参加俄国革命运动，1887 年到瑞士求学，1875 年移居巴黎，曾为《社会主义评论》编辑，后来加入法国共产党。

义和辩证法从马克思主义中"清洗出去"，并且接受康德的"批判方法"。拉法格立即在《社会主义者报》（1900年2月25日）上撰文驳斥拉波波特。文章的标题也是《马克思的唯物主义和康德的唯心主义》。

拉法格一针见血地揭露了机会主义者企图复活康德主义的实质。他指出，19世纪初期，随着法国资产阶级从革命走向反动，开始否弃在法国大革命前夕起过进步作用的伏尔泰主义和自由思想哲学；涂上浪漫主义色彩的天主教又行时了，为了击溃18世纪法国百科全书派的唯物主义，资产阶级输入了德国的康德唯心主义。他写道："在历史上将被称为资产阶级世纪的19世纪末期，知识分子企图借助康德哲学来粉碎马克思和恩格斯的唯物主义。这个反动的运动开始于德国。"以伯恩施坦、赫希柏格以及杜林的其他门徒为代表的那个学派，是在19世纪70年代末"苏黎世三人团"时期开始修正马克思主义的，而法国的马隆当时也属于那个学派。拉法格预料，在饶勒斯等"用熟了康德的术语之后，也会把康德呈献给我们的"。

拉法格指出，马克思主义同康德和黑格尔的唯心主义哲学是截然不同的。尽管马克思和恩格斯在青年时代曾是

黑格尔左派，但是后来他们批判和扬弃了黑格尔，把辩证法置于唯物主义的基础之上。他写道：马克思和恩格斯"把倒立着的黑格尔辩证法倒过来，然后加以借鉴。辩证法一旦掌握在他们手里，便促使他们对社会发展和思想发展得出了和黑格尔完全不同的认识"。

在谈到康德的"自在之物"时，拉法格指出，客观世界是可以认识的。"从人能够用这些元素制造出东西来供自己使用的那个时候起，正如恩格斯所说的，人就可以认为他认识了**自在之物**。"① 他捍卫了马克思主义关于物质的第一性和观念的第二性的唯物主义基本原理，批判了康德的不可知论。

列宁在《唯物主义和经验批判主义》一书中对拉法格的这篇文章给予了很高的评价。列宁指出：拉法格是"从左边批判康德。他不是批判康德主义和休谟主义不同的那些方面，而是批判康德和休谟共同的那些方面；不是批判康德承认自在之物，而是批判康德对于自在之物的看法不够唯物"②。

---

① 《拉法格文选》下卷第 207—211 页。
② 《列宁全集》中文第 2 版增订版第 18 卷第 211 页。

4. 关于知识分子问题的论述

拉法格关于知识分子问题发表过一系列见解，其中有些论述非常精辟。

在 19 世纪 70 年代和 80 年代的法国工人运动中，曾出现过一股排斥知识分子的思潮。例如，1876 年召开的法国第一次全国工人代表大会只允许体力劳动者参加，而脑力劳动者被排斥在外。无政府工团主义的拥护者也对知识分子采取敌视态度。即使在法国工人党内，有些工人党员仍对知识分子出身的党员抱有偏见。在这种情况下，阐明知识分子的地位和作用，对于法国社会主义运动的健康发展，有着重要的意义。

拉法格在《脑力劳动和体力劳动无产阶级》《赞成共产主义和反对共产主义》《财产的起源和进化》等著作中都谈到了知识分子问题。1900 年 3 月 23 日，巴黎集体主义大学生小组在科学家协会大厦举行报告会，拉法格应邀在会上作了题为《社会主义和知识分子》的报告，详细阐述了他对这一问题的见解。

拉法格认为，脑力劳动者是无产阶级的组成部分。在他看来，无产者就是出卖自己劳动力的脑力劳动者和体力

劳动者。如果说小生产者把两种职能——提出设计的大脑和实际执行的手——结合在同一个人身上，那么，大生产则把这两种职能分开了。机器生产把无产阶级分为体力劳动无产阶级和脑力劳动无产阶级。尽管这两种类型的无产阶级有各自的特点，甚至互相排斥，但他们是紧密相连的。如果没有体力劳动者和脑力劳动者，现代机器大生产就不可能进行。体力劳动者无法离开工程师、经理、化学家和农艺师等，而后者离开体力劳动者也无法进行生产。资本主义生产只有使一切现代科学为自己服务，才能得到发展，因此它需要脑力劳动者。

　　拉法格分析了18世纪以来知识分子的社会地位的变化过程，说明在资本主义社会里，知识分子的智力也变成了一种商品。当脑力劳动者数量不多时，他们的劳动报酬相对而言比较高。但是，随着资本主义的发展，在许多部门出现了知识分子过剩的现象，以至于当出现一个空额时，就有几十个甚至几百个知识分子前来应征。于是，形成了一支劳动后备军，脑力劳动者同体力劳动者一样，愈来愈难于找到工作。他们的工资被压得很低，有时甚至低于体力劳动者。拉法格写道：脑力劳动者在资本主义社会里"只是一些工资收入微薄的雇工；他们耗尽和绞干脑汁为了使大资本家发财，而大资本家丝毫用不着努力去获得知识，因为每月出 150—200 法郎就可以在市场上找到化学家、工程师、农学家。人们学会了把一切东西都生产得绰有余裕，从短袜一直到知识分子，制造化学家和电工技师多得像菜园种植者栽种胡萝卜一样，因此他们的价格便大大低落"[①]。同任何商品一样，在国内找不到市场的脑力劳动者被输出到国外，输出到殖民地国家。

拉法格指出，知识分子的社会地位并不是完全一样的。少数知识分子被资本家所收买，成了他们的代理人，他们在大企业里充当管理人员和经理，通常得到较为丰厚的报酬。他们是雇佣劳动者中的享有特权者，他们自以为是资本家阶级的组成部分，实际上只不过是资本家的奴仆。他们处处维护资本家的利益而反对工人阶级。他们对社会主义抱敌视态度，因为他们的利益同资产阶级紧紧联系在一起。但是，在这少数享有特权的知识分子下面，还有大批经常处于挨饿状态的知识分子，包括工程师、农艺师、化学家、天文学家、文学家等，他们同样地受到资本家的残酷剥削，他们的经济状况同体力劳动者相差无几，

---

① 拉法格《财产及其起源》三联书店 1978 年版第 13 页。

而且日益恶化。这些知识分子倾向于社会主义，有的已加入了社会主义政党。

基于以上对知识分子在资本主义社会中的地位的分析，拉法格批评了那种对知识分子采取歧视和排斥态度的倾向，强调要把更多的优秀的脑力劳动者吸引到社会主义方面来。他写道："一个阶级只有当它的内部有一切领导才能的人，才能成熟到可以担负领导全人类的重任。无产阶级已经达到这样的程度，因为在手工业劳动者旁边，存在着有管理才能和有知识的无产阶级。"[①] 拉法格还讲述了他和盖得、瓦扬等在巴黎拉丁区（大学区）宣传社会主义以争取青年知识分子和大学生的情况。

拉法格针对法国社会主义运动中以饶勒斯为代表的少数知识分子宣扬的支持米勒兰入阁的所谓"新的行动方法"，指出这些人由于其所受的教育、生活环境等原因而受资产阶级的影响。这些人加入社会主义政党后力图改变党的理论和策略，反对通过革命（包括暴力的和和平的方式）夺取政权；反对社会主义政党同一切资产阶级政党相对立，主张把社会主义政党变成资产阶级政党的附庸；反

---

① 茹尔·盖得和保尔·拉法格等《法国工人党的诞生》第65页。

对进行阶级斗争，主张实行政治妥协。拉法格指出，这些人所鼓吹的机会主义策略肯定要失败。

拉法格认为，在共产主义社会里，生产力得到高度发展，生产与消费相适应。社会的全体成员，包括儿童和老年人，都将从事生产劳动，每天不超过三四小时；随着生产力的提高，劳动时间还将缩短。工人们将有充分的余暇来发展自己的智力，工人将不再是自己的职业的奴隶，那时候脑力劳动和体力劳动之间的差别终将消失。拉法格写道：在共产主义社会里，"每个人将只需履行自己的社会义务，就可以享受全部社会财富，只有在那里人们才能自由地由北方旅行到南方，由织布工厂转到耕地或者转到任何其他的职业，并且全面地不受阻碍地发展自己的个性"[1]。

拉法格关于知识分子问题的这些论述丰富了科学社会主义的理论，在马克思主义发展史上具有十分重要的意义。

---

[1]　拉法格《财产及其起源》三联书店 1978 年版第 25 页。

第九章

争取法国社会主义运动的统一

1. 参与创建法国社会党（工人国际法国支部）

列宁指出："法国帝国主义与英国殖民帝国主义不同，可以叫作高利贷帝国主义。"① 由二百个家族组成的一小撮金融寡头操纵着国家的经济命脉，成为全国经济和政治的最高主宰。法国帝国主义为了攫取最大限度的利润，力图掠夺新的殖民地、销售市场和势力范围，同其他帝国主义国家发生了激烈的冲突。1900 年法国参加"八国联军"，对中国人民进行了野蛮掠夺和血腥屠杀。1904 年 8 月，法国政府和英国签订了协约，这是在欧洲形成两个对立的军事集团的一个重要步骤。帝国主义战争的威胁愈来愈严重了。

与此同时，法国国内的阶级斗争日趋尖锐。米勒兰入阁后所采取的一些改良措施，并没有给工人带来多少实际的利益，只起了欺骗群众的作用。1900 年 2 月和 7 月，瓦尔德克－卢梭内阁动用军警对马提尼克和索恩河畔夏龙的罢工工人进行了血腥屠杀，这彻底暴露了政府的反动

---

① 《列宁全集》中文第 2 版增订版第 27 卷第 378 页。

面目，也使工人们认清了米勒兰活动的实质。1902 年 6 月，瓦尔德克－卢梭内阁垮台，由资产阶级激进党人孔勃组阁。在 20 世纪的最初五年间，罢工工人达到 90 万人以上，比 19 世纪最后五年的罢工工人增加了一倍以上。

1901—1905 年法国的罢工统计 [1]

年份	罢工次数	罢工工人数
1901	523	111,414
1902	512	212,704
1903	567	123,151
1904	1,026	271,097
1905	830	177,666

在这种形势下，为了制止帝国主义战争危险，维护工人阶级的切身利益和基本权利，法国的社会主义者感到迫切需要联合起来，反对共同的敌人。法国无产阶级身受社会主义运动长期分裂和派别林立所造成的痛苦，在工人中追求团结、建立工人阶级统一组织的愿望越来越强烈，逐渐形成了争取社会主义运动统一的强大的群众运动。

---

[1] 引自勒瓦瑟《第三共和国时期法国的工人和工业问题》1907 年巴黎法文版第 700 页。

第九章　争取法国社会主义运动的统一

1904 年 8 月 14—20 日，第二国际在阿姆斯特丹举行第六次代表大会。法兰西社会党、法国社会党和法国革命社会主义工人党都各自派代表[①]参加。在讨论"社会党策略的国际准则"这一议程时，革命派和机会主义派展开了激烈的争论。大会以多数票通过了盖得提出的以德国社会民主党 1903 年德累斯顿代表大会决议为基础的一项决议案，严厉谴责了修正主义。决议的开头写道："代表大会最坚决地谴责那种旨在改变我们的以阶级斗争为基础的久经考验的和光荣的策略，用一种迎合现存的制度的政策代替通过反对资产阶级的伟大斗争来夺取政权的政策的修正主义企图。"[②] 这一决议比 1900 年巴黎国际代表大会通过的考茨基决议前进了一大步，给了伯恩施坦主义和米勒兰主义沉重的打击。阿姆斯特丹代表大会还专门通过了一项关于"党的统一"的决议，它宣布："为了在工人阶级反对资本主义的斗争中保护工人阶级的力量，每个国家必须建立一个像统一的无产阶级那样的独一无二的社会党，以便与资

[①] 法兰西社会党代表 41 人；法国社会党代表 32 人；法国革命社会主义工人党代表 6 人。

[②] 参见伊·布拉斯拉夫斯基《第一国际第二国际历史资料（第二国际分册）》三联书店 1964 年版第 99 页。

产阶级党派相对抗。因此，所有的社会主义活动家和社会主义团体的义不容辞的义务，就是根据历次国际代表大会规定的原则并从国际无产阶级的利益出发，全力促进社会党的统一，他们在国际无产阶级面前，是要对分裂活动的惨痛后果负责的。"①

出席阿姆斯特丹代表大会的法兰西社会党代表团回到法国后，立即着手贯彻关于党的统一的决议。1904 年 8 月 30 日，法兰西社会党执行委员会发表了一项声明，表示准备执行阿姆斯特丹代表大会的决议。它宣布："法兰西社会党通过自己的执行委员会的机关报声明，它准备履行自己的全部义务，并从现在起就实现在历次国际代表大会规定的原则基础上的社会党的统一。"②拉法格作为执行委员会成员在这个声明上签了名，法国社会党对这一声明没有立即响应，而是在报刊上对法兰西社会党的主要领导人继续进行攻击。9 月，它建议成立一个协调委员会，其任务不是实现社会党的统一，而只是协调各社会主义政党的活动。法兰西社会党执行委员会在 10 月 4 日又一次发表

---

① 参见《第一国际第二国际历史资料（第二国际分册）》三联书店 1964 年版第 129—130 页。

② 沙尔·韦勒克《社会主义词典》1911 年巴黎法文版第 297 页。

声明，表示不同意建立协调委员会，因为它无助于社会党的统一。它建议成立一个"统一委员会，其唯一宗旨是确定在阶级斗争的基础上实现党在组织上的统一的途径和方法"①。执行委员会宣布自己是代表法兰西社会党参加这个统一委员会的代表团。法国社会党也在 10 月 15 日决定派代表团参加统一委员会。

　　11 月 15 日，法兰西社会党和法国社会党的代表举行预备性会议。法兰西社会党代表团由布韦里、布拉克、沙文、舍勒舍乌斯基、迪布勒伊、格鲁西埃、盖得、拉法格、朗德兰、马丁、佩特朗、普雷沃、罗兰、桑巴和瓦扬等十五人组成；法国社会党的代表团成员有白里安、康比埃、卡尔德、西普里阿尼、德韦兹、杜科·德·拉埃、饶勒斯、龙格、奥里、马尔莫尼、德·普雷桑塞、勒比乌、列诺得尔、勒韦林和维维安尼等。这次会议决定，凡派代表出席阿姆斯特丹代表大会的法国社会主义政党都可以派七名代表参加统一委员会，此外，在阿姆斯特丹代表大会前就已存在的自治联合会也可以各派一名代表参加。从 11 月 29 日起，统一委员会先后举行了五次会议。12 月 30

──────────

① 沙尔·韦勒克《社会主义词典》第 298 页。

日，统一委员会通过了统一方案的草案。1905 年 3 月 20 日在罗昂举行的法国社会党代表大会和 4 月 21—22 日在巴黎举行的法兰西社会党代表大会分别批准了这个统一方案。

1905 年 4 月 23—25 日，在巴黎环球大厅召开了法国社会主义统一代表大会。拉法格和其他 280 多位代表一起出席了这次大会。全体代表一致通过了统一委员会起草的共同宣言即《统一宪章》①，它宣布："社会党是一个阶级政党，它的宗旨是实现生产资料和交换资料的社会化，就是说，通过从政治上和经济上把无产阶级组织起来，将资本主义社会改造成集体主义或共产主义社会。社会党虽然致力于实现工人阶级要求的各项直接改良，但就其宗旨、理想和使用的手段来说，它不是一个改良党，而是一个阶级斗争的党，一个革命党。"宣言规定，社会党议员应组成单独的党团，接受党的中央机关的监督，在议会中投票反对军事拨款、进行殖民掠夺的拨款、秘密基金和整个预算。这个《统一宪章》反映了盖得派的基本观点。大会还通过了党的章程，它规定党的正式

---

① 亚历山大·泽瓦埃斯《一八七一年后的法国社会主义》第 161 页。

名称是：社会党（工人国际法国支部）；党是建立在下列原则基础上的："劳动者的国际协调和国际行动；从政治上和经济上把无产阶级组织成为阶级政党，以便夺取政权并实行生产资料和交换资料的社会化，即把资本主义社会改造成集体主义或共产主义社会"[①]；党的中央领导机关——全国委员会由各联合会的代表、议会社会主义党团的集体代表团、全国代表大会选举的常务委员会组成；在报刊上允许完全自由讨论所有的理论和方法问题，但在行动上，所有的社会主义报纸和杂志必须遵守党的全国委员会解释的全国代表大会和国际代表大会决议。因此，新的党在组织结构上与原先的法兰西社会党没有很大的差别。拉法格同盖得、瓦扬、迪布勒伊等 23 人一起当选为党的常务委员会委员[②]，他担任这一职务直到去世。

　　总的说来，社会党的统一对法国社会主义运动的发展起了积极的作用。党员人数显著增加了，1905 年 4 月共有

---

　　① 亚历山大·泽瓦埃斯《一八七一年后的法国社会主义》第 200—202 页。

　　② 《法国社会党（工人国际法国支部）第一次代表大会会议记录（1905 年 4 月 23、24 和 25 日环球大厅）》巴黎法文版第 40 页。

党员 34000 人左右，到 1906 年 10 月增加到 43462 人。[1]
1905 年 4 月共有 59 个联合会，同年 9 月增加到 66 个联合会。党在群众中的影响增强了。在 1906 年的议会选举中，法国社会党获得 872175 票，占选民总数 7.8%，在议会中得到 51 个席位。这表明法国社会主义运动在向横广方向发展。

但是必须看到，在统一的法国社会党内并没有真正达到思想上和理论上的统一。党内仍存在不同的派别，马克思主义革命派、改良主义派以及无政府工团主义派之间在一系列问题上发生尖锐分歧。以饶勒斯为代表的改良主义派逐渐掌握了党的实际领导权。

米勒兰[2]、白里安、维维安尼等没有加入统一的法国社会党，他们在议会中组成独立社会主义者集团，后来又组成所谓"共和社会党"。

---

① 克洛德·维拉尔《1893—1905 年的法国社会主义运动（盖得派）》第 585 页。

② 米勒兰在 1904 年 1 月被法国社会党塞纳省联合会开除出党。

2.《美国托拉斯及其经济、社会和政治意义》

19 世纪末 20 世纪初，在一些资本主义国家中，特别是在美国，托拉斯组织得到迅猛发展，资本主义的自由竞争逐渐被垄断所代替。拉法格密切注视资本主义发展中的这些新现象。他在 1903 年发表的《美国托拉斯及其经济、社会和政治意义》这一著作中，对资本主义垄断阶段作了富有成果的研究。

拉法格在这一著作的前言中十分精辟地说明了托拉斯的出现的历史意义。他写道："资本以前所未见的惊人规模大量集中，单是这一现象本身就足以说明资本主义已演进到特殊阶段了。"[①] 资本主义正在"演变到它的最后阶段"[②]。托拉斯用有计划的生产组织代替资本主义生产中占统治地位的无政府状态，它提高了雇佣劳动的生产率，同时又加速了财富的集中，孕育着经济危机和革命风暴。托拉斯是一种新的历史现象，"它对资本主义世界的影响是如此巨大，以致最近 40 年来发生的一切经济的、政治的

---

① 《拉法格文选》下卷第 212 页。
② 《拉法格文选》下卷第 226 页。

和科学的现象都退居第二位了"①。

拉法格在这一著作中对资本主义垄断阶段的一些特征作了深刻的分析，涉及以下几个方面：

第一，生产和资本的高度集中，形成了全国性的甚至国际性的垄断组织。拉法格根据大量统计资料指出，到1903 年 1 月 1 日为止，美国已有 793 家托拉斯，其中包括 453 家工业托拉斯和 340 家地方托拉斯和自来水、煤气、电灯、铁路、电报电话等方面的托拉斯。它们拥有的资本总额超过一千亿法郎以上，而支配这一千亿的金融资本家的人数却少得惊人。例如，美国五个著名的金融资本家集团（摩根集团、古耳德－洛克菲勒集团、哈里曼－库恩－罗比集团、万德比尔特集团和宾夕法尼亚集团）控制着美国几家大铁路公司的业务，不仅如此，它们在各种公司的名义掩盖之下还控制着各种类型的工业企业、商业企业和金融企业。各托拉斯集团倾向于结合为一体，"力图建立一个囊括全国一切生产部门的组织"②。拉法格得出结论：已经产生了"一个资本主义总指挥部了；这个指挥部

---

① 《拉法格文选》下卷第 213 页。
② 《拉法格文选》下卷第 229—230 页。

力图使美国全部有组织的生产都置于自己的控制之下"[①]。

第二，工业和银行联合起来，形成了金融资本的独占统治。拉法格在谈到银行在集中资本方面所起的作用时指出："今天，金融业已成为强大的吸压泵，它把资本集中起来，再压进工商业各条渠道中去。不断把资本集中起来的银行，只有把这些资本贷给工商业才能有利可图；有时银行也直接参与工商业的活动。"[②]由于托拉斯体系必须通过银行的统一组织将工业联成整体，所以形成了由少数人控制的联合银行和银行同盟。这种银行同盟"使资本主义总参谋部易于组织其中央生产管理机构，这里面就包含着托拉斯体系的趋向"[③]。拉法格认为，工业和银行随着经济的发展必然结合起来。一方面，由于个人积累的资金已不能满足建立工矿企业的需要，因而工矿企业要依靠银行提供必要的资金；另一方面，银行集中了国家公债所吸收不了的资金，在小型工业中找不到市场，为了养利生息，它们也得把资金贷给大型的工业公司。这样，银行和工业的利益就密切地联结在一起。

---

① 《拉法格文选》下卷第 230 页。

② 《拉法格文选》下卷第 269 页。

③ 《拉法格文选》下卷第 272 页。

第三，托拉斯不但统治着国家的经济领域，而且使人民的宗教生活、政治生活和精神生活都受它的控制和影响。美国的金融资本家兴建教堂和创办大学。报纸和电讯社也都是资本家的私有财产。他们拨出成百万的巨款用在共和党和民主党两党的竞选上。参议员和众议员、部长和总统，都不过是他们的傀儡。政客们的贪污受贿在美国达到登峰造极的地步。

第四，一小撮金融资本家不仅剥削本国，还把手伸向全世界，把资本输出到国外。例如，美国的烟草托拉斯在确立了在本国的统治后，又越过大西洋，进入了英国；美国的玻璃托拉斯已经把比利时的许多玻璃工厂买到手了；芝加哥的造船公司收购了波尔多的远洋轮造船厂；掌握铁路的美国金融资本家把资本输入欧洲，用以剥削欧洲的工业。

第五，金融资本家还操纵国家的对外政策，"促使政府抛弃传统的爱好和平的政策，把政府推上帝国主义和掠夺殖民地与市场的道路"①。"资本主义总司令部为了销售其商品以谋取利润，准备像阿提拉那样用火与剑毁灭世

———————————

① 《拉法格文选》下卷第 220 页。

界"①。托拉斯给人们带来的并不是和平与幸福，而是对内和对外的战争。

拉法格根据对资本主义垄断阶段的上述特征的分析，进一步论证了社会主义革命的必然性。

首先，托拉斯不仅不能消除经济危机，还大大促使危机的扩展和尖锐化。他写道："尽管托拉斯力图调节生产，使生产资料和产品与需求相适应，他们还是消除不了生产过剩的危机。只要生产的目的是为了利润，造成生产过剩的原因就会存在，而且将继续存在下去。"②

其次，托拉斯组织使资本主义制度所固有的各种矛盾进一步激化。"托拉斯体系所引起的集中，使资本主义统治套在工人阶级身上的枷锁变得更沉重了。"③托拉斯空前加强了对工人的压榨，他们还向政府施加影响，促使当局颁布反对工人的法律，对罢工工人实行残酷镇压，甚至枪杀。失业工人的队伍扩大了，工人的不满情绪急剧增加。工人和资本家之间的斗争达到这样的规模和如此尖锐的程度，以致出现了内战的前景。各资本家集团之间的矛盾和

---

① 《拉法格文选》下卷第 220 页。
② 《拉法格文选》下卷第 273 页。
③ 《拉法格文选》下卷第 289 页。

争夺也更加激烈。在竞争中遭到破产的一部分工业家和商人形成了一个人数日益增多的不满阶层。托拉斯体系还沉重地打击了农民，在农村引起骚动不安。美国托拉斯组织把手伸向欧洲和其他地区，从而同其他国家的垄断资产阶级发生矛盾。宗主国和殖民地国家之间的斗争也日益尖锐化。

第三，托拉斯"给本来在名义上还保留着个人性质的企业打上了无具名的印记，从而明显地证明了资本主义所有主是毫无用处的，把资本家阶级的寄生性暴露于光天化日之下"①。

第四，托拉斯体系动摇了整个社会的经济基础，必然导致社会主义革命。拉法格引用了美国社会主义工人党在纽约发行的《每日人民报》上的一篇文章中的如下的一段话："阶级斗争和种族斗争以及国际战争在资本主义面前提出一项不可能解决的任务。在资本主义制度的范围内谋求解决这一任务，就如同想要消灭资本家阶级一样，是办不到的。只有社会革命才能解决这一任务。"②拉法格认为，马克思和恩格斯关于生产和交换的周期性危机将引起社会

---

① 《拉法格文选》下卷第 275 页。
② 《拉法格文选》下卷第 222 页。

革命的预言很可能在美国应验，而美国资本主义的崩溃，必将引起欧洲资本主义的崩溃。他在最后写道："通过对托拉斯体系的研究，社会主义者对自己的理想得到了新的信心。他们可以更加坚定地确信，这种理想在不久的将来一定会实现。"[①] 任何人都无法阻止社会危机的到来，"这种社会危机将使被剥削者通过猛烈的进攻一举推翻资本主义的寡头统治"[②]。

由此可见，拉法格在这一著作中对资本主义垄断组织的产生和发展及其经济、社会和政治意义作了深入研究，对帝国主义的某些特征进行了分析，指出资本主义已经发展到自己的最后阶段，托拉斯不仅不能克服资本主义所固有的各种矛盾，还使之进一步加深和激化了，从而论证了社会主义革命的必然性。但是，拉法格还未能对帝国主义的性质和历史地位作出全面的科学的论述。拉法格在这篇著作中曾几次使用"帝国主义"这个词。例如，他写道："近十年来，由于托拉斯空前地发展生产的结果，已经迫使美国放弃它的传统政策，走向帝国主义，用武力征服

①　《拉法格文选》下卷第 284 页。
②　《拉法格文选》下卷第 284 页。

的方法为托拉斯化的美国工业争夺国外销路。"[①] 从上下文看，拉法格在这里所说的帝国主义，指的就是武力征服的方法，而并没有把它理解为资本主义垄断阶段，像后来列宁在《帝国主义是资本主义的最高阶段》一书中所写的那样。但是，我们必须看到，拉法格的这一著作写于 1903年，当时欧美主要资本主义国家刚刚进入帝国主义阶段，帝国主义所固有的各种矛盾还没有像后来那样明显暴露出来，拉法格在这样的时候就对资本主义垄断制进行了有独到见解的分析，这是非常难能可贵的，是拉法格对科学社会主义所作的重大贡献。法国历史学家克洛德·维拉尔认为："拉法格 1903 年发表的《美国托拉斯》无疑丰富了马克思主义的政治经济学。"[②] 这个评价是十分中肯的。

3. 反对战争与军国主义的斗争

1905 年初，俄国爆发了帝国主义时代的第一次大革命，它标志着资本主义相对"和平"发展时期的结束，世

---

① 《拉法格文选》下卷第 273 页。

② 转引自《国际共运史研究资料》人民出版社 1982 年版第 5 辑第163 页。

界进入了政治动荡和革命风暴时期。拉法格密切注视俄国局势的发展。早在 1904 年日俄战争开始后的最初几周里，拉法格就预见到沙皇军队的失败必将导致俄国革命。他在 1904 年 3 月 8 日的一封信中写道："世界上将发生变化，日俄战争将是沙皇制度的末日。"[①]1905 年 10 月，他在夏龙的一次群众集会上发表的演说中指出，俄国革命唤醒了欧洲"革命的春天"。他在法国社会党夏龙代表大会上，提议以代表大会的名义，向俄国无产阶级致敬。他起草的贺词中指出俄国自由资产阶级必将破产。拉法格认为，俄国革命虽然是一场资产阶级革命，但它不同于英国和法国类型的革命。他特别强调无产阶级在这场革命中的重大作用。劳拉也为俄国革命感到欢欣鼓舞，认为随着革命的开始，"俄国和她的那些勇敢地战斗着的豪迈的无产阶级、男人、妇女一起，进入了一个新的时代"[②]。拉法格对于俄国无产阶级在 1905 年革命中采取的群众性政治罢工的斗争方式表示赞赏，并且认为在必要时党应当发动起义。

　　但是，拉法格在对当时欧洲局势的分析上犯了一个很大的错误。他认为，在实行普遍义务兵役制的时代，军队

---

① 《法国年鉴（1974）》1976 年莫斯科俄文版第 258 页。

② 转引自莫姆江《保尔·拉法格和马克思主义哲学》第 57 页。

的绝大多数由工人和农民组成，欧洲资产阶级由于害怕社
会主义革命不敢发动战争。他在 1904 年 10 月 14 日的一
封信中说："很久以来我就认为，我们在欧洲再也看不到
规模巨大的战争；我在一次反驳饶勒斯的辩论会上曾经这
样说过。满洲的战争迫使欧洲的国家深思，这些国家的军
队不仅由农民和工人组成，还有资产阶级的子弟参加。"①
拉法格在 1905 年《社会主义者报》第 7 期和第 12 期上
发表的《欧洲战争是可能的吗？》和《复仇——阿尔萨
斯》两篇文章中又一次表述了这样的观点，认为在现代条
件下有代表性的是殖民战争，而欧洲大国之间的战争已经
不可能，或者可能性很小。盖得也抱有相似的看法，他
在 1899 年法国各社会主义组织第一次全体代表大会上说：
"几乎可以肯定地说，欧洲大战的时代是已经结束了。"②事
实表明，拉法格和盖得的这个论断是错误的。在 20 世纪
初，欧洲帝国主义列强之间的争夺愈来愈激烈，爆发战争
的危险愈来愈加剧了。

　　但是也应该看到，拉法格和盖得在反对军国主义问
题上存在着重大的分歧。盖得认为，军国主义是资本主

---

① 《法国年鉴（1974）》第 259 页。
② 中共中央编译局国际共运史研究室编《米勒兰事件》第 12—13 页。

义的必然产物，随着资本主义的消灭，军国主义也就会消失。因此，社会党不必开展单独的反对军国主义的宣传，只要反对资本主义制度本身就可以了。盖得在1907年第二国际斯图加特代表大会上提出的关于军国主义问题的提案集中反映了这一观点。盖得对待军国主义的立场同他在德雷福斯案件时的立场有相似之处，带有严重的教条主义和宗派主义色彩，结果必然陷入无所作为和脱离群众的处境。

拉法格不同意盖得的立场。他认为社会党必须积极参加反对军国主义的斗争，而不应采取袖手旁观的态度。但是，拉法格不愿意把他同盖得的分歧暴露在广大党员面前，因此他在1906年法国社会党利摩日代表大会上保持沉默。他在1907年7月底左右给德洛里①的一封信中写道：“我在利摩日没有就工会问题和军国主义问题发言，因为我同盖得意见不一致，我不想使他的反对者看到这些分歧而幸灾乐祸。”②他向德洛里说明了他同盖得从1906年利摩日代表大会起日益加深的分歧的实质：“从那时起，分歧

---

① 古斯达夫·龙洛里（1857—1923），法国社会主义活动家，盖得派，1896—1904年任利尔市长，1902年起为众议员。

② 转引自苏联《近代史和现代史》杂志1964年第5期第105页。

愈来愈加剧了；盖得想使党的全部鼓动和宣传只局限于一个问题——所有制问题；与此相反，我认为，党应当关心所有问题和任何运动，把社会主义思想和社会主义解决办法带到这些运动中去。早在 1848 年马克思和恩格斯在《共产党宣言》中就提出了这样的劝告。我认为，我们不应当忽视和反对反军国主义和反爱国主义的鼓动，而是相反，我们应当拨正它的方向，使之按照社会主义的反军国主义和反爱国主义的精神发展。我在《社会主义者报》和《人道报》上正是这样做的。"① 显然，拉法格对军国主义问题的立场比盖得的立场要正确得多。在 1907 年 8 月举行的法国社会党南锡代表大会上，拉法格重申了反对军国主义的立场。

从 1907 年 11 月起，盖得出版了《社会主义》杂志，作为法国社会党内的盖得派的喉舌。拉法格曾写信给盖得，表示不赞成出版这一杂志。他认为，《社会主义》杂志只面向少数人，没有广泛的群众基础，而法国社会党的另外两家报纸《社会主义者报》和《人道报》当时有三万读者，在群众中有一定影响。他还认为，《社会主义》杂

---

① 转引自苏联《近代史和现代史》杂志 1964 年第 5 期第 105 页。

志的出版只会加剧党内的矛盾。但是，盖得拒绝接受拉法格的意见，而是坚持要把《社会主义》杂志办下去。正如拉法格所预料的那样，《社会主义》杂志逐渐变成了一个脱离群众的毫无生气的刊物。后来列宁曾经批评这家杂志"典型的死气沉沉"、"庸碌无能"和"对任何一个重要问题都没有独立见解"。①

在对待半无政府主义者爱尔威的问题上，在拉法格和盖得之间也存在着意见分歧。古斯达夫·爱尔威（1871—1944）在1906年出版了《社会战争》报，鼓吹半无政府主义的反军国主义纲领。1907年，他在第二国际斯图加特代表大会上提出的关于军国主义问题的决议案中，抹杀正义战争和非正义战争之间的区别，要求用罢工和起义来回答任何战争。列宁坚决反对爱尔威的半无政府主义谬论，同时指出，在爱尔威的思想中"有一线有生命的东西"②，即"不要仅仅局限于议会斗争手段，要使群众进一步意识到在战争必然引起危机的时候必须采取革命的行动方式，最后，要使群众比较深切地意识到工人的国际团结，意识

---

① 《列宁全集》中文第2版增订版第26卷第256页。
② 《列宁全集》中文第2版增订版第16卷第73页。

到资产阶级爱国主义的虚伪性"①。

拉法格不赞同爱尔威的半无政府主义观点，但是他显然也觉察到爱尔威思想中的"一线有生命的东西"，力图利用它来打击党内醉心于议会道路的机会主义多数派。1905 年 10 月，拉法格在法国社会党夏龙代表大会上坚决反对开除爱尔威。1906 年，他建议吸收爱尔威和拉波波特为《人道报》编辑部成员。他在 1909 年 11 月给爱尔威的信中写道："亲爱的爱尔威:《人道报》已经勉强收支相抵（出色的成绩），打算在大选期间出版六版，我并不赞成这样做。我认为，最好是给它增加新鲜血液并补充新的编辑。"拉法格表示将在最近一次《人道报》编辑委员会会议上推荐爱尔威和拉波波特为编辑，但要求爱尔威声明将严格遵守在国际代表大会和法国社会党代表大会上所确定的党的各项原则和策略。"举两个例子：社会党不是议会党，它利用选举不仅是为了宣传，而且是为了把自己的活动家派到议会中去，在那里进行反对资本家阶级及其在政府里的仆从的斗争……党不是醉心起义者的党，但是它知道，当时机到来的时候，它必须发动起义。但不应当由此

---

① 《列宁全集》中文第 2 版增订版第 16 卷第 84 页。

作出结论，当形势还没有提出这样的要求，并且没有提供这样做的理由时，必须经常不断地宣传起义。"①这封信表明，拉法格的立场既不同于党内的机会主义多数派，也不同于爱尔威的半无政府主义。但是，拉法格对爱尔威的个人品质的评价显然是犯了错误。如果说爱尔威在1905—1910年间是以半无政府主义的面目出现的话，那么，从1911年起，爱尔威来了一个一百八十度的大转弯，成为狂热的沙文主义者。西方有的学者根据拉法格曾主张推荐爱尔威为《人道报》编辑以及反对把他开除出党这一点，就断言拉法格本人是半无政府主义者，这是没有道理的。

---

① 转引自苏联《近代史和现代史》杂志1964年第5期第107页。

第十章

战斗的晚年

1. 两条战线的斗争

拉法格在晚年仍然保持旺盛的革命斗志和大胆探索的进取精神，在两条战线上进行毫不妥协的斗争，既反对夸大议会斗争意义的改良主义派，又反对否定任何合法斗争的无政府主义派。

在 1906 年大选中，拉法格曾作为巴黎第十二区第一选区的候选人，和米勒兰进行竞选。5 月 6 日，拉法格获得 2914 票，没有当选。

1908 年 10 月 15—18 日，法国社会党在图卢兹召开第五次全国代表大会，中心议题是"改良和革命"的问题。饶勒斯在发言中夸大资产阶级议会制的作用以及改良在资本主义制度下的意义，甚至宣称，社会主义就是改良，无产阶级在取得政权前就可以通过发展各种类型的工会和合作社组织逐步地实现集体主义并学会社会主义管理，经过不断的改良，就可以使集体所有制渗透到个体所有制中去。

满头白发的拉法格在发言中对改良主义作了有力的批

判。他自豪地宣布，他进行了四十年的社会主义宣传，从来没有改变自己的信念，始终坚持他所选择的革命道路。他指出："议会制只是资产阶级的适宜的统治形式，这种形式使资本主义资产阶级能够掌握国家的预算手段以及军事、司法和政治方面的权力。社会主义者不是议会派，而是反议会派，他们要推翻议会制政府这个虚伪的骗人的制度。"当拉法格讲到这里的时候，一些无政府主义者鼓掌。拉法格立即毫不客气地痛斥这些无政府主义者，并且指出，马克思主义者对资产阶级议会制的批评，同无政府主义者所宣扬的观点毫无共同之点。他再一次强调，无产阶级派代表进入议会是为了同它进行斗争，给党增加一个新的斗争场所。他阐明了对改良的立场："我们一致谴责无政府主义理论，这种理论把改良看作为了延长现社会的存在而作的修补。我和我的朋友们声明，改良不是医治所有社会疾病的灵丹妙药，并认为即使对工人阶级最有用、最有利的改良也不能使它在资本主义社会中的生活变得可以忍受些。"但是，这绝不是说社会主义者拒绝任何改良，恰恰相反，"我们希望实现一切改良，甚至纯属资产阶级的改良，例如征收所得税、购买西方公司所经营的铁路"。他揭露资产阶级激进派在改良问题上的虚伪立场并且要求

352

他们履行自己的诺言，实现他们许诺的改良。社会主义者并不把全部希望和信念寄托在改良上，而是认为，只要不从根本上铲除资本主义，就不能限制资本的统治权。拉法格还指出，在资本主义社会里，没有"工人的权利"可言，正如在农奴制和奴隶制社会里没有农奴和奴隶的权利可言一样。虽然在农奴制和奴隶制社会里有过有利于奴隶和农奴的改良，但这些改良从未损害过封建主和奴隶主的权利，这些改良只是封建主和奴隶主在认为必要时所做的一些让步，一旦认为不必要了就会把它们取消。为工人所作的改良也是这样。[①] 由此可见，拉法格既反对了改良主义，又同无政府主义划清了界限。这在当时法国社会党内机会主义猖獗的情况下，是十分难能可贵的。

1909 年 4 月，法国社会党在圣亚田举行第六次全国代表大会。农民问题是大会讨论的重要内容之一。拉法格在发言中指出，在法国，农村居民占很大的比重，小所有者仍然大量存在，社会党必须采取有力的措施把广大农民争取到社会主义方面来。他说："我们也必须寻求使农民立即对社会主义宣传发生兴趣的办法；我们可以对他们说，

---

① 《法国社会党（工人国际法国支部）第三次全国代表大会会议记录(1908 年 10 月 15—18 日)》巴黎法文版第 133—141 页。

甚至在这个对他们来说如此恶劣的现社会中，也可以使生活得到少许改善，有些改良虽然不能改变他们的地位，但是可以减轻他们的痛苦……因此我认为，我们必须拟订出一系列非常明确、非常清楚、大家容易理解的要求。"[①] 他认为，可以使三种类型的农村居民——农业工人、小所有者、佃农和分成制佃农的利益都得到满足。但是，拉法格并没有对法国农民进行科学的阶级分析，提出一个既符合法国农村的实际情况，又体现科学社会主义基本原则的土地纲领。这次大会也没有通过关于土地问题的决议，而只是决定把这个问题交给一个专门委员会去研究。

　　大会讨论的另一个问题是选举策略问题。布雷东在会上提出实行左翼联盟政策，在选举中同资产阶级的激进党和激进社会党结盟，爱尔威则主张社会党候选人在第二轮投票时坚持第一轮投票时的立场，不同其他政党结盟。拉法格不同意这两种观点，认为社会党人应根据无产阶级的利益来决定自己在第二轮投票时的策略。大会最后通过了拉法格提出的提案。

---

　　① 《法国社会党（工人国际法国支部）第六次代表大会会议记录（1909 年 4 月 11—14 日圣亚田）》巴黎法文版第 303—304 页。

1909 年 7 月，独立社会主义者白里安 ① 组成内阁，由于这个内阁的成员中有三个社会主义的叛徒：总理白里安、劳工部长维维安尼和公共工程部长米勒兰，因此在历史上被斥为"三叛徒内阁"。这个内阁的组成表明资产阶级在国内阶级斗争愈来愈尖锐的情况下力图采取欺骗手段维持自己的统治。1910 年，白里安政府提出了一个退休金法案，规定只有年满 65 岁、年工资低于 3000 法郎的男女工人才能领到退休金，而且工人必须在 30 年的期限内缴纳三分之一的退休金基金，其余三分之二分别由国家和资方负担。这一法案遭到法国工人的强烈反对。在法国社会党内部，围绕退休金法案问题展开了激烈的争论。这个问题成了 1910 年 2 月 6—9 日举行的法国社会党尼姆代表大会的主要议题。饶勒斯无条件地赞成政府提出的退休金法案，认为这是走向社会主义的一个重要步骤。瓦扬、桑巴、迪布勒伊等也支持这一法案。瓦扬提出的一个决议案建议法国社会党议会党团在议会中投票赞成退休金法案。

---

① 阿里斯蒂德·白里安（1862—1932），律师出身，19 世纪 80 年代参加社会主义运动，1902 年当选为议员，1906 年因加入资产阶级内阁被开除出法国社会党，后同米勒兰、维维安尼等组成独立社会主义者集团，1911 年改称共和社会党。

拉法格和大多数盖得派则坚决反对这个法案。拉法格在发言中以大量数字为依据说明，退休金法案关于只有年满65岁才能得到退休金的规定使这个法案变成了"死人退休金"法案，因为据统计当时法国工人中只有4%—5%的人能活到65岁。而且为了得到退休金，工人们必须缴纳附加税，一个由四口人组成的工人家庭每年必须缴纳24法郎。对工人们来说，这是一个沉重的负担。拉法格最后指出："社会党必须投票反对这个法案，并且立即在众议院里提出关于反对失业以及在患病、伤残和年老等情况下给予救济的法案。"[①] 他呼吁在全国开展反对这个法案的宣传运动。但是，尼姆代表大会最后还是以多数票通过了支持退休金法案的机会主义决议。1910年4月5日，法国众议院批准了这一法案。这在法国工人中引起了愤怒的抗议浪潮。1911年五一节，在全国各地举行了大规模的示威游行，反对众议院通过的退休金法案。

1910年7月，法国社会党在巴黎举行第七次全国代表大会。在讨论合作社问题时，机会主义多数派鼓吹合作社中立论，主张合作社运动不应受党的影响，并且夸大合

① 《法国社会党（工人国际法国支部）第七次全国代表大会会议记录（1910年2月6—9日尼姆）》巴黎法文版第304页。

作社在资本主义制度下的意义。拉法格在发言中驳斥了机会主义者的观点，强调合作社必须同工会和社会党最紧密地团结起来，并且"支援工人阶级的两个战斗组织——工会和社会党"[1]。但是，大会最后以 202 票对 142 票通过了机会主义多数派的提案。

2.《卡尔·马克思的经济决定论》

1909 年，拉法格出版了他的主要哲学著作——《卡尔·马克思的经济决定论》[2]，宣传辩证唯物主义的反映论、批判唯心主义先验论和形而上学。这部著作包括了原先发表在《新时代》杂志和其他刊物上的《马克思的历史方法》《抽象思想的起源》《正义思想的起源》《善的思想的起源》《灵魂观念的起源和发展》《上帝的信仰》这六篇哲学论文。

在拉法格的著作中，经济决定论同唯物史观、历史唯物主义或经济唯物主义的意义是相同的。他在本书一开头

---

[1]　《法国社会党（工人国际法国支部）第七次全国代表大会会议记录（1910 年 7 月 15—16 日巴黎）》巴黎法文版第 114 页。

[2]　中译本的书名改为《思想起源论》三联书店 1963 年版。

就引用了马克思《政治经济学批判。第一分册》序言中的一段话："物质生活的生产方式制约着整个社会生活、政治生活和精神生活的过程。"① 这个唯物史观的基本原理是全书立论的出发点。

拉法格特别强调在实践中运用马克思的唯物史观的重要意义。他指出，资产阶级历史学家和哲学家把马克思的解释历史的方法说成是"魔鬼的邪恶产物"，正因为这种方法"引导马克思去发现了阶级斗争——这个历史的强大动力——的理论"。而一些自称为社会主义者的机会主义者也对使用这种方法犹豫不前，因为他们害怕得出可能把资产阶级的概念弄混乱的结论，其实他们一直是这种资产阶级概念的俘虏。他们不在实践中运用马克思的方法，不在试验之后再进行判断，而宁愿就这个方法的价值本身争论不休，对它百般挑剔。就像一个木匠，不去用他的锤、锯和刨进行工作，而是对这些工具的微末细节吹毛求疵，唠叨不休。拉法格指出："只有经过实践之后提出的批评，才不是空洞的而是有效的，因为实践经验比一切经过深思的论断更能指出工具的不完善和如何加以改进。"历史唯

---

① 《马克思恩格斯全集》第 31 卷第 412 页。

物主义就是马克思交给社会主义者的新的工具，靠它的帮助，就可以在历史事件的混沌状态中确立某种秩序。马克思的方法不是完美无缺和一成不变的。它是客观世界的规律的反映，必须在实践中加以运用和发展。

拉法格揭露了历史上的自然神论哲学和唯心主义哲学的谬误，指出它们都不能揭示历史发展的真正动力。自然神论者断言，历史的唯一创造者是上帝，而唯心主义哲学家则用思想代替上帝，认为进步、正义、自由、文明、祖国之类"永恒的原理"决定了历史的发展。黑格尔宣称，思想自己产生出来，创造出世界和历史，然后又复归于自身。拉法格有力地驳斥了这些观点。他指出："进步、正义、自由、祖国等思想也和数学上的公理一样不是存在于经验的领域之外；它们不是在经验之前，而是在经验之后才有的；它们不产生历史事件，它们本身是社会现象的结果。"意大利哲学家维科论证了人类社会的发展是按照共同的规律进行的。一切民族不论他们的种族起源和地理环境都经过同一的历史道路，就是说某一民族的历史是另一个达到高度发展阶段的民族的历史的重复。维科还认为，历史的动力是人的三种"恶德"——残酷、贪财和野心，而这些恶德是由"神意"所决定的。拉法格指出，维科的

这个观点是站不住脚的，人无论在肉体、智力或道德方面，都受到他所生活的环境的深刻影响。如果人们想要发现历史运动的基本原因，就必须到物质生活的生产方式中去寻找。物质生活的生产方式一般地规定社会生活、政治生活和精神生活的过程。

在论述抽象思想的起源和发展的论文中，拉法格的分析涉及了哲学的基本问题，即思维和存在的关系问题。他指出关于抽象思想的起源的唯物主义理论："开始是由希腊的思想家提出来并加以讨论，后来又被英国 17 世纪的哲学家和法国 18 世纪的哲学家所采纳，而自资产阶级获得胜利之时起又从哲学问题的范围内被勾销了。"在古希腊哲学中，柏拉图认为真、善、美的思想是先天的、不变的、普遍的；与此相反，斯多葛派的创始人芝诺则认为感觉是知识的来源，只是感觉必须经过一系列的智力加工后才变成概念。到了 17 世纪和 18 世纪，当资产阶级准备起来夺取政权时，在英国和法国重新出现了关于思想起源的争论。狄德罗和百科全书派宣称，没有先天的概念，人们走进世界像一块光板（tabula rasa），自然界的实物随着时间的进展而在它的上面烙下自己的印记。笛卡尔复活了唯心主义的内省法和苏格拉底式的"你认识你自己吧！”，把实体和原因等概念说成是先天的，而并非由经验所获得的。而康德则是笛卡尔的唯心主义观点的继承者和完成者。

霍布斯、洛克、孔狄亚克都认为，思想是从感觉中产生的，而莱布尼茨反对这种观点。在他看来，思想和概念是与生俱来的，只是以隐蔽的形式存在于理性中，但在外界的对象的影响下显露出来。理性在个人的经验开始之前已经形成。随着英国和法国资产阶级的最终胜利，霍布斯、洛克、孔狄亚克的哲学被抛弃了，资产阶级开始宣扬最庸俗的唯灵论和所谓“永恒的真理”，资产阶级社会被神圣化，被看作一种建立在善和正义的永久不变的原则之上的完善的社会秩序。拉法格通过对唯物主义和唯心主义围绕思想起源问题的斗争的回顾，对唯物主义流派作了高度评价，对形形色色的唯心主义观点作了有力的批判。

为了彻底揭露唯心主义先验论的荒谬，拉法格追溯了抽象思想的形成过程。他指出，唯心主义者完全颠倒了思维和存在的关系。事实上，思维是外界环境作用于人脑的产物。由于人类思想的继承性，“文明人的脑子是经过许多世纪耕作过和几千代播下概念和思想种子的一块田地”。

抽象思想不是在人脑中自发产生的，而是我们的祖先在几千年间的社会实践中逐渐积累起来的经验的结果。人的概念的形成有一个从具体到抽象的曲折过程。拉法格举例说，欧洲语言中表示物质财富或直线的词同样也表示道德意义的善，或者法和正义。如英语中的"right"既表示位于直线上的东西，又表示法、正义。在野蛮人的语言中，没有表示硬、圆、热等抽象概念的词，他们不说硬的，而说"像石头"；不说圆的，而说"像月亮"；不说热的，而说"像太阳"，因为硬的、圆的、热的这些属性在野蛮人的脑子里还没有与石头、月亮、太阳分开。只是在长期的脑力劳动之后，这些品质才从这些具体物中分离出来，抽象化出来，形成抽象概念。

拉法格指出，数字也是通过人们的实践活动形成并发展起来的。在野蛮人的概念中，就像在儿童的概念中一样，数和物是联系在一起的：大拇指代表一，食指代表二，一只手代表五，大拇指再加一只手代表六，两只手代表十。后来经过无数代人的脑力劳动，才形成了抽象的数学符号。

拉法格对人脑的作用作了辩证唯物主义的解释："脑具有思维的机能，正如胃具有消化的机能一样；脑子只有靠观念才能思想，而观念则是它从自然环境和人赖以发展的社会环境或人为环境所提供的材料中制造出来的。"

综上所述，在思维和存在的关系这个哲学的基本问题上，拉法格捍卫了辩证唯物主义的反映论，对唯心主义先验论和形而上学作了有力的批判，尽管他的有些论述和用语不够确切。

拉法格在《卡尔·马克思的经济决定论》中，还用马克思主义观点探讨了伦理学问题，对资产阶级道德进行了有力的批判。早在 1880 年，拉法格就发出号召："朋友们，勇敢呀！我们要向资本主义的道德和社会理论发动攻击。让我们的批判摧垮资产阶级的成见，使我们的革命行动把资产阶级所有制彻底推翻。"① 他在《懒惰权》这本小册子中以辛辣的笔调揭露了资产阶级散布的种种道德说教的虚伪性。而在《正义思想的起源》《善的思想的产生》等文章中，进一步研究了"正义""善"等道德观念的产生和发展过程。

首先，拉法格指出，道德观念同上层建筑的其他成分一样，并不是第一性的现象，而是受到一定的经济关系的

---

① 转引自《国际共运史研究资料》人民出版社 1982 年版第 5 辑第 168 页。

制约。他写道:"道德,像其余的人类活动的现象一样,服从于马克思所规定的经济决定的法则:'物质生活的生产方式一般地决定社会的、政治的和精神的生活过程'。"① 这就从根本上否定了那种认为道德观念是永恒的、不依赖于人类的物质生活条件而独立存在的唯心主义观点。

其次,拉法格以大量的事实说明,道德观念不是静止的、固定不变的,而是有其产生和发展的历史,随着人类的物质生活条件的变化而变化。拉法格认为,正义思想有两个来源,一方面源于人类的本性,另一方面源于建立在私有财产基础上的社会环境。他在谈到第一个来源时指出:在原始社会里,"以眼还眼,以牙还牙"这种报复思想反映了正义的最原始的要求。因此,在拉法格看来,"报复的渴望"和"平等的感情"是正义思想的一个来源,它的根子在于人的自卫本能。随着私有财产的出现,正义思想也发生了变化:流血不再要求用流血来抵偿,它要求的是财产。代替"以眼还眼,以牙还牙",人们要求以家畜和其他财产来抵偿流血、伤害、侮辱,等等。拉法格指出,善的观念的产生和发展也是同社会经济条件密切相连

---

① 拉法格《思想起源论》三联书店 1963 年版第 118 页。

的。他论证说：在主要的欧洲的语言中都用同一个词来表示财富和精神的善。例如，在拉丁语中，bonus 表示强有力的、勇敢的，bona 表示财产，bonum 表示善。由于勇敢在古代被看作一切美德的体现，因此懦弱也就必然成为恶德。所以，希腊文和拉丁文中的 kakos 和 malus 除了表示懦弱外，也表示恶、恶德。随着阶级社会的产生，关于善的观念也发生了变化。在阶级社会里，统治阶级往往把自己称作"善"和"美德"的体现。不同的阶级有不同的道德观。

第三，拉法格指出，建立在私有制和商品生产基础上的资产阶级社会把自私自利、阴谋诡计、爱好欺骗和弄虚作假提升为主要的美德。"人不为己，天诛地灭"成了资本主义社会的普遍的道德准则。资产阶级道德是维护资产阶级统治的工具。

第四，拉法格认为，随着共产主义的到来，建立在私有制基础上的各种道德观念也将消失。他写道："共产主义革命在废除私有财产和给予'一切人以同样的东西'时将解放人类和恢复平等精神。这时，从私有财产产生时起就折磨着人的脑筋的正义的观念，好像曾经困惑过可怜的文

明人的最可怕的噩梦一样，也就要消灭。"①

必须指出，拉法格的有些提法是不确切的。例如，他把报复思想说成是源于人的本性，似乎是先天就有的。此外，他关于正义思想（还有其他道德观念，如善的思想）在共产主义社会将要消失的说法也缺乏充分根据。尽管如此，拉法格关于道德观念的基本分析是符合唯物史观的。他出色地阐述了马克思主义伦理学的一些主要问题。

拉法格的《卡尔·马克思的经济决定论》出版后，曾译成多种文字，对传播马克思主义的辩证唯物主义和历史唯物主义起了积极的作用。梅林 1909 年在《新时代》杂志上发表了一篇评论文章，对本书作了很高评价。梅林写道："拉法格应用历史唯物主义的方法来研究那些经过非常严格地选择的历史问题，其文体的简洁明确是人所不及的。""非常希望那些尚未为德国读者所知的拉法格的论文都译成德文，它们全都属于那些有永久意义的马克思主义的文献之列。"②

---

① 拉法格《思想起源论》三联书店 1963 年版第 96 页。
② 拉法格《思想起源论》三联书店 1963 年版第 1—4 页。

3. 批判不可知论

恩格斯曾经指出，哲学的基本问题——思维和存在的关系问题包括两个方面，一个方面是：什么是本原的，是精神还是自然界？哲学家按照他们如何回答这个问题而分成两大阵营；另一个方面是：我们关于我们周围世界的思想对这个世界本身的关系是怎样的？我们的思维能不能认识现实世界？我们能不能在我们关于现实世界的表象和概念中正确地反映现实？如果说拉法格在《卡尔·马克思的经济决定论》一书中主要涉及这个问题的第一个方面，那么，他在 1910 年发表的《认识问题》一文中力图用唯物主义观点回答这个问题的第二个方面。正如梅林所认为的那样，这篇哲学著作是拉法格"最后的、最成熟的作品之一"[①]。

主观唯心主义者和不可知论者否认人们对于外部世界的认识的可靠性。他们认为，我们不能认识物质实体（休谟的用语）、自在之物（康德的用语），因为物体对我们来说是未知的和不可知的。拉法格详细分析了这种不可知论产生的历史根源和思想根源，并对它作了深刻的批判。

---

① 《新时代》杂志第 30 年卷（1911—1912）第 1 册第 342 页。

拉法格指出，哲学上的不可知论同宗教有着血缘关系。中世纪的一些神学家曾经不加掩饰地宣布，不可知论是神学的根据。例如，16世纪的法国天主教联盟的牧师夏龙认为，不可知论为宗教信仰做了重要准备。拉法格还揭露了不可知论同资产阶级世界观的联系。在他看来，古希腊诡辩论哲学家普罗塔哥拉所说的"人是万物的尺度"这句话概括了资产阶级哲学的全部内容，因为资产阶级总是按照自己的利益和感情来衡量一切。由于资产阶级生活在商业和工业的成就很难预料、繁荣的继续得不到保证的动荡不安的状况之下，因此，怀疑是资产阶级的精神特点之一。

拉法格认为，感觉是我们同外部世界发生关系的第一种手段，在幼年时期，它是我们认识事物的唯一手段。但是，如果我们仅仅依靠自己的感官来认识外部世界，那么这种认识就会是不完整的，因人而异的。一位心理学家为了证明同一客体给每个人留下的印象不同，便让一个同时玩弄着两三个陀螺的丑角突然进入讲演大厅，停留一分钟后离去，然后他要求每个在场者把刚才所见到的写出来，结果没有两个人对于小丑的动作和装束的描述是完全一样的。怎样才能获得对外部世界的较为准确的认识呢？拉法格认为，必须借助"非生物"的感受性，也就是使用各种科学仪器。例如，利用水银柱测量温度，用石蕊纸检验液体的酸度，等等。拉法格由此得出结论："当康德和新康德派认为我们只是通过感官来认识事物时，他们就犯了一个大错误。因为提供科学认识要素的不是人的不可靠的和因人而异的感觉，而是天然物的可靠的并且始终如一的感觉。"他认为，用天然物的感受性代替人体的感觉，例如通过温度计上的水银柱的度数认识温度，这样就把对人而言的质变成对物而言的量。这种转变使得有可能在各种自然现象之间确立一种数字上的联系，并且改变认识的性质。因此，人不再是万物的尺度，衡量客体的尺度是客体。这样，"资产阶级主观主义哲学的出发点即主观的原则被客观的原则所代替"。

拉法格认为，人的感官即使不发生错误，它们所能认识的事物也是极端有限的，只能显示事物有限的性质；但是，随着人们使用的科学工具的数量的增加和敏感性的增强，人类对事物的认识不断提高。然而，由于人类的感官以及代替它的工具是不完全的，而且人们所采取的研究方法也是不完善的，所以人类对事物的认识也总是不全面的。

　　拉法格对不可知论的批判以及对认识论问题的阐述基本上是符合辩证唯物主义的原理的。但是，他的有些提法显然不够确切，有的甚至是错误的。例如，他在强调科学工具在认识过程中的意义时，片面夸大它的作用，他把人们直接通过感官得到的认识同通过科学工具得到的认识对立起来，认为前者是不可靠的，后者是可靠的；前者是主观的，后者是客观的。这样说法势必会导致否定人的感性认识的客观性。事实上，人们无论通过感官或者通过科学工具所得到的认识都具有客观真理性，在两者之间不存在不可逾越的鸿沟。此外，他在解释人对事物的认识的不全面性和局限性时，没有同时指出客观世界本身处在不停顿的发展变化之中。他在说明实践是检验真理的标准这一正确的命题时，援引了法国物理学家彭加勒的说法，即经验是"真理的唯一源泉"，这容易引起误解。因为彭加勒所说的经验包含有主观唯心主义的内容。列宁在《唯物主义和经验批判主义》一书中曾对彭加勒否认自然界的客观实在性和客观规律性的观点作了分析和批判。

4.对革命导师的回忆

在拉法格的著作中，流传最广、影响最大的恐怕是他的两篇回忆马克思恩格斯的文章了。这些文章曾译成多种文字，一再印行，是研究马克思恩格斯的生平活动和思想发展的珍贵的文献资料。国内外迄今出版的马克思恩格斯传记几乎都引用拉法格文章中的材料。

拉法格作为马克思恩格斯的学生和战友，同两位革命导师有长期的密切交往。他从1865年在巴黎第一次会见马克思起，在十六年间，经常聆听马克思的教诲，并在马克思的指导下进行工作，完成马克思委托的各项任务。他既是马克思的女婿，又是马克思的学说和事业的捍卫者和继承者。拉法格同恩格斯交往的时间更长。从1867年在曼彻斯特第一次会见起到1895年恩格斯去世，前后长达二十八年。他不但在实际斗争和理论写作方面不断得到恩格斯的热情鼓励和谆谆教导，而且在经济上得到恩格斯的慷慨资助。因此，拉法格在对两位革命导师的回忆中，记述了大量耳闻目睹的事实，内容丰富，翔实可信。

拉法格 作

　　拉法格的《忆马克思》一文首次发表于《新时代》杂志1890—1891年第9年卷第1册上。[①] 他的《忆恩格斯》一文首次发表于《新时代》杂志1904—1905年第23年卷第2册上。[②]

　　拉法格以生动的笔调描述了马克思恩格斯为制定科学共产主义理论而进行的深入而又广泛的研究工作，再现了马克思写作《资本论》的情景，介绍了他的严谨的治学态度和一丝不苟的科学作风。拉法格写道："无论哪一句话，非经十种不同方法的证明，马克思是不愿提出来的。"[③] 为了写作关于英国劳工法的二十来页的文章，马克思在不列颠博物馆的图书馆里翻遍了英国与苏格兰调查委员会和工厂视察员报告的蓝皮书。

　　拉法格怀着深深的敬意描绘了两位革命导师之间生死与共的战斗友谊。他指出：马克思和恩格斯的名字永远一起载入史册，他们"在我们的时代里实现了古代诗人所描绘的那种理想的友谊"[④]。

---

　　① 《摩尔和将军》人民出版社1982年版第88—115页。
　　② 《摩尔和将军》人民出版社1982年版第116—127页。
　　③ 《摩尔和将军》人民出版社1982年版第121页。
　　④ 《摩尔和将军》人民出版社1982年版第108页。

从拉法格的回忆中，我们还可以了解到马克思、恩格斯具有广博的知识和多方面的个人爱好。马克思能够阅读欧洲一切国家的文字，能够用德、法、英三种文字写作，晚年还掌握了俄语；而恩格斯则精通西班牙语、葡萄牙语、意大利语，能用俄文、法文、波兰文写作。恩格斯还对军事科学有很高的造诣，因此马克思的女儿燕妮给他起了"将军"的绰号。

拉法格还以亲切感人的笔调介绍了马克思和恩格斯的家庭生活及其家庭成员：马克思夫人燕妮、他的女儿们以及忠实的海伦·德穆特，恩格斯的夫人莉希。

拉法格对马克思和恩格斯的回忆是革命回忆录的杰作，是我们向两位革命导师学习的生动教材。

5."怀着无限欢乐的心情离开人世"

自从法国社会党在 1905 年实现统一后，党员人数逐年有所增加 [1]：

---

[1]　《法国社会党（工人国际法国支部）第十一次全国代表大会会议记录（1914 年 1 月 25—28 日亚眠）》巴黎法文版第 19 页。

时间	代表大会	党员人数
1905 年 4 月	巴黎	34,688
1905 年 10 月	夏龙	40,000
1906 年 11 月	利摩日	43,462
1907 年 8 月	南锡	48,237
1908 年 10 月	图卢兹	49,348
1909 年 4 月	圣亚田	51,692
1910 年 2 月	尼姆	53,928
1911 年 4 月	圣康坦	63,358
1912 年 2 月	里昂	63,657
1913 年 8 月	布雷斯特	68,903
1914 年 1 月	亚眠	72,765

　　从上表可以看出，直到第一次世界大战爆发前夕，法国社会党的党员人数始终没有达到十万。可见，法国社会党并没有成为一个群众性的工人政党。不仅如此，在1909—1911 年左右，党的大多数领导人走上了机会主义道路。饶勒斯派在党内占压倒优势。盖得派作为一个单独的流派在第一次世界大战爆发前几年逐渐消失了，而与饶勒斯派融为一体。盖得本人也片面地夸大议会斗争的意义。1910 年选举前，他在《社会主义》周刊上向选民们呼

吁："如果八百万法国无产者在 4 月 24 日投票赞成自己的阶级……那么当天晚上革命就将完成。"[1]他在 1911 年初发表在《社会主义》周刊上的一篇文章中声明，在他和饶勒斯之间没有原则性的分歧，只有细节上的差别。这是很有代表性的。

前面我们已经提到，拉法格由于在一些重要问题上同盖得有分歧，在最后几年里过着深居简出的生活，很少在公开场合发表演说和文章，但是他并没有放弃反对各种形式的机会主义的斗争。在 1911 年 4 月法国社会党圣康坦代表大会上，他发言反对机会主义者鼓吹的所谓市政社会主义的观点，指出仅仅通过公用事业并不能导致社会主义。他以讽刺的口吻说："最近，由于我们的桑巴同志的努力，邮政管理部门将邮资从 15 生丁减少到 10 生丁。让我们来看一看，这对谁有利。工人们如果每年写 12 封信，就算不少了。这样，他们每年可以节省 12 个苏[2]。而那些商人、厂主和资产者每年写几百封、几千封信，这项改良使他们每年节省的就不是 12 个苏，而是几百法郎，几千

---

[1]　《社会主义》周刊 1910 年 5 月 28 日。

[2]　一个苏等于五生丁。

法郎。"① 大会最后通过的决议确认夺取市政机构只是工人斗争的一部分，无产阶级要获得解放必须彻底改变所有制。在这次大会上，《人道报》正式成为法国社会党的机关报，拉法格当选为编辑委员会成员，他去世后，由马赛尔·加香继任。

国内外有些学者认为，拉法格晚年犯了中派主义的错误。这种说法是缺乏充分根据的。列宁曾经指出，中派主义是改头换面的机会主义，它的特点是口头上忠实于马克思主义，实践上屈服于机会主义。大约在 1910 年左右中派主义才形成一个国际思潮，其主要代表是考茨基，因此又称为考茨基主义。拉法格尽管在理论上和实践中有种种缺点和错误，但总的说来他是始终站在马克思主义立场上的，在法国和国际工人运动中同机会主义进行了毫不妥协的斗争。因此，说他在晚年犯了中派主义错误，是不恰当的。

当时正侨居在巴黎的列宁对法国社会党的大多数领导人的机会主义立场持严厉的批判态度，但对拉法格非常尊敬，把他看作一位久经考验的无产阶级战士。1909 年夏

---

① 《法国社会党（工人国际法国支部）第八次全国代表大会会议记录（1911 年 4 月 16—19 日圣康坦）》巴黎法文版第 335 页。

天，列宁通过沙尔·拉波波特的介绍同拉法格建立了联系。[①] 他同克鲁普斯卡娅一起专程前往德腊韦拜访拉法格夫妇。克鲁普斯卡娅后来在回忆录中谈到了这次会见的情况："记得有一次我和伊里奇骑自行车到拉法格家里去。拉法格夫妇非常殷勤地招待我们。弗拉基米尔对拉法格谈起了自己的哲学著作，劳拉引我到花园去散步。我很激动，因为在我面前站着的就是马克思的女儿啊！我目不转睛地望着她的脸，情不自禁地从她的脸上寻找着马克思的特点。"[②] 克鲁普斯卡娅同劳拉谈起俄国的妇女运动，而拉法格则同列宁谈论哲学。劳拉说起她的丈夫："他很快就会证明他的哲学信念是多么真诚！"他们二人有些奇怪地互相看了一眼。当时列宁和克鲁普斯卡娅对这句话感到有些不解，直到后来听到拉法格夫妇去世的消息后，才懂得了这句话的真正意思："他们死了，作为无神论者自杀了，因为年老失去了斗争所必需的力量。"[③]

---

① 有的材料提到，列宁第一次会见拉法格是在 1895 年 5—6 月间，地点在巴黎郊区勒－佩勒的拉法格住所。列宁向拉法格介绍了俄国社会民主党人在工人中进行宣传活动的情况（参见尤·马尔托夫《一个社会民主党人的笔记》1924 年莫斯科俄文版第 264 页）。

② 《回忆列宁》人民出版社 1982 年版第 1 卷第 431—432 页。

③ 《回忆列宁》人民出版社 1982 年版第 1 卷第 432 页。

克鲁普斯卡娅写道。

1911 年 11 月 25 日，星期六，拉法格和劳拉一起到巴黎度过了在世的最后一天。他们拜访了一些老朋友，还到电影院看了一场电影，之后回到德腊韦的寓所，同园丁厄内斯特·杜塞以及其他人亲切地闲谈了一会儿，讲了在巴黎度周末的情况。

第二天上午十点钟左右，杜塞见拉法格夫妇还没有起床，感到有些不安，因为他们通常起得很早。杜塞上楼去敲了一下拉法格夫妇卧室的房门，没有人回答。于是，他开门进去，发现拉法格已经平静地与世长辞，劳拉则在旁边的一个房间里坐在安乐椅上永远安眠了。他们都穿得整整齐齐，房间里的一切同平时一样有条不紊。拉法格留下了一封遗书，其中写道：

"我的身体和精神都还很健康，我不愿忍受无情的垂暮之年接连夺去我的生活乐趣，削弱我的体力和智力，耗尽我的精力，摧折我的意志，使我成为自己和别人的累赘。在这样的时刻到来之前，我先行结束自己的生命。

"多年以来，我就决心不逾越 70 岁这个期限；我确定了自己离开人世的时间并准备了把我的决定付诸实行的办法：皮下注射氢氰酸。

"我怀着无限欢乐的心情离开人世，深信我为之奋斗了45年的事业在不久的将来就会取得胜利。

"共产主义万岁!

"国际社会主义万岁!"①

这封遗书表明，拉法格的自杀并非像一些资产阶级报刊所竭力散布的那样是由于对共产主义事业的前途失去信心或者由于精神上的堕落而引起的。恰恰相反，他去世时对他毕生为之奋斗的无产阶级解放事业充满着必胜的信念。他在自杀前几星期，曾向法国社会党中央委员会提交了一篇论述反对物价腾贵的文章，作为起草有关决议的材料。这篇文章在他死后才发表在《社会主义评论》杂志上。文章的最后一段指出："正如《共产党宣言》所指出的那样，社会主义者必须参加民众所关心的一切运动，以便把国际社会主义的要求——生产和交换资料公有化提到首位。"②这再一次证明，拉法格始终不渝地把《共产党宣言》所规定的实现生产资料公有化作为自己的斗争目标。

当然，拉法格采取自杀的手段来结束自己的生命是不可取的。列宁在听到拉法格夫妇自杀的消息后，曾对周围

① 《社会主义者报》1911年12月3—10日。
② 梁赞诺夫编《拉法格选集》第2卷第467页。

的战友们说:"一个社会党人不是属于自己的,而是属于党的。如果他还能为工人阶级做哪怕一点点有益的事,哪怕是写一篇文章或一份呼吁书,他就没有权利自杀。"[1]梅林在当时写的一篇悼念拉法格夫妇的文章中也说:"为自由服务是一项严肃的任务,对于无产阶级解放斗争来说更是如此,即使是享有盛誉的老战士,只要他一息尚存,就无权放弃自己的岗位。何况在这位生气勃勃的老人身上,还有多么充沛的力量,多么无穷尽的、旺盛的精力!"[2]《人民报》在1911年11月28日发表的一篇文章中也对拉法格的自杀表示惋惜,批评他"没有认识到他的活动以及马克思唯一活着的女儿的活动对党多么有意义"。

为了向拉法格夫妇表示最后的敬意,巴黎无产阶级决定为他们举行隆重的葬礼。1911年12月2日,法国社会党机关报《人道报》刊登了一个通告,宣布凡是要求在拉法格夫妇葬礼上发表演说的各党派和组织的代表必须前一天向《人道报》编辑部提出申请。列宁也亲自前往《人道报》编辑部报名。由于《人道报》社前的大街上挤满了人,列宁直到深夜,而且费了很大的劲才到达那里。

---

[1] 《回忆列宁》人民出版1982年版第2卷第370页。
[2] 《新时代》杂志第30年卷(1911—1912)第1册第337页。

第十章　战斗的晚年

　　1911 年 12 月 3 日，巴黎市的两万名工人为保尔·拉法格和劳拉·拉法格举行葬礼。法国和其他国家的社会主义政党和工人组织的许多著名活动家出席了这一隆重的仪式。组成十二人一排的长长的送殡行列在红旗的引导下跟随拉法格夫妇的灵柩缓缓向拉雪兹神父公墓行进。每一队前都有花圈和花束。巴黎十二区的乐队演奏着肖邦的葬礼进行曲。火葬场的大厅里无法容纳全体前来向拉法格夫妇作最后告别的人群，追悼会只得改在大厅前的露天广场举行。法国和其他国家的十多名代表在葬礼上发表了演说，他们之中有：法国的迪布勒伊、布拉克、瓦扬、盖得和饶勒斯；德国的考茨基；比利时的安塞尔；英国的凯尔·哈第；俄国的列宁、柯伦泰和鲁巴诺维奇。所有的演说者都对保尔·拉法格和劳拉·拉法格一生的活动和功绩作了很高的评价，并对他们的去世表示深切的哀悼。列宁作为俄国社会民主工党的代表，在演说中赞扬拉法格是"马克思主义思想的最有才能、最渊博的传播者之一"。列宁指出："拉法格体现了两个时代的结合：一个是法国革命青年同法国工人为了共和制的理想向皇朝发动进攻的时代；一个是法国无产阶级在马克思主义者领导下进行反对整个资产阶级制度的坚定的阶级斗争、为争取社会主义、为同资产

阶级进行最后斗争作准备的时代。"① 他特别强调，俄国的觉悟工人和全体社会民主党人要深深地尊敬拉法格，并从拉法格和他的朋友们的著作中直接汲取欧洲工人的革命经验和革命思想。他最后满怀信心地说："现在我们特别清楚地看到，拉法格毕生捍卫的那个事业的胜利时刻很快就要到来。俄国革命揭开了全亚洲的民主革命的时代，现在有8亿人参加了整个文明世界的民主运动。而在欧洲，愈来愈多的迹象表明，所谓和平的资产阶级议会活动统治的时代即将结束，受到马克思主义思想教育的有组织的无产阶级进行革命战斗的时代就要到来。无产阶级一定能推翻资产阶级的统治，建立起共产主义制度。"②

---

① 《列宁全集》中文第 2 版增订版第 20 卷第 386 页。
② 《列宁全集》中文第 2 版增订版第 20 卷第 387 页。

结 束 语

拉法格从 19 世纪 60 年代中期转向马克思主义立场，直到 1911 年去世，为无产阶级解放事业英勇奋斗了将近半个世纪，立下了不可磨灭的历史功绩。概括地说，他的功绩可以归结为以下三个方面：

第一，他坚持不懈地向广大工人宣传马克思主义，运用唯物史观对资本主义制度作了深入的剖析，论证了资本主义必将被社会主义所代替的历史规律，阐明了无产阶级及其政党的历史使命，坚持了无产阶级革命和无产阶级专政的理论；他维护了唯物主义的反映论，批判了唯心主义的先验论和不可知论，他捍卫了马克思关于价值和剩余价值的学说，驳斥了资产阶级经济学家的种种

攻击；他深入探讨了资本主义垄断组织的产生、发展及其意义，对帝国主义的某些特征作了分析，说明了资本主义已经发展到自己的最后阶段，从而丰富了科学社会主义的理论。此外，他还努力运用马克思主义的观点和方法去研究民族学、语言学、文学、伦理学以及宗教问题，取得了丰硕的成果。

第二，他参与创建了法国工人党，是党的最有威信的领导人之一。他和盖得一起坚持党的革命纲领和策略，组织和领导法国无产阶级反对资本主义制度的革命斗争，捍卫包括农民在内的广大劳动人民的切身利益，对可能派、米勒兰主义者、无政府工团主义者进行了有力的批判。1905 年法国社会党（工人国际法国支部）建立后，他是党内的马克思主义革命派的主要代表之一。

第三，他作为国际工人运动的杰出活动家，在第一国际内部坚决贯彻马克思的路线，同巴枯宁主义展开了毫不妥协的斗争；在恩格斯的直接指导下，他参与创建了第二国际，粉碎了可能派及其盟友英国工联分子篡夺国际工人运动领导权的阴谋。20 世纪初，在国际工人运动中革命派和机会主义派之间的斗争日趋激化的情况下，他没有屈服于机会主义派的压力，而是继续坚持马克思主义的基本原则。

总之，拉法格不愧是第一次世界大战前法国为数不多的马克思主义者的最杰出代表之一，是法国和国际工人运动的坚强不屈的战士，对马克思主义的传播和发展作出了重要贡献。当然，拉法格在自己的理论观点和实践活动中，也有这样或那样的错误。例如，他在理论上有时还没有完全摆脱无政府主义的残余影响，在解释唯物史观时在个别问题上存在机械论和简单化的倾向，他的有些用语不够确切（如把唯物史观称作经济唯物主义），在策略上有时表现出左右摇摆，对布朗热运动的性质作了错误的判断，在制定土地纲领时对小农的私有心理作了无原则的让步，等等。

拉法格的这些错误，一方面是由于他还没有彻底克服旧的世界观的影响，另一方面也是由于他所处的时代和斗争环境的局限。我们应该实事求是地看待他的这些错误，既不能回避，也不能任意夸大，而应从中吸取有益的教训。

拉法格夫妇去世已经七十多年了，正如列宁所说的

那样，各国的先进工人和革命者都懂得"十分敬重拉法格"①。拉法格为了共产主义理想而进行不屈不挠斗争的精神永远激励着各国劳动群众。

① 《列宁全集》中文第 2 版增订版第 20 卷第 386 页。

拉法格年谱

1842 年

1 月 15 日　生于古巴圣地亚哥城（当时是西班牙殖民地）。

1851 年

随父母回到法国，在波尔多定居。

1861 年

在图卢兹通过中学毕业会考，后来进入巴黎大学医学院学医。

1865 年

2 月　受国际工人协会巴黎支部的委托，前往伦敦向总委员会汇报法国工人运动的状况。首次会见马克思。

10 月　出席在比利时列日举行的第一次国际大学生代表大会。

11 月 3 日　在布鲁塞尔的群众集会上发表带有无神论和蒲鲁东主义色彩的演说。首次会见布朗基。

12 月 12 日　被巴黎大学医学院开除学籍。

1866 年

年初　到伦敦圣巴托罗缪医院附属医学院继续学医。

3 月 6 日　当选为国际工人协会总委员会委员。

3 月 26 日　任总委员会西班牙通讯书记,不久又代替龙格担任比利时通讯书记。

7 月 15 日　在《左岸》报上发表《社会斗争》一文,对马克思的学说和生平活动作了介绍,认为阶级斗争是历史运动的条件之一。此文是拉法格从蒲鲁东主义转向马克思主义的重要标志。

1867 年

9 月　和马克思一起到曼彻斯特恩格斯处做客数日。

1868 年

4 月 2 日　同马克思的次女劳拉结婚,当晚新婚夫妇前往法国度蜜月。

25 日　回到伦敦。

7 月 22 日　在伦敦圣巴托罗缪医院附属医学院通过毕业考试,获得医学博士学位。此后在圣巴托罗缪医院任外科助理医生。

10 月 16 日　和劳拉一起回到巴黎。在此期间同马克思保持密切的通信联系。

1869 年

年初　同劳拉一起将《共产党宣言》译成法文。

7 月 6—12 日　马克思化名威廉斯到巴黎看望拉法格夫妇。

9 月　出席第一国际巴塞尔代表大会，再次当选为总委员会委员。

1870 年

4 月　对第一国际章程的法译本作了校订，纠正了蒲鲁东主义者托伦等在 1864 年出版的章程法文第一版中许多不确切的和被歪曲的地方。

4 月 18 日　参与创建第一国际巴黎联合会。

7 月 19 日　普法战争爆发。

9 月 2 日　拉法格一家从巴黎迁到波尔多。

10 月　重建第一国际波尔多支部；创办《国防报》；在《纪龙德论坛报》(后来改称《波尔多论坛报》)上撰稿，宣传国际的思想。

1871 年

3月1日　代表国际工人协会波尔多支部在《波尔多论坛报》上发表致国民议会的公开信，谴责政府同德国签订的和约初步条款。

3月18日　巴黎公社起义。

4月6—18日　从波尔多前往巴黎，在那里会见了公社的许多领导人。接受了在外省发动起义支持公社的任务。

4月16日　第一国际波尔多支部机关报《联邦报》出版，拉法格是该报主要撰稿人。

4月底　波尔多市镇选举。拉法格的名字列入第一轮选举的候选人名单。

5月4日　马克思的女儿燕妮和爱琳娜到波尔多拉法格家度假。

6月　巴黎公社失败后，由于遭到梯也尔政府的通缉，拉法格被迫离开波尔多，前往比利牛斯山区的圣果当，后来到达巴涅尔－德－吕雄。

8月　拉法格越过国境到达西班牙。8月11日在韦斯卡被捕，8月20日获释，随后到圣塞瓦斯田。

12月　到达马德里，化名巴布洛·法尔加，作为第一国际总委员会的全权代表，积极参加反对巴枯宁派的斗争。

1872 年

4月4—11日　出席第一国际西班牙联合会在萨拉哥沙举行的第二次代表大会，为大会起草了关于集体所有制问题的报告。

6月1日　在日内瓦《平等报》上发表题为《致〈汝拉联合会简报〉编辑公民们》的公开信，揭露巴枯宁派的阴谋活动。

6月9日　和梅萨、莫拉、伊格列西亚斯等退出被巴枯宁派所控制的马德里联合会。

7月8日　和梅萨、莫拉、伊格列西亚斯等创建马德里新联合会，并于8月15日得到总委员会的承认。

9月2—7日　出席第一国际海牙代表大会，同巴枯宁派展开坚决斗争，赞成把巴枯宁和吉约姆开除出国际。会后，协助恩格斯撰写《社会主义民主同盟和国际工人协会》这一重要文件，对巴枯宁派的阴谋活动作了全面的揭露。

10月　拉法格一家迁居伦敦，为了维持生计，同勒穆修和穆尔合伙开设一家石印雕版工场。但由于营业不佳，不久就关闭。

1876 年

10月2—10日　法国第一次全国工人代表大会在巴黎召开。拉法格认为，这次大会虽然是在资产阶级改良主义者和合

作社会主义者的领导下举行的，但毕竟是"新的社会主义运动的出发点"。

1877 年

11 月 18 日　盖得在巴黎创办《平等报》周刊，宣传社会主义思想。拉法格给予很高评价，认为"这是 1849 年以来在法国出版的第一家社会主义报纸"。

1878 年

1 月 28 日—2 月 8 日　法国第二次全国工人代表大会在里昂举行。集体主义者巴利韦和迪皮尔在会上提出了一项要求实行生产资料集体所有制的决议案。

7 月 14 日　第一次出版的《平等报》被迫停刊。

1879 年

6 月　拉法格同盖得首次建立通信联系。拉法格建议创办一个基础扎实的社会主义周刊。

10 月 20—31 日　法国第三次全国工人代表大会在马赛举行，宣布成立独立的无产阶级政党——法国社会主义工人党联合会（简称法国工人党），通过了党的章程以及关于所有制问题的决议。拉法格指出，这个决议"第一次把财产国有化写在法国无产阶级的旗帜上"。

11月29日　拉法格写信给盖得，强调必须恢复《平等报》的出版，以便向群众灌输共产主义思想并使他们行动起来。

1880 年

1月21日　第二次出版的《平等报》问世，报纸的副题为《集体主义的革命机关报》。拉法格写信给盖得，对《平等报》的复刊表示祝贺，同时对于"集体主义"这个用语提出异议，主张用"共产主义"一词加以代替。

2月18日　在《平等报》上发表《进化——革命》一文，着重批判以孔德为代表的实证论。

4月21日　在《平等报》上发表《蒲鲁东主义已经过时》一文，揭露蒲鲁东主义的唯心主义实质。

4月至5月　拉法格翻译的恩格斯《空想社会主义和科学社会主义》（即《社会主义从空想到科学的发展》）发表在《社会主义评论》杂志上。

5月初　在马克思和恩格斯的指导下，同盖得一起起草法国工人党纲领。

6月下旬　着手撰写《法国工人党宣言》，马克思阅读了拉法格的手稿，亲自作了修改，有些地方作了批注。此文当时未发表。

6月23日　《平等报》开始发表拉法格的抨击文《懒惰

权》，一直连载到 8 月 4 日。

6 月 30 日　法国工人党纲领以《社会主义劳动者竞选纲领》为题发表在《平等报》上。

8 月 25 日　第二次出版的《平等报》由于缺乏资金停刊。

11 月 16 日　法国工人党哈佛尔代表大会通过了党的纲领，通称"哈佛尔纲领"。

1881 年

7 月 17 日　拉法格在给盖得的信中指出，无产阶级夺取政权后，必须建立无产阶级专政。

12 月 11 日　《平等报》第三次出版，副题是《工人党的机关报》。由拉法格、盖得、德维尔和马萨尔四人组成编辑委员会。几乎在每一期报纸上都有拉法格写的文章。

1882 年

4 月 5 日　拉法格全家由伦敦返回巴黎。经卡梅卡斯介绍，在全国联合保险公司当文牍员，但不久即遭裁减。

4 月 30 日　加入《公民报》编委会。

6 月 6 日—8 月 22 日　马克思到巴黎近郊的阿尔让台燕妮·龙格家休养，经常同拉法格会晤。

9 月中旬　拉法格同盖得一起到里昂、罗昂、蒙吕松、贝兹内、圣夏蒙等地进行宣传鼓动，为即将举行的党代表大会作准备。

9月25日　出席法国工人党圣亚田代表大会，同可能派的分裂活动进行坚决斗争。同盖得等一起退出被可能派操纵的圣亚田代表大会，到罗昂单独举行代表大会，从而在组织上同可能派彻底决裂。罗昂代表大会宣布哈佛尔纲领是全党必须遵守的统一的纲领，并决定党的正式名称是法国工人党。

11月15日　由于拉法格和盖得等在罗昂代表大会之后在里昂、蒙吕松等地发表演说，拉法格受到蒙吕松法庭的传讯，但拉法格拒绝出庭。

11月24日和12月9日　先后在《平等报》上发表《中了魔的部》和《我们的候选人》等文章，得到马克思和恩格斯的好评。马克思认为："最近一个时期以来，保尔写出了自己最好的作品，既幽默又泼辣，既扎实又生动。"

12月12日　拉法格在巴黎被捕，次日获释。

1883 年

3月14日　马克思去世。拉法格接到恩格斯的电报后，立即从巴黎赶到伦敦参加马克思的葬礼。

4月底　木兰市刑事法院判处拉法格、盖得和多尔莫瓦六个月的徒刑和一百法郎罚款。

5月21日—11月21日　在巴黎圣珀拉惹监狱服刑。在狱中同盖得合写了《工人党纲领，它的历史、导言和条款》，对哈

佛尔纲领作了详细的解释，其中关于导言部分的解释是由拉法格撰写的。

1884 年

1月23日　在工人党的"社会主义图书阅读小组"作题为"卡尔·马克思的经济唯物主义"的讲演。共分三讲，第一讲是"历史中的唯心主义和唯物主义"；第二讲是"自然环境：达尔文的理论"；第三讲是"人为环境：阶级斗争的理论"。后来这些讲稿印成小册子出版。恩格斯读了他的讲稿后表示很满意，认为只要拉法格更加注意一些理论问题，"就会成为巴黎这个光明之城的一盏明灯"。

2月底至3月初　协助恩格斯校订马克思《论蒲鲁东（给约·巴·施韦泽的信）》的法译文。

3月29日—4月7日　出席法国工人党鲁贝代表大会，担任大会的秘书长。

9月　在《经济学家杂志》上发表《卡尔·马克思的剩余价值理论和保·勒卢阿-博利约的批评》一文，驳斥了博利约对马克思剩余价值理论的无理攻击。

11月　在《经济学家杂志》上发表《卡尔·马克思的〈资本论〉和布洛克先生对它的批评》一文。

1885 年

5 月 21 日　由于未交纳木兰刑事法院判处的罚款而又一次被捕,被关押在圣珀拉惹监狱两个月。在狱中写了《雨果传说》一文。

7 月 21 日　拉法格获释。

8 月 29 日　法国工人党开始出版《社会主义者报》周刊。拉法格任该报编辑部成员。

11 月 21 日　《社会主义者报》发表拉法格撰写的《恩格斯传》第二部分,没有署名。

1886 年

1 月　法国阿韦龙省的德卡兹维耳矿工举行大罢工。拉法格积极支持罢工工人。

2 月 27 日—7 月 17 日　在《社会主义者报》上发表《资本的宗教》一文,对资本主义制度进行抨击。

6 月 3 日　在巴黎水塔剧场的大规模群众集会上发表演说,对法国大资本家作了辛辣的讽刺。

8 月 12 日　巴黎刑事法院传讯拉法格和盖得等人。拉法格等拒绝出庭。法院判处拉法格六个月的监禁和一百法郎罚款。拉法格等向塞纳省刑事法院上诉。

9 月 24 日　由于拉法格等人的英勇斗争,塞纳省刑事法院

不得不宣告他们无罪。

12月23日　拉法格夫妇到恩格斯家做客，直到第二年1月中旬。

1887 年

在《社会主义者报》上发表《革命的次日》一文，研究了在无产阶级革命取得胜利后应采取的措施，论证了打碎旧的资产阶级国家机器的必要性。他指出，各国无产阶级可以根据本国的具体情况采取不同的道路走向社会主义。

12月下旬　拉法格一家从巴黎市区搬到市郊的勒－佩勒。

1888 年

2月4日　《社会主义者报》停刊。

5月27日　在沙文主义的布朗热运动日益猖獗的情况下，拉法格对这一运动的性质作了错误的判断。他在致恩格斯的信中说，布朗热运动"是一种真正的人民运动，如果任它自由发展，还有可能具备社会主义的形式"。这一观点受到了恩格斯的严厉批评。

11—12月　在波尔多举行的法国工会全国代表大会和在特鲁瓦举行的法国各社会主义组织和工人组织代表大会决定1889年在巴黎召开国际工人代表大会。拉法格任负责筹备工作的组织委员会的外事书记。

1889 年

2 月　出席在荷兰海牙举行的国际社会党代表会议。这次会议决定了国际代表大会的日期和议程。

5 月 6 日　将召开国际代表大会的呼吁书寄给恩格斯和李卜克内西。

14 日　起草组织委员会关于召开国际代表大会的通知书，并把它寄给恩格斯。恩格斯对通知书作了一些修改。6 月初以传单形式发表。

7 月 14 日　国际社会主义工人代表大会在巴黎彼得列尔大厅开幕。拉法格代表组织委员会致开幕词。这次大会标志着第二国际的建立。在大会期间，法国工人党代表单独举行会议，选举了党的中央领导机关——全国委员会。拉法格当选为全国委员会委员。

8—9 月　在马赛、歇尔等地参加竞选活动。他和盖得、瓦扬等共同签署了法国工人党和中央革命委员会联合竞选宣言。

1890 年

5 月 1 日　根据 1889 年巴黎社会主义工人代表大会的决议，法国各地举行了声势浩大的示威游行。拉法格在致恩格斯的信中兴奋地写道："今天是一个真正的节日。"

4 日　参加在伦敦海德公园举行的庆祝五一节大规模群众

集会，并在第四号讲坛上发表了演说。

1891 年

在《新时代》杂志上发表《左拉的〈金钱〉》一文。

2月　受工人党全国委员会委派到下塞纳、下卢瓦尔、加来和诺尔等省的一些大城市进行宣传活动。

5月1日　富尔米市的工人在举行五一节示威活动时遭到政府残酷镇压，10人被打死，36人受伤。

7月5日　拉法格和居林受到诺尔省刑事法院的传讯。拉法格被控在富尔米发表演说煽动凶杀，被判处一年徒刑和一百法郎罚款。

30日　再次被关进圣珀拉惹监狱。

10月5日　工大党推举拉法格为利尔市的议员候选人，以表示对法庭无理判决的抗议。拉法格从狱中向选民发表呼吁书。

11月8日　当选为众议员，政府不得不将他释放。

18日　在利尔市的斯卡拉剧场举行盛大的群众集会，欢迎拉法格。

12月8日　首次在众议院发表演说，提出实行大赦的议案。

12月下旬　提出政教分离的议案。他还到全国各地发表演说，进行宣传鼓动工作。

1892 年

1 月 15 日　与盖得一起在波尔多市阿尔汉勃拉大厅同两位基督教社会主义者诺代神父和盖伊神父进行辩论。

5 月 21 日　在巴黎地理学会大厅同"反社会主义联盟"创建人德莫连就共产主义问题展开辩论。拉法格的演讲后来以《共产主义和经济进化》为题印成小册子出版。

7 月　在巴黎同《自由言论报》的三名演讲人就"反犹主义和社会主义"问题进行辩论。

9 月 24—28 日　法国工人党第十次全国代表大会在马赛举行。拉法格作了关于土地问题的报告。大会通过了党的土地纲领("马赛土地纲领")。

1893 年

2 月 16 日　在众议院就巴拿马运河公司舞弊案发表演说,揭露法国资本主义制度的腐败。

3 月 13 日　根据恩格斯的倡议,拉法格同倍倍尔、白恩士在恩格斯家会晤。恩格斯认为,德国、法国和英国的社会主义议员的会晤本身证明国际社会主义运动取得了重大成就。

4 月 20 日　在第戎的一次群众集会上发表演说,揭露巴拿马丑闻。

8—9 月　在议会选举中落选。

10月7—9日　出席法国工人党在巴黎召开的第十一次全国代表大会。

12日　在德国社会民主党机关报《前进报》上发表通讯《法国工人党代表大会》。从1893年起，他成为《前进报》和《汉堡回声报》的巴黎通讯员。他以"高卢人"的笔名，每周为报纸写一篇通讯。

1894 年

1—2月　发表《革命前后的法国语言》一文，研究了法国语言的发展和变化。

9月14—16日　在法国工人党于南特召开的第十二次全国代表大会上作题为《农民所有制和经济发展》的报告。大会对马赛代表大会通过的土地纲领作了增补。在土地纲领的绪论部分提出了保护小农土地所有制的要求，甚至主张对"剥削雇工者"也予以保护。恩格斯在《法德农民问题》一文中对此提出尖锐批评。

1895 年

1月12日　在巴黎集体主义学生小组举行的集会上就唯心史观和唯物史观问题同饶勒斯展开辩论，捍卫了马克思主义的唯物史观。

3月底　巴黎出版商德拉格拉夫出版了拉法格的《财产的

起源和进化》一书，附有伊夫·居奥的反驳文章。拉法格在这本书中用历史唯物主义观点探讨了财产的起源及其在人类社会各个阶段的发展。恩格斯给予此书很高的评价，认为见解正确并有独到之处。

8 月 5 日　恩格斯去世。

10 日　拉法格从巴黎前往伦敦参加恩格斯葬礼。

1896 年

搬到离巴黎二十公里的小镇德腊韦居住。拉法格编的《资本论》第一卷摘编本由巴黎吉约曼出版社出版，此书的前面加了一篇意大利资产阶级经济学家帕雷托写的"批评性"导言。

7 月 27—31 日　出席第二国际伦敦代表大会，就土地问题发了言。

12 月　在《社会发展》杂志上发表《驳对卡尔·马克思的批评》一文，驳斥了帕雷托对马克思经济学说的无理攻击。

1897 年

2 月　在《新时代》杂志上发表《交易所的经济职能》一文，对马克思关于平均利润率的理论作了详细阐述。

1898 年

7 月 24 日　法国工人党全国委员会发表题为《告法国劳动人民书》的声明，宣布在德雷福斯案件中采取不介入的袖手旁观立场。拉法格作为全国委员会委员在声明上签了名，但并不赞同声明的内容。

7 月 28 日　写信给威廉·李卜克内西，认为法国工人党应该介入德雷福斯案件。

8 月 1 日　在给盖得的信中表示不赞成工人党全国委员会 7 月 24 日声明，不再为党的机关报《社会主义者报》撰稿。

9 月 17—20 日　出席在蒙吕松召开的法国工人党第十六次全国代表大会。大会围绕德雷福斯案件问题展开了长时间的讨论，最后通过了由盖得和拉法格提出的一项决议。

10 月 16 日　法国各社会主义组织的代表在巴黎万蒂埃大厅会晤，决定建立常设警惕委员会。但是，这个组织实际上没有起多大作用，在 11 月 27 日就宣布解散。

1899 年

2 月 14 日　写信给普列汉诺夫，表示赞同他对伯恩施坦修正主义的批判。

6 月 22 日　独立社会主义者米勒兰加入资产阶级内阁。

25 日　工人党全国委员会委托拉法格、盖得、福尔坦、泽瓦埃斯起草关于米勒兰入阁问题的声明。

7 月 14 日　工人党、革命社会主义党和革命共产主义同盟讨论通过了拉法格等起草的声明，强烈谴费米勒兰的背叛行为。

8 月 13 日　在《社会主义者报》上发表《社会党和资产阶级政府》一文，指出资产阶级之所以让米勒兰入阁，是为了"麻痹"和"驯服"社会主义。

13—16 日　法国工人党第十七次全国代表大会在埃佩尔内举行。大多数代表严厉谴责米勒兰主义。

12 月 3—8 日　法国各社会主义组织在巴黎举行第一次全体代表大会。拉法格在发言中驳斥饶勒斯等为米勒兰辩护的说法，指出了米勒兰入阁带来的危害。

1900 年

2 月　在《社会主义者报》上发表《马克思的唯物主义和康德的唯心主义》一文，批判康德的唯心主义哲学。列宁给予此文很高评价，认为这是"从左边批判康德"。

3 月 23 日　在巴黎科学家协会大厦作关于《社会主义和知识分子》的报告。

9 月 23—27 日　出席第二国际巴黎代表大会，参加了"劳动解放的必要条件"这一议程的决议起草委员会。他在发言中批驳了机会主义者鼓吹的和平长入社会主义以及夸大合作社在资本主义制度下的作用的谬论。

28 日 法国各社会主义组织第二次全体代表大会在巴黎召开。盖得派同饶勒斯派在会上发生冲突,拉法格同盖得一起退出大会,到另一个会场举行单独的代表大会。

1901 年

11 月 3 日 工人党、革命社会主义党和革命共产主义同盟在塞纳河畔伊夫里举行代表会议,通过了建立法兰西社会党的组织方案。

1902 年

9 月 26—28 日 法兰西社会党在科芒特里代表大会上正式宣告成立。拉法格当选为党的中央领导机关——执行委员会成员。

1903 年

发表《美国托拉斯及其经济、社会和政治意义》一书,对资本主义垄断阶段作了富有成果的研究。他指出,托拉斯的出现,标志着资本主义已演进到一个特殊阶段了。

4 月 3 日 在《人道报》上发表《被忽视的力量》一文,表示赞成群众性政治罢工。

12 月 2 日 在给考茨基的信中建议在即将召开的第二国际

阿姆斯特丹代表大会上就殖民地问题对修正主义展开坚决进攻。

1904 年

5 月 2 日　在给鲁萨诺夫的信中认为，日俄战争将导致沙皇制度的崩溃。

11 月 15 日　法兰西社会党和法国社会党的代表举行会晤，商讨两党的统一问题。拉法格作为法兰西社会党代表团成员参加了会谈。

1905 年

在《社会主义者报》第 5 期和第 12 期上发表《欧洲战争是可能的吗？》和《复仇——阿尔萨斯》两篇文章，认为在现代条件下，在欧洲大国之间不可能发生战争。

4 月 23—25 日　法兰西社会党和法国社会党在巴黎环球大厅举行的统一代表大会上实行合并，建立统一的法国社会党（工人国际法国支部），拉法格当选为党的常务委员会委员。

10 月　在夏龙的群众集会上发表演说，赞扬俄国 1905 年革命是"革命的春天"。

1906 年

11 月 1—4 日　出席法国社会党利摩日代表大会。拉法

格由于在反军国主义问题上同盖得发生意见分歧，在会上没有发言。

1907 年

7月底　在给德洛里的信中指出："党应当关心所有的问题和任何的运动，把社会主义思想和社会主义解决办法带到这些运动中去。"

8月11—14日　出席法国社会党南锡代表大会，就反军国主义问题发了言。

11月　盖得出版《社会主义》杂志，作为盖得派的主要舆论工具。拉法格不赞成出版这一杂志，认为它缺乏群众基础。

1908 年

10月15—18日　出席法国社会党图卢兹代表大会，就革命与改良问题发了言，既反对饶勒斯鼓吹的改良主义，也反对无政府主义。

1909 年

拉法格的主要哲学著作《卡尔·马克思的经济决定论》出版，其中包括《马克思的历史方法》《抽象思想的起源》《正义思想的起源》《善的思想的起源》《灵魂观念的起源和发展》《上帝的信仰》这六篇哲学论文，宣传辩证唯物主义的反映论，批判唯心主义先验论和形而上学。

4月夏天　出席法国社会党圣亚田代表大会，并就农民问题发了言。当时正在巴黎的列宁和克鲁普斯卡娅通过沙尔·拉波波特的介绍前往德腊韦会见拉法格夫妇，同他们进行了亲切的谈话。

1910 年

发表《认识问题》一文，对不可知论作了深刻的批判。

2月6—9日　出席法国社会党尼姆代表大会，就退休金法案问题发了言。

7月15—16日　出席法国社会党巴黎代表大会，在发言中批驳了机会主义者夸大合作社在资本主义制度下的意义的论调。

1911 年

4月16—19日　在法国社会党圣康坦代表大会上发言，反对所谓"市政社会主义"。

11月　向社会党常务委员会提交一篇反对物价飞涨问题的论文，此文在拉法格去世后发表在《社会主义评论》杂志上。

25日　拉法格夫妇在德腊韦寓所双双自杀身亡，拉法格终年69岁，劳拉终年66岁。

12 月 3 日　巴黎两万名工人在拉雪兹神父公墓为拉法格夫妇举行隆重葬礼。列宁在葬礼上发表演说，赞扬拉法格是"马克思主义思想的最有才能的、最渊博的传播者之一"。